高等学校小学教育专业卓越教师培养系列教材

小学综合实践活动案例解读

主　编　孙龙存

南京大学出版社

图书在版编目(CIP)数据

小学综合实践活动案例解读 / 孙龙存主编. —— 南京：南京大学出版社，2018.1(2020.7重印)
高等学校小学教育专业卓越教师培养系列教材
ISBN 978-7-305-19869-4

Ⅰ. ①小⋯ Ⅱ. ①孙⋯ Ⅲ. ①小学－活动课程－教案(教育)－高等学校－教材 Ⅳ. ①G622.3

中国版本图书馆 CIP 数据核字(2018)第 016470 号

出版发行	南京大学出版社
社　　址	南京市汉口路 22 号　　邮编 210093
出版人	金鑫荣
丛书名	高等学校小学教育专业卓越教师培养系列教材
书　　名	**小学综合实践活动案例解读**
主　　编	孙龙存
责任编辑	曹　森　钱梦菊　　编辑热线　025-83592123
照　　排	南京南琳图文制作有限公司
印　　刷	宜兴市盛世文化印刷有限公司
开　　本	787×1092　1/16　印张 14.5　字数 318 千
版　　次	2018 年 1 月第 1 版　2020 年 7 月第 4 次印刷
	ISBN 978-7-305-19869-4
定　　价	36.00 元

网　址：http://www.njupco.com
官方微博：http://weibo.com/njupco
微信服务号：NJUyuexue
销售咨询热线：(025) 83594756

* 版权所有，侵权必究
* 凡购买南大版图书，如有印装质量问题，请与所购
　图书销售部门联系调换

前　言

综合实践活动课程作为中小学必修课程，与以往的课程不同，它打破学科之间的界限，是一种经验性、实践性和综合性的课程形态。《基础教育课程改革纲要（试行）》明确规定，从小学至高中设置综合实践活动并作为必修课程，其内容主要包括：信息技术教育、研究性学习、社区服务与社会实践以及劳动与技术教育。综合实践活动课程以全新的理念主张重新认识"活动课程"和"艺术课程"，让人们认识到理性知识与非理性知识两者统整的协调。

学科课程强调知识的系统性与逻辑性，学生习得的知识技能难以在真实的生活情境中转换，"学校知识"与"生活知识"严重脱节，学生难以形成敏锐的观察力与正确的价值判断，同时，学习内容的"繁、难、偏、旧"早已成为传统课程的标尺，教学没能充分考虑学生的兴趣、动机、爱好与习惯等。

而小学综合实践活动课程的出现弥补了传统学习的弊端，为"知识"与"智慧"之间建立起全新的桥梁，学习者发现直接经验的有效性，产生对实践学习的兴趣与爱好，在与自然、社会、自我的三维关系中不断建立新的认识，产生新的问题，并用合适的方式得以解决，达到"知、情、意、行"的统一，完成智慧与知识的统一，是课程价值观的深层变革。综合实践活动课程是在当前社会背景和学生的生活情境下开设的课程，其目的是在真实的情境中丰富学生的经验促进其个性化的发展，这是之前任何一门课程都无法比拟的。学科课程强调在系统的科学知识体系上，建立起学生对自我、自然、社会的认识，而综合实践活动为学生提供多途径的方式，促进学生在实践中获得对自我、自然与社会的认识。这种课程使得学生获得的是最真实、最鲜活的体验与感悟。

小学综合实践活动课程是一门兼具理论性和实践性的课程，实践性、综合性、生成性是其突出的特点，本书从理论性与实践性结合的角度出发，兼顾学术性与可读性的原则进行撰写。前四章侧重于综合实践活动课程的理论解读，后四章着重突出综合实践活动课程中相关案例评析，在理论解读时辅之以案例支撑，案例评析时也贯之于理论指导。

本书为江苏省卓越小学教师培养项目成果之一，由江苏师范大学孙龙存带领研究团队完成。由孙龙存拟定研究主题、写作提纲和编写体例，其他研究团队成员和撰写作者为江苏师范大学的马月、汪潇、王化、刘丹丹，最后由孙龙存审稿并定稿。

本书在撰写过程中，参阅了大量文献，这些文献对本书的成稿提供了许多裨益，在此谨表感谢，但由于篇幅限制等原因，其中的许多文献未能在文中一一注明，敬请谅解！

特别致谢南京大学出版社的编辑曹森、钱梦菊，她们为本书的统稿、校对和付梓贡献了大量的时间和精力。

在本书撰写过程中，尽管我们对本书的写作提纲进行了数次讨论，各位作者也进行了多番修改，但其中仍有不尽人意，甚至谬误之处，欢迎专家、学者批评斧正。

孙龙存

2017 年 12 月

目 录

第一章 小学综合实践活动课程的基本认识 ………………………………… 1
  第一节 小学综合实践活动课程产生的基础 ……………………………… 1
  第二节 小学综合实践活动课程的含义与特征 …………………………… 9
  第三节 小学综合实践活动课程的教师专业化发展 ……………………… 21

第二章 小学综合实践活动的课程设计 ……………………………………… 29
  第一节 小学综合实践活动的课程目标 …………………………………… 29
  第二节 小学综合实践活动的主题选择 …………………………………… 35
  第三节 小学综合实践活动的课程内容 …………………………………… 42
  第四节 小学综合实践活动的方案 ………………………………………… 45

第三章 小学综合实践活动课程的实施 ……………………………………… 51
  第一节 小学综合实践活动课程的实施过程 ……………………………… 51
  第二节 小学综合实践活动课程实施的教学方法 ………………………… 59
  第三节 小学综合实践活动课程实施的特点 ……………………………… 62
  第四节 小学综合实践活动课程实施的方式 ……………………………… 64

第四章 小学综合实践活动课程的资源开发 ………………………………… 72
  第一节 小学综合实践活动课程资源的特点 ……………………………… 72
  第二节 小学综合实践活动课程资源开发的内容 ………………………… 78
  第三节 小学综合实践活动课程资源开发的策略 ………………………… 87
  第四节 小学综合实践活动课程资源开发的程序 ………………………… 98

第五章 研究性学习及其案例评析 …………………………………………… 111
  第一节 研究性学习与审视反思 …………………………………………… 111
  第二节 研究性学习案例评析 ……………………………………………… 114

第六章　社区服务与社会实践及其案例评析 ················ 141

第一节　社区服务与社会实践 ······························ 141
第二节　社区服务与社会实践的主题内容 ···················· 144
第三节　社区服务与社会实践活动的实施 ···················· 146
第四节　社区服务与社会实践案例评析 ······················ 150

第七章　劳动与技术教育及其案例评析 ····················· 177

第一节　劳动与技术教育 ·································· 177
第二节　劳动与技术教育的内容 ···························· 179
第三节　劳动与技术教育活动设计与组织实施 ················ 181
第四节　劳动与技术教育的活动评价 ························ 182

第八章　信息技术教育及其案例评析 ······················· 204

第一节　小学信息技术教育概述 ···························· 204
第二节　信息技术教育案例评析 ···························· 208

主要参考文献 ··· 223

微信扫一扫

✓ 课件申请

✓ 教学资源

教师服务入口

✓ 案例阅读

✓ 在线讨论互动

学生服务入口

第一章
小学综合实践活动课程的基本认识

- 小学综合实践活动课程的历史基础
- 小学综合实践活动课程的实施原因和课程价值
- 小学综合实践活动中教师的角色定位

第一节 小学综合实践活动课程产生的基础

综合实践活动课程集中体现了新的课程管理和发展制度。在新一轮基础教育课程改革中,综合实践活动课程是由国家统一制定课程标准和指导纲要,地方教育管理部门根据地方差异加以指导,学校根据相应的课程资源进行校本开发和实施。小学综合实践活动课程规定了综合实践活动在小学阶段的核心理念与基本要求。那么,它的存在是否有历史基础呢?毋庸置疑,综合实践活动课程反映的理念是基于学生的直接经验,关注学生生活与社会实践,其存在有其历史基础与现实基础。本章通过对综合实践活动课程的背景来源、历史发展以及实施该课程的必要性进行论述,让学习者对综合实践活动课程产生基本的认识。

一、综合实践活动课程的历史基础

(一)活动课程的起源

一般而言,活动课程起源于19世纪末20世纪初欧美的"新教育运动"和"进步教育运动"。众所周知,自20世纪60年代以来,世界范围内掀起了一股狂热的课程改革之风,作为世纪交叉口的90年代,各国为适应新时代的挑战,纷纷进行不同形式的课程改革。活动课程应运而生,其思想受到法国思想家、教育家卢梭,美国教育思想家、实用主义哲学家杜威以及中国近代思想家陶行知等人的教育理论与教育实践的影响。

卢梭的小说体教育论著《爱弥儿》以全新的视角、独到的观念表达了他对教育的理解,他倡导自然主义教育观,主张教育需遵从儿童的天性,尊重儿童的自然发展规律。他主张把儿童放置到大自然中,并安排一系列适合儿童发展的活动,让儿童的天性完全释放,让儿童在生活和实践中获得真实的体验与情感,获得自己想要的知识。"我们只主张学生从实践中学习"①,卢梭的思想对当前的活动课程的理念与目标都有独特的价值,他反对对儿童灌输过多的书本知识,相反,儿童自己在现实中寻找的知识才是"有用的知识"。

杜威作为美国实用主义教育的代表人物,对传统教育中以教师、书本和课堂为中心的主张进行了猛烈批判。他认为学校是学生学习与生活的重要场所,教育应从社会生活的角度出发,提出了教育的本质就是生活,提倡教育应与儿童当下的生活相联系,接合儿童实际开展各种各样的活动,教会儿童适应眼前的生活。为此,他进行了一系列实验学校的研究活动,诸如为学生提供游戏、缝纫、烹饪等不同类型的活动,采用"从做中学"的学习方式,让儿童自己探索知识,开拓一片属于自己的生活天地。这些活动的实施都体现了"活动课程"的理念,让儿童在活动中开展学习与生活也为活动课程的特征提供了经验借鉴。

克伯屈作为杜威的学生,秉承杜威思想的核心理念,提出设计教学法的活动课程。其目的在于创设一种问题情境,通过自己的计划与实践操作,让学生自己解决实际问题。他的设计教学法摒弃学科之间的限制,根据学生的兴趣决定学习内容,满足学生的求知欲和好奇心,也体现了活动课程的理念。

陶行知提出"生活教育"的思想,认为教育应与人类生活相伴而行,"过什么样的生活就受什么样的教育","教育不通过生活是没用的,需要生活的教育,用生活来教育,为生活而教育。"②同时他提出"教学做合一"的教学理论,强调学生在"做"的实践过程中发挥主观能动性,获得其想要发展的知识。这些思想也是活动课程的理论基石,自20世纪80年代以来,我国在中小学大范围地开设活动课程,活动课程开展的类型如:主题班会、兴趣小组、少先队员活动等,这是中小学课程改革的一项重大举措,标志着我国一直以来学科课程"独霸"局面的终结,带来了课程结构的优化和调整,同时,这些活动的开展奠定了综合实践活动课程的理论与实践基础。

(二)活动课程的发展

自20世纪90年代以来,课程改革的自主性、开放性、研究性、生成性普遍受到关注,各国在进行基础教育课程改革的同时,考虑到时代与社会发展的需要,开设了一系列与综合实践活动课程相类似的课程。

---

① [法]卢梭.爱弥儿[M].李平沤译.北京:商务印书馆,1991:111.
② 陶行知.陶行知选集(第三卷)[M].成都:四川教育出版社,1991.

1. 美国小学综合实践活动课程

(1) 课程设置

自美国基础教育课程改革时,各州就纷纷开设了不同类型的综合实践活动类的课程,这些课程尽管没有统一的名称,但其内容设置都体现了学生主体性、实践操作性、社会参与性等符合综合实践活动课程的基本特征,主要有"自然与社会研究"、"设计学习"、"社会参与性学习"等课程。

(2) 课程目标

美国国家教育经济中心于1998年制定了"小学应用学习的行为标准",主要包含五个目标领域:问题解决(A1)、交流的手段和技巧(A2)、信息手段和技巧(A3)、学习和自我管理的手段和技巧(A4)、协同合作的手段和技巧(A5)。同时对小学阶段的学生提出相应的发展要求。

其一,问题解决(A1),具体发展要求见表1-1:

表1-1 问题解决(A1)发展要求

A1 总述	A1a 设计产品	A1b 改进系统	A1c 组织活动
学生在学习活动中涉及至少两种问题解决的方式: • 学生确定某种产品、服务、生产系统可以满足需要并创建满足需要的途径与方式 • 对生产系统的理解与完善,并处理运作过程中可能产生的问题 • 对某种活动的规划需充分考虑人力、物力、财力等资源并负责活动各方面协调运作	• 产生对设计某种产品、服务、生产系统的兴趣 • 选择其中之一,思考创意的恰当性与可行性 • 寻求合适案例证明设计的可行性 • 思考并安排进行活动设计的必要步骤 • 修改、完善活动设计并进行评价	• 确定系统整体与部分以及部分与部分之间的联系 • 分析系统中可能存在的问题并进行改善 • 提出更为优化的方案 • 评价方案的有效性	• 在头脑中产生对执行计划的结构模型 • 思考组织过程中存在的问题并进行优化干预 • 执行活动,确保计划实施过程中资源的有效利用 • 完善并改进不合理的计划步骤 • 评价活动开展课成功与否,并介绍给他人做经验

其二,交流的手段和技巧(A2),具体发展要求见表1-2:

表1-2 交流的手段和技巧(A2)发展要求

A2 总述	A2a 口头报告	A2b 写正式信函	A2c 组织发布信息
该领域考虑学生在与他人进行交流时的方式,并能达到完整表达自己的思想与信息的能力	• 学生在头脑中组织口头报告 • 用合乎逻辑的方式来组织口头报告 • 自信发言,清楚表述自己的想法 • 对听众的提问进行适当回答 • 对口头报告的自我评价	• 对正式信函的格式与要求进行学习 • 清晰表达写信的目的,明确要求 • 用合适的格式进行写信 • 总结反思信件中存在的问题并进行改善	• 把需要的信息进行汇总制作成海报、展览等 • 检查信息是否准确,并不断改善 • 进行版面布置,方便发布

其三,信息手段和技巧(A3),具体发展要求见表1-3:

表1-3　信息手段和技巧(A3)发展要求

A3总述	A3a 收集信息	A3b 组织信息
这一领域要求学生学会收集信息、分析信息并进行信息整理	• 产生对有利于学习活动的信息的兴趣并确定潜在的、有效的信息 • 用合适的技术与手段进行信息收集 • 解释信息,区分不同的信息资料	• 采用有效的资源进行信息的收集 • 对信息进行文字处理与分析 • 制作成学习报告等形式 • 与他人表达交流,将其作为经验总结

其四,学习和自我管理的手段和技巧(A4),具体发展要求见表1-4:

表1-4　学习和自我管理的手段和技巧(A4)发展要求

A4总述	A4a 在案例中学习	A4b 编制时间表	A4c 总结评价
这一领域要求学生具有随时根据需要进行学与教的能力,并认识到学习的不足进行相关的优化处理	• 对其他学生或工作者进行观察或访谈 • 确定这些人的工作性质以及行为方式 • 确定并检验他们学习的案例 • 对案例学习,改善自己的学习活动	• 编制一个可以用来完成计划的学习时间表 • 确定学习重点并安排学习时间 • 对其他干扰与冲突的处理与完善 • 定期更新时间表	• 认识学习中的优点与不足 • 设置学习目标 • 检查学习进展情况 • 征求他人意见不断总结完善

其五,协同合作的手段和技巧(A5),具体发展要求见表1-5:

表1-5　协同合作的手段和技巧(A5)发展要求

A5总述	A5a 承担职责	A5b 解释想法	A5c 完成应答
这一领域要求学生具备与他人共同工作的能力,并能共同完成一项任务与活动	• 学生在与他人写作中确定自己应完成的任务,并与小组达成一致 • 对活动或任务怎么做进行分工,对具体承担的职责进行安排 • 定期与组内成员沟通交流,检查任务完成情况 • 对存在的问题进行适当的调整	• 帮助他人在活动中学习 • 确定帮助的有效性,并与有经验的人进行讨论 • 解释自己的想法与思路,确保成员可以明了自己的行为 • 分析结果的有效性并进行经验总结	• 与委托人进行协商,明确工作职责 • 解释自己的工作与委托人的顾虑与问题 • 征求委托人的建议,弄清委托人的要求 • 将其转化为任务,并做成计划表 • 对计划的实行与委托人达成一致 • 总结评价

从以上五大目标领域具体要求的介绍可以发现,在信息化、全球化、知识经济时代

不断发展的当下,美国的基础教育改革重视问题解决的能力、实践操作的能力、交流协商的能力、信息处理的能力等,这些能力对学生提出要求的同时,也成为美国应用学习发展的重要指标。

(3) 课程内容

美国的应用学习课程内容主要包括:主题探究或课题研究、社会实践学习、生活学习。不难看出,这些活动内容密切关注学生生活经验、社会需要、学生动手能力与实践能力,让学生在一系列活动中实现自我的研究与发展,适应社会与时代的需要。①

在主题研究中,自然探究和社会研究成为课程关注的核心,这一部分考虑学生感兴趣的问题并思考社会现实展开相应的探究活动。如在自然探究领域中,粮食资源、人口问题、大气污染问题、战争问题、能源短缺问题等研究领域都与社会息息相关。将这些探究领域应用到活动课中来,让学生自己探究感兴趣的问题并提出解决的策略,对学生直接经验的丰富与认知的完善等都是一场刺激的尝试。

在社会实践学习中,将学生放置社会环境中进行,通过考察社会中存在的问题,培养学生的社会意识与责任感也是课程关注的内容。如养老院的活动、为灾区募捐的活动、环境保护的问题等,这些活动的开展进一步丰富了学生的经验与认知,对学生而言受益匪浅。

在生活学习中,课程要求学生有一定的生活能力、适应能力。如美国的小学生有缝纫课、烹饪课、手工制作等,这些课程锻炼学生的自我动手能力,也为以后的生活做准备。

2. 日本小学综合实践活动课程

1999年3月,日本文部省颁布《学习指导纲要》,其中明确增加"综合活动时间",2002年底将"综合活动时间"改名为"综合学习"。② 这一板块要求日本学生联系社会生活实践,以科学的方式进行问题解决和探究学习,从而培养学生适应社会发展的能力,满足人才培养的需求。

(1) 课程目标

日本的综合活动时间重视学生的兴趣和爱好,发挥学生的主观能动性,更新学生的认知地图,促进学生学习的主动性,培养学生的实践能力和动手能力。

该课程总目标分三个方面:第一,培养学生丰富的情感、关爱社会的意识;第二,培养学生发现问题的意识、主体性、自主学习、批判性的进行问题解决的能力;第三,培养学生与现实生活相联系,同情心以及合作意识。不难看出,以上三方面的核心都围绕着问题解决意识、分析思考能力、表达交流能力、处理信息能力等素养的培养,同时关注学生需要,让学生积极主动参与活动。如发明创造课上,具体目标可以分解为(见表1-6):

---

① 廖哲勋.美国爱阿华市东南初中的课程设计[J].华中师范大学学报,1991.
② 日本文部省.学习指导纲要[R].1998.

表1-6 目标分解示例

增强意识	理解发明创造的社会价值	形成尝试创新的内在动机	明确创新的时代意义
提高能力	明确创新的主要特点	掌握创造发明的基本技能	培养综合运用相关学科知识的能力
培育人格	培养乐观积极的进取心	提高无畏困难的勇气与决心	锻炼百折不挠的坚强意志

以上对目标的分解是在总目标的精神下,结合具体课题的现实情况与学生的现实水平进行的把握,其核心仍然是对实际问题解决能力、参与活动的主动性等的关注,以便充分发挥综合实践活动对促进学生发展和满足社会发展的需求等方面的作用。

(2) 课程内容

日本综合活动时间强调国际理解教育、信息技术教育、健康教育、环境教育四方面的内容。这些内容的设置充分考虑学生的兴趣与爱好、社会发展需求等方面,是总目标在具体内容上的指导与渗透。如日本学生在研究有关于国际理解板块时,其领域多体现在本国文化与外国文化的比较、世界对日本的看法与态度、战争对社会带来的影响等,对这些课题的研究体现出日本对课程的精确把握,其内容充分考虑学生对国际态度的理解。

3. 俄罗斯综合实践活动课程

俄罗斯的综合实践活动依据学生的个性进行课程设置,这些课程充分考虑学生的主体意识,重新审视与反思学校课程,注重培养学生的独立意识与动手实践能力。

(1) 课程目标

俄罗斯设置课程的目标主要是培养学生独立思考的能力,提高学生的文化素养与国际理解,养成主动探究、实践动手的意识,以达到培养健康积极的人格的目的,使学生成为合格的社会公民。

(2) 课程内容

综合实践活动课程内容关注社区资源的开发,国家出台相应的政策,保障学生利用假期时间开展不同形式的活动。利用社区的资源优势,结合学生的兴趣与爱好,让学生自由选择想要研究的课题进行探索。如:俄罗斯的博物馆对中小学生免费开放,且展览适合学生的理解能力,学生可以在参观的同时感受到游戏的乐趣。甚至有些课程在博物馆进行,学生的直接经验进一步增加,探究的意识也大大增强。[①]

利用假期时间组织的夏令营、冬令营活动,主要是为了培养学生的动手能力、社会交往能力等,这些活动通常不由家长、老师组织,而是学生自己安排、计划、组织。这种将学生放置到社会环境中,让学生将学习与娱乐相结合的形式,真正做到了关注学生需要,通过在实践中动手参与,获得新的体验与感受。

---

① W. F. Pinar, W. M. Reynolds, P. Slattery, P. M. Taubmen. Understanding Curriculum[M]. New York: Peter Lang Publishing, 1995.

二、综合实践活动课程的实施原因

为什么要实施综合实践活动课程?这也是教师广泛关注的问题。综合实践活动的开设是我们在基础教育课程改革中的重要突破,同时也是顺应世界课程改革发展趋势的必然结果。

(一)时代发展的呼唤

综合实践活动课程是时代发展趋势的必然结果,也是对中小学素质发展要求以及人才培养模式革新的回应。

我们处在一个崭新的时代。20世纪70年代,世界格局被打破,人类进入了全球化时代,在时代的浪潮之下,各国联系日益紧密、交往日益频繁,各国之间相互依存,共同发展,彼此间的密切程度已不同于以往任何一个时代。在这样的时代大环境下,作为社会公民的我们应自觉树立全球意识,它要求我们具有全球视野,关注世界格局,了解不同国家的文化与社会特征,具备合作、开放的品格与态度。每个人应以全球化的角度思考并解决问题,提高处理问题的意识与能力。

各国在全球化时代面前,纷纷进行符合时代发展要求的课程改革。这些改革反映到教学中具体表现为:教育要特别注重学生的全球意识以及与他人合作交往的能力,培养学生处理问题与社会事务的能力。如:日本、美国、法国等,都在课程中设置了综合实践活动。

信息技术的突飞猛进也成为时代的另一特色。信息技术的普遍应用,要求每位社会成员都需要有信息收集、处理、分析、运用、资源管理的能力。① 在信息时代面前,教育要改变原有的课程结构与内容,注重培养学生的信息意识与敏感度,满足信息社会对中小学生发展的基本要求。

知识经济的发展也成为时代的一大主要特征。随着义务教育的普及,世界各国都逐渐从精英教育转变为大众教育,教育的目的主要是培养合格公民。人们认识到知识经济所占比重越来越大,要求变革之前的生产技术,满足时代发展要求。这种变化反映到基础教育改革中具体表现为:知识经济要求学生具有独立探究的意识与能力,培养学生的创新意识与实践能力,引导学生自主发现问题并解决问题,提高学生的研究能力。

在全球化、信息时代、知识经济时代背景下,综合实践活动课程顺应时代发展的要求,帮助学生用科学的方式思考和解决问题,从而成长为时代发展所需要的人才。

(二)目前小学课程教学的现状

综合实践活动课程的开展,不仅是时代发展的呼唤,也是我国在改革开放长期以来改变中小学课程教学弊端的要求。我国改革开放以来的基础教育确实取得长足进步,但目前中小学课程存在的问题仍然成为时代发展的挡路石。其主要表现在以下几个

---

① 徐仕敏.国外关于信息能力的研究概况[J].情报杂志,2001(3).

方面：

1. 传统教学目标与课程结构的弊病

长久以来,传统的人才培养模式过分强调灌输给学生完整的知识体系,过分关注对知识掌握的结果,忽视对学生能力的培养。在教学目标设置中过分看重认知目标,忽视情感、态度与价值观的培养。课程结构也过分强调学科本位,缺乏各学科之间的整合,学生只能通过死记硬背的方式掌握知识,忽视知识与现实生活的联系。这样的人才培养模式必然导致学生思维模式僵化、知识结构单薄,步入社会后难以适应时代发展的需求,对于承担社会发展的重任仍然"路漫漫其修远兮"。

据目前不完全统计,我国的教育水平仍然与发达国家有较大差距,2014年9月3日,瑞士日内瓦发布的《2014—2015年度全球竞争力报告》中,中国远远落后于瑞士、新加坡、美国、德国等国家,排名第28位。[①] 该报告还指出在决定世界竞争力方面,创新和人才发挥着不可替代的作用。在这样的数据面前,我们需要反思为什么会出现这样的结果。毋庸置疑,教育作为世界竞争力的一部分承担着不可推卸的责任。为此,国务院签署了《国务院关于基础教育改革与发展的决定》,调整课程内容与结构,增设综合实践活动课程,逐步培养学生的主动参与性、创新意识与实践能力,促进学生发展适应人才培养的需要。在课程目标的设置上,强调学生的综合实践能力、创新意识与能力、乐于参与、批判意识等的培养,这些目标的确定对于改变课程的现有功能,提高课程对学生发展的实用性发挥着显著的作用。

2. 课程教学脱离学生生活

中小学的课程教学过分重视书本知识的传授,忽视学生日常生活与现实,学习局限在教室中进行,这样的教学与学生生活严重脱节,不利于学生实践探究活动的展开、创新意识的培养,因此也就难以满足学生社会生活的需要。

我国在新一轮基础教育课程改革中重视教学对学生创造力与想象力发展的作用,通过丰富的实例导入教学,促进生活教育与学生的联系,增强学生对现实生活的关注,让学生在不同的活动环境中获得多种体验与感悟。综合实践活动的课程利用这些特点,在课程体系中发挥着无可替代的作用。

3. 学习方式落后

长期以来中小学普遍存在学习方式单一的弊端,授课方式以接受性学习为主,要求学生死记硬背来达到教学目的,这样的授课方式不利于发挥学生主体参与性与主观能动性。同时学生被局限在狭小的教室中,缺乏发展必要的社会实践能力与探究能力的基础。而在新的基础教育课程改革中,倡导变革单一落后的学习方式,提倡学生主动参与、勤于探究,通过对问题提出并解决的方式,提高学生的动手操作能力。综合实践活动课程的开设改变了以往学习方式单一守旧的弊端,丰富了学生的学习经验与学校课程。

---

① World Economic Forum(WEF). The Global Competitiveness Report 2014—2015[R]. http://reports.weforum.org/global-competitiveness-report-2014-2015/.

第二节 小学综合实践活动课程的含义与特征

为了准确把握综合实践活动课程,需要明确综合实践活动课程的概念界定,了解综合实践活动课程的特征与性质,对研究和认识综合实践活动课程有重要的理论意义与实践意义。

一、对综合实践活动课程的概念界定

《基础教育课程改革纲要(试行)》明确规定,从小学至高中设置综合实践活动并作为必修课程,其内容主要包括:信息技术教育、研究性学习、社区服务与社会实践以及劳动与技术教育。[①] 那么综合实践活动课程是什么类型的课程?这是我们需要明确的基本问题。

(一)国内外对综合实践活动课程的概念界定

由于综合实践活动课程尚处于起步阶段,对其概念的界定仍有大量工作要进行。目前国内普遍认为综合实践活动课程有如下几种特质:

第一,综合实践活动课程是儿童自主学习、解决实际问题、获得经验的课程。

第二,以学生兴趣爱好展开活动,突出学生主体性。

第三,通过动手操作与实践探究,获得直接经验。

第四,由学生自己组织活动,在活动中获得解决问题的能力、培养个性与提升素养。

第五,综合实践活动是一种综合性活动,内容以学生主题活动和体验学习为主,促进学生知情意行的全面协调发展。

国外学者较少对综合实践活动课程进行概念界定,尽管各国课程名称不同,但其课程的内容与本质都是相同的。学者普遍认为,活动课程打破了学科界限,使课程与学生实际生活相联系,以促进学生实践能力的发展为目的。

(二)综合实践活动的课程界定

综合实践活动课程作为中小学必修课程与以往的课程不同,它打破学科之间的界限,是一种经验性、实践性和综合性的课程形态。

所谓经验性课程,主要是课程的设计以学生的生活经验为中心,强调学生经验的发展价值,突出学生在教育过程中的主体地位。其课程内容组织不以知识的逻辑结构为

---

① 中华人民共和国教育部. 基础教育课程改革纲要(试行)[EB/OL]. http://www.moe.cn/edoas/website18/info732.html.

中心点，而是建立在学生的兴趣与爱好之上。学生通过与自然和社会的接触，获得新的经验，增强探究与合作意识。

所谓实践性课程，就是强调改变以往单一的授课模式，通过多样的实践活动，让学生在亲身实践中获得知识的一种课程。值得注意的是，课程不能流于形式，为活动而活动，需要为学生创设问题情境，让学生获得学习的体验是尤为重要的。

所谓综合性课程，是指该课程打破学科之间的界限，但它不是学科的综合，而是学生生活和经验的综合。同时设计过程中需要考虑课程的三维目标，强调学科的整合以及学习方式的整合，强调学生与生活、社会相联系，引导学生自主探究，丰富对社会与自然的经验。

从以上对综合实践活动课程的总结与归纳来看，不难发现，综合实践活动课程不同于以往的课程形态，它的内涵与本质也决定着它与以往的"活动课程"相比具有独特的理念与价值。

二、小学综合实践活动课程的特征

所谓某种课程的特点，主要是考虑课程区别于其他课程的基本特点，是课程本质的体现。那么，具有人文精神与时代精神的小学综合实践活动课程有什么与众不同的特征呢？

（一）实践性

实践性是综合实践活动课程区别于其他课程最显著的特征。所谓实践性，主要体现在课程以学生的现实生活为基础展开，强调学生的亲身体验，让学生在具体真实的情境中完成一系列的问题研究、实地考察等活动，通过类似的活动引导学生发现问题并自主解决问题，进而培养创新意识，提升学生的实践能力。

在进行实践性学习时，教师需明确三点。第一，综合实践活动的实践类型多种多样，不应简单局限于某一种形式的实践活动，如：问题探究性学习、体验性学习、社会参与性学习、劳动技术的实践学习等都可以在活动中体现。第二，实践学习并不是简单的模仿，从主体确定、计划制定、内容选择、实施评价等一系列活动过程都需要学生自主积极参与。第三，综合实践活动最终目的不是让学生习得完善、系统的理论知识，而是学生在亲身体验与实践中，获得独立探究的情感体验，完成情感的升华与人际交往能力的提高。

下面就"我与菊花同成长"综合实践活动的方案进行阐述（见表1-7），不难看出，学生是活动的主体，在经历一系列活动过程后，学生完成了认知、情感与价值观的体验与升华。

表 1-7 "我与菊花同成长"的活动方案

活动阶段	活动目标	活动内容
制定计划	• 学生自主发现问题并确定活动主题,在方案制定过程中获得情感的体验 • 在与他人交流、修改方案的过程中培养团队意识,体验成功的喜悦	• 学生在教师指导下,自主确定活动主题、活动方案、活动方式、活动时间等 • 小组分工,确定职责
启动阶段	• 认识菊花的品种,了解菊花栽种的知识 • 了解菊花的作用 • 能通过与老师、同学的交谈,自主表达自己的想法,提出符合实际的问题	• 印发家长书,获得家长支持 • 举行启动仪式,现场讲解菊花栽种常识并展示栽种过程 • 聘请老师作为指导教师 • 利用班会动员学生上台展示自己的想法
活动阶段	• 通过上网收集资料,培养查找、搜集资料、简单处理资料的能力 • 学会制定计划,培养独立解决问题的能力 • 能以不同的方式展示成果,在活动中相互学习、交流、改进、反思,提高实践能力	• 分小组收集关于菊花的诗词歌赋 • 小组经验、成果交流,举办"菊花展"活动 • 优秀作品评比
实践阶段	• 学生在栽种、养护菊花的过程中,培养学生的爱心意识与责任意识 • 学习菊花不畏惧严寒、傲骨独立的高尚气节 • 在社会实践过程中去感悟、体验,培养动手能力与探究能力	• 人人栽种菊花 • 走出课堂,查询菊花养护的知识 • 亲身体验,敢于探究,学习如何移栽菊花 • 自己创作关于菊花的诗词歌赋 • 分享成果,总结汇报发言

(二) 整合性

整合性是综合实践活动课程的另一项基本特征。所谓整合性,就是不考虑知识的系统性,打破学科之间的束缚,面向学生的生活,通过学生的亲身体验与经历,让学生积极参与到各项活动中去。

在活动过程中,具体有以下几个表现:第一,课程内容选择广泛,包括学生与自然、学生与社区、学生与社会等关系的研究。第二,课程实施方式多样,可以通过实地考察、海报宣传、服务访问、实验调查、劳动生产等不同的方式进行。第三,课程活动条件、时空不限,综合实践活动课程不仅仅局限在狭小的教室,学生可以通过亲身经历,在自然与社会的关系中提升探究能力,实现情感的升华。

因此,我们在开发综合实践活动课程时,需明确整合性的概念与意义,将研究性学习、社会服务与社会实践、劳动与技术教育、信息技术与教育以统合的思想来对待,实现知识的全面覆盖。下面一位教师的感悟可见一斑。

> "家庭节电空间"的活动体现了整合性的思想,主要表现为:
> (1) 活动内容的整合
> "家庭节电空间"的活动内容有:学生感受电资源紧张,电能不易,产生节电意识(思想品德课);计算家里有多少电器,每月用电多少(数学课);实地调查工厂用电情况(劳动技术);收集节电妙招,并给当地政府写意见信(语文课)等。由于主题的需要,打破了学科之间的界限,选择合适的内容进行活动,让学生有了全新的体验与感悟。
> (2) 活动时空的整合
> "家庭节电空间"的活动,在启动阶段展开课堂交流、讨论、经验总结与汇报等形式,在实施阶段采用实地参观、调查访问工厂等方式,在图书馆、工厂、家庭、社区走访与调查,让学生真正走进社会,自己完成问题的解决,真正获得情感的体验与人际交往的提升。
> (3) 活动方式的整合
> "家庭节电空间"的活动采取了很多的方式。如:学生参观、调查、访问、劳动等形式,学生可以在不同的学习方式之间选择合适的方式处理、解决问题,教师在对学生指导时,也需要对不同方式进行筛选与综合,选用合适的方式促进学生认知、情感与价值观的升华。

(三) 开放性

综合实践活动课程较以往的课程,具有开放性的特点。它摒弃了传统课堂的封闭性的特点,给学生提供开放的视角去探究、发现并解决问题。无论是从课程目标的设置,还是课程内容的选择,抑或是活动方式的实现都具有开放性的特点。

首先,综合实践活动课程立足于学生的现实需要与社会需要,从学生感兴趣的问题着手,促进学生个性、情感、社会化的发展。其目标取向以学生为主体,面向学生的整个生活世界,针对学生的个性差异,调动学生主动探究、积极参与的意识,满足实践能力的需要。

其次,综合实践活动课程内容的选择也随学生的生活不断发展。由于学生所处的生活背景、社区环境、自然资源不同,学生自身的素养与现有水平也不尽相同,在进行内容选择时也会存在多种多样的主题。只要学生可以提出感兴趣、有价值的问题,只要这些问题会对学生的实践探究产生影响,都可以用来作为活动的内容。

最后,综合实践活动课程的实践方式、实施空间都是开放的。学生可以自主选择实践的方式,也可以走出课堂,走进社区、工厂、博物馆、公司等场所,进行多种形式的实践活动。

(四) 自主性

综合实践活动课程为学生的自主性发挥提供广阔的天地。它尊重学生的兴趣爱好,为学生提供自主选择学习目标、内容、过程、实施方式的机会,让学生自行决定活动计划、活动方案、活动结果呈现方式等。作为活动的参与者与指导者,教师应充分考虑学生是实践的主体,不干涉学生的实践活动,为学生开辟一个广阔的认知、探究的空间。

如在一次综合实践活动课"身边的垃圾"中,学生自己在走访社区、废弃场等活动场所中发现身边的垃圾问题,并制定合理的垃圾分类标准,同时为"未来垃圾处理厂"勾勒蓝图。这些活动过程的开展都是学生自己组织、小组分工、自主探究的,教师作为指导者,充分考虑学生的主体性,真正让学生在真实的活动中获得情感的体验、个性的发展。

(五)生成性

综合实践活动课程是以学生经验为本位开展的生成性课程,即综合实践活动是在学生的实践过程中不断生成的。综合实践活动课程强调学生的实践体验,通过实践探究的过程不断提高学生的认知、能力,达到情感与价值观的升华。也就是说,综合实践活动的课程所要让学生达成的目标难以通过语言来传递,而是需要学生亲历体验、真实探究来不断生成。这样,实践的过程变得尤为重要,这也是综合实践活动课程区别于其他课程的独特价值。

> **江苏省无锡市小学综合实践活动课"明天我们还会有水喝吗?"**
>
> "明天我们还会有水喝吗?"问题产生于2017年5月,太湖蓝藻集中爆发导致无锡部分地区自来水发臭,无法饮用。这一事件给我们敲响警钟,让我们不得不思考:地球上剩下的最后一滴水会是我们的眼泪吗?当我们的子孙住着高楼大厦、漫步在花园小区时,闻到的却是湖水发出的臭味,不知那时他们的心中做何感想?明天我们还会有水喝吗?
>
> 学生通过上网查找有关水资源的资料,分为5个小组开展活动。学生走访了水利局,参观了污水处理厂等,同时对家庭水资源浪费情况进行数据整理并制作成调查报告。在这样的调查探究中,学生们不由发出感慨:我们的水污染竟如此严重,未来我们该怎么做才能喝到健康的水?通过实践活动,学生们对水资源的认识更加深刻,情感与价值观得到升华,个性也获得发展。

三、小学综合实践活动课程的理念

综合实践活动课程作为中小学课程的必修科目,是面向学生生活展开的活动设计,同时也能为学校课程增加特色,那么,综合实践课程的理念是什么呢?其核心理念又该如何把握?这些都是值得我们思考的问题。

(一)强调主体地位

综合实践活动课程以学生的兴趣和爱好为中心展开,学生在综合实践活动过程中的主体地位不言而喻,强调主体地位也是综合实践活动的核心理念之一。这里的主体地位有两方面,一方面是学生主体地位的突出,强调学生是活动的主体,活动围绕学生的生活经验展开;另一方面是学校在综合实践活动中的主体地位,即学校应把综合实践活动课程放在重要的位置,与其他文化课程同样对待。

1. 突出学生在活动中的主体地位

在之前我们已经论述过综合实践活动课程的主体性特征。突出学生的主体地位,需要明确学生是综合实践活动课程的主体,学生是课程的实施者,同时学生在实践活动中不断发展、创造着课程。作为一门经验性、实践性课程,是学生通过亲身实践与体验来获得发展的,必须要发挥学生在综合实践活动课程中的主体地位,活动主题选择、目标确定、过程实施、评价结果等都需要学生亲自参与、自主完成。而教师需要在活动开始时提供帮助指导,在活动过程中提供引导,放手让学生"自己做",而不是告诉学生"如何做"。只有这样才能发挥综合实践活动对学生个性塑造与动手能力发展的作用。

> **《呵护我们的身体》成果报告撰写指导**
>
> 浙江嘉兴市桐乡实验小学五年级的学生接触研究性学习已经有一段时间了,对小课题的开题、探究等过程形成了一定的能力,能根据主题自主开展活动,但成果报告的撰写对他们来说还是一个难题。不知道该怎么写,不知道该写哪些方面。面对学生的"无从下手",教师在本阶段指导的重点就是要让学生把通过探究获得的信息和数据进行总结和分析,并在自行尝试的基础上引导他们了解成果报告基本的格式,通过小组合作完成初步的报告。
>
> 学生对该课题产生浓厚的兴趣,纷纷开始展开讨论,制定活动名称、活动目标、活动内容、实施方案等,他们通过形成成果报告初稿、分组、小组初步分工、对前期活动成果进行汇总、分析等方式,对《呵护我们的身体》的成果报告撰写有了深刻的了解,将其做成指导报告并进行班级评比,最终以成果展示的方式在《文化展览》报上展示。

不难看出,突出学生的主体地位,就是将学生的兴趣爱好转化成一个可以操作试行的课题,通过学生自己的计划与安排,在活动过程中完成问题的解决,从而实现个性的发展,拓展实践的能力。教师在活动中扮演着指导者与参与者的角色,很多时候,教师要给学生提供必要的帮助而不是传递知识。下面是教师在与学生的共同叙事的过程中形成的主题活动。

> 本次课题的选择是由班上一位同学亲戚食物中毒事件而引起的。同学们认为可以把它作为一个研究课题,因为绝大多数同学来自农村,对蔬菜种植的经验很多,经过大家集体讨论,确定了"发展无公害蔬菜"的主题。
>
> 研究方向确定了,大家又议论开了。有的同学提出"究竟什么是无公害蔬菜?",大家各自发表自己的看法,有的说是没打农药的菜,有的说是没有虫子咬的菜,有的说是大棚里面种的菜,五花八门,应有尽有。这时在老师的指导下,班长起

> 草了一份调查计划,在班上讨论通过后,让学生讨论大致分工,再由组长负责组织策划,拟订方案,并填写活动记录。经过了一个月的调查采访,同学们发现了很多未预料的问题。在经过集体讨论、表达交流后,同学们根据自己的兴趣爱好重新组合,有了新的小主题研究组。这样,同学们又开始了深层的探究活动。

新型师生关系挑战了之前的传统观念,主体地位的变化顺应了时代发展的趋势,也为综合实践活动过程中师生间的定位做出规定。

2. 突出学校在课程中的主体地位

学校作为综合实践活动课程的实施主体,也是将国家和地方教育管理部门关于综合实践活动课程的理念与规定落实的保障。因此,实施什么样的综合实践活动课程,如何对综合实践活动进行时间的安排都是由学校自主组织。学校为综合实践活动的实施肩负重要的责任,缺少了学校的组织与实施,综合实践活动便失去了有力的支撑和抓手,难以发展。

首先,学校要把综合实践活动课程纳入现有的学校课程中,并加以设计规划,确保内部管理制度、教师配置、学生活动时间、资源开发的实施。这样的调整会给学校注入新的活力,对学校课程的增加、教师职责的转换都有新的安排。同时,学校在安排课程教师时,需要对教师进行相关的培训,提高教师对综合实践活动课程的认识和实施的能力。

其次,学校要发挥教师在综合实践活动中的主动性,注重教师的心理需求,倾听教师内心的想法,放权让教师组织安排各种活动,为教师提供相关的帮助与资源利用的条件,促进学校特色课程形成,发挥学校在课程中应有的地位。

表1-8是广东省几所小学综合实践活动课程的师资配备情况。从表中不难看出,这几所小学的综合实践活动课程的任职老师普遍由班主任和科任教师担任,只有一所学校有专门的综合实践课教师。这说明目前综合实践活动课程的队伍情况不容乐观,因此突出学校在综合实践活动课程中的地位绝不能纸上谈兵,需要落实到行动中去。

表1-8 广东省几所小学综合实践活动课的师资配备表

综合实践活动课程的实施情况	综合实践活动的课程师资情况			
	班主任	科任教师	专职的综合实践活动课教师	其他人员(校长、辅导员、工会组长等)
部分学校实施(4所)	✓			
	✓			
	✓			
			✓	

(续表)

综合实践活动课程的实施情况	综合实践活动的课程师资情况			
	班主任	科任教师	专职的综合实践活动课教师	其他人员（校长、辅导员、工会组长等）
全面学校实施（7所）	✓			
	✓	✓		
	✓	✓		
	✓	✓		
	✓	✓		✓
	✓		✓	
	✓	✓		✓

(二) 回归生活

综合实践活动课程是以学生的生活经验为基础开设的课程，它不考虑学科之间的系统性与逻辑性，而是面向学生真实的生活情境，通过多样化的主题活动促进学生知情意行多方面的综合发展。因此，回归生活也是综合实践活动课程的核心理念之一。

1. 生活是教育的基础和需要

一般意义上，社会的一切实践活动都属于生活的领域，所以生活是人一生赖以生存和发展的基础。同时，教育因人的生存和发展而产生，离开了人的生活需要，教育就是失去了存在和发展的合理性。生活观念、生存方式的改变，都会引起教育需要的变化。

作为人的教育，只有回归到真实的生活情境中，才能与现代的生活方式相融合，同时实现教育的价值，这也是教育发展的必然规律。以上的阐述昭示出一个教育的基本原理：教育从属于生活，生活是教育的动力与源泉，两者息息相关，互不可分。在这样的前提下，综合实践活动课程回归生活的理念也就有了理论与现实的支撑，作为来源于学生生活的一门活动课程，让学生在真实的生活情境中主动参与、积极探究，才会达到个性的发展与能力的提升。越来越多的实践证明，生活为学生提供了参与的情境与活动的主题，极大地刺激了学生探究的欲望与积极性，对学生有极大的吸引力与感召力。

下面是小学生写的综合实践活动课程的总结日记，从中不难看出，学生对于综合实践活动的理解与参与活动的积极性都会是学生一生宝贵的体验。

> 社会实践是一笔宝贵的财富，它让我们深入生活，了解社会，开阔视野，践出真知。在这个过程中我们可以学到书本中学不到的知识，获得学校里感受不到的体验。只有走出校门融入社会的大舞台，我们才真正体验到自身知识的欠缺、能力的有限，"纸上得来终觉浅，觉知此事要躬行。"经过社会实践的磨炼，我们学会了感动，学会了理解，也使我们变得成熟、稳重、自信，更使自己拥有"飞翔"的勇气。

2. 在活动中懂得生活的教育意义

"生活是一面镜子",这句话深刻地揭示了生活对人生的教育意义。从生活的角度来看,社会中的每一处都有文化传承的影子,每个人都在其中学习生活的意义以及如何过有活力的生活。

生活资源之丰富,为每个人的发展提供完整的教育机会,但是生活毕竟是零散经验的组合,不能以生活的方式取代教育的意义。综合实践活动课程以完整、系统、可操作性的一套流程,架起了生活与教育之间的桥梁。学生们在开展综合实践活动课程后,获得了一系列在课堂之上无法习得的宝贵经验。如:学会了怎样与他人交流、合作,共同完成活动;学会了如何制作详尽的活动方案;学会了面对挫折如何寻求其他的解决方式;学会了生存能力与实践能力。这些宝贵的财富会伴随学生的一生,为学生生活提供新的经验与解决问题的途径。我们结合以下小学生参加综合实践活动的感想来进一步阐述。

> **"'神鹿白心'的奇遇"**
>
> 刚刚下了一场雨,我因假期作业的烦恼漫步在村庄周围小河边的乱石丛中。几经雨水洗礼后的鹅卵石,油油的在脚下闪光,显得越发的清晰。
>
> 忽然,一个异样的"东西"从我的视线闪过,我预感:我今天将有一个与某种东西的离奇相遇。我走近一看,是一个被雨水冲刷而裸露的植物的根,我将它小心翼翼地捡起来,放在手掌心翻来覆去,头脑中瞬间出现了与它形状相像的物象,但我都不是十分的满意,在我将要把它丢弃的刹那间,我突然想起前几天网络上热播的美国版《白雪公主》中的神鹿白心,我仔细端详它:那头上丛生的长角尤为相似,加上它矫健的身躯和纤细的四条腿……
>
> 我越看越喜欢,如获至宝地将它捧在手里,几乎难掩内心的激动,要跳起来,要叫起来。于是在一次偶然的机会里,我得到了作品中根艺藏品之一"神鹿白心"。
>
> **"豆浆的制作"**
>
> 大家把大桶里初步磨好的豆浆倒入过滤袋中,把豆浆和豆渣分开,然后把豆浆倒入锅内,老师说让我们品尝自己做的豆浆。另外老师问我们,豆渣可以用来做什么,有的同学说可以做豆渣饼,有的同学说可以当肥料,有的同学说可以当饲料,老师说:"不错,豆渣含有蛋白质,当肥料可以让植物长得快些,吸收得好。"一会儿豆浆煮好了,大家每人拿一杯,在树荫下喝,豆浆甜甜的,真好喝。

(三)重视实践

综合实践活动强调学生通过实践来进行学习的方式是区别其他课程的特点,注重实践体验也是综合实践活动课程的又一核心理念。

1. 多样化选择实践形式

综合实践活动课程最普遍的学习方式就是实践。教育部《国家九年义务教育课程综合实践活动课程指导纲要》中指出:综合实践活动的开发与实施强调学生乐于探究、勤于动手和勇于实践,注重学生在实践性学习活动过程中的感受和体验,要求学生超越单一的接受学习,亲身经历实践过程,体验实践活动,实现学习方式的变革。① 学生的实践方式可以分四种：

> 一是课题探究的研究性学习。研究领域包括自然现象或问题的研究、社会研究。是以学生感兴趣的问题为中心选择合适的课题,遵循科学研究的基本规范,运用实证方式,对课题进行研究、解决问题的方式。
>
> 二是实际应用的设计性学习。设计学习包括设计一种产品、一项服务、一个系统,并创造出实施方法,解决学生生活和社会生活中面临的实际问题。
>
> 三是社会考察的体验性学习。社会考察和参观内容包括本地区的历史和文化遗产、现实的社会生活和生产方式。学生通过对社会的接触,增加对社会的生活积累,并获得对社会物质文化、精神文化和制度文化的认知、理解、体验和感悟的学习活动。
>
> 四是社会参与的实践性学习。主要包括社区服务活动、公益活动和生产劳动三种方式。它要求学生参与到一般的社会实践活动领域之中,成为某一社会活动中的一员进行实际的生产活动。

值得注意的是,无论采取什么样的实践方式,都需要围绕活动目标来展开活动,让学生通过接触自然、接触社会获得对自然、社会和自我的整体认识,养成问题解决的意识,获得实践探究的积极体验。

2. 学生融入实践的真实诉求

综合实践活动作为一种实践性的学习活动,需要在实践过程中明确以下几点问题：

(1) 直接经验与间接经验的关系

综合实践活动课程强调实践的地位,并不等于忽视文本学习。文本学习是前人对知识经验的积累,是间接学习的重要形式。作为实践为基础的实践活动课程,教师需要把握直接经验与间接经验的关系,引导学生在实践中提出问题,让学生运用有效的文本资料,收集处理文本信息。

(2) 在反思中成长

综合实践活动课程的实践不是简单地模仿,而是运用适当的方式和活动手段,让学生真正理解实践的意义,完成活动的目的。对教师而言,需要引导学生对实践过程进行总结与反思,引导学生真正融入实践中才是实践的最终价值取向。下面通过小学综合实践课教师的教学过程可见一斑。

---

① 中华人民共和国教育部基础教育司.基础教育课程改革纲要(试行)[Z].2001.

"做时间的主人"——学会科学合理安排时间

一、激趣导入

师：2014年的春晚唱红了一首歌：王铮亮的《时间都去哪了》，下面我们一起来欣赏这首歌吧！（播放视频MV）看完这段感人的视频，我们不禁要感慨：是啊，时间都去哪儿了呢？时间在不经意间从我们指缝间溜走，它带走了妈妈的青春与美丽，带走了我们的年少与无知。这节课我们就一起来学习如何科学合理地安排时间，做时间的主人（板书标题）

二、教授新课

师：老师这里有个谜语，大家来猜一猜谜底是什么。假设你有一个账号，这个账号每天进账＄86 400，每年进账＄31 536 000，每晚12点进账消失，每年元旦后结算扣除。（打一词语）

生：时间。

师：是的，就是时间！

1. 体验游戏：一分钟有多长？

游戏规则：请同学们闭上眼睛，等老师喊开始以后，在心里面开始默数一分钟，等觉得一分钟到了，就马上举手。

争分夺秒：一分钟能做什么？

2. 时间游戏：通过下面几个小游戏我们来看一下：

(1) 口算小能手

(2) 头脑风暴

(3) 说一说：如果给你一分钟的时间，你能创造出怎样的精彩呢？说一说你在一分钟之内能做些什么？

3. 游戏："撕纸人生"

准备一张纸条，大概长16~18厘米，宽一厘米。然后把这张纸条分成8个格子，即分成8等分，在格子里依次写上1~8的数字。将剩下的纸条再撕去三分之一，因为我们有三分之一的时间在睡觉。现在，看看你手中纸条的长度，还剩多少？你有什么感受？

生：我们的学习时间非常短暂也非常宝贵，我们应该好好珍惜、合理利用，不能浪费。

师：是的，孩子们，时间是生命的节奏，时间是生命的刻度，是人生最初的财富也是最重要的财富。我们不能做时间的奴仆，我们要做时间的主人！

三、续写故事

学习故事《时光老人与流浪汉》并续写此故事。

四、小学综合实践活动课程的独特价值

综合实践活动课程作为一种全新的课程形态,若要寻求其存在的基石以及独立的课程定位,很大程度上取决于该课程有别于其他课程的独特价值。

(一)小学综合实践活动课程是课程价值观的深层变革

综合实践活动课程以全新的理念,主张重新认识"活动课程"和"艺术课程",让人们认识到理性知识与非理性知识两者统整的协调。由于学科之间的系统性与逻辑性,学生习得的知识技能难以在真实的生活情境中转换,"学校知识"与"生活知识"严重脱节,学生难以形成敏锐的观察力与正确的价值判断,同时,学习内容的"繁、难、偏、旧"早已成为传统课程的标尺,教学不考虑学生的兴趣、动机、爱好与习惯等。

而小学综合实践活动课程的出现弥补了传统学习的弊端,在"知识"与"智慧"之间建立起全新的桥梁,学习者发现直接经验的有效性,产生对实践学习的兴趣与爱好,在与自然、社会、自我的三维关系中不断建立新的认识,产生新的问题,并用合适的方式去解决,达到"知、情、意、行"的统一,完成智慧与知识的统一,是课程价值观的深层变革。

(二)小学综合实践活动课程是学科走向现实的真实诉求

要想真正理解综合实践活动课程的意义,让综合实践活动课程在小学扎根生长,需要明确综合实践活动在事实逻辑中的价值取向。

1. 学生走向真实的生活情境

综合实践活动课程是在当前社会背景和学生的生活情境下开设的课程,其目的是促进学生在真实的情境中丰富学生的经验和个性化的发展,这是之前任何一门课程都无法比拟的。之前的学科课程强调在系统的科学知识体系上,建立起学生对自我、自然、社会的认识,但综合实践活动为学生提供多途径的方式,促进学生在实践中获得自我、社会的认识。这种课程之下,学生获得的是最真实、最鲜活的体验与感悟。

同时,综合实践活动课程的独特价值还体现在学生通过实践活动获得真实的体验,这种体验是由学生自主获得,充满成功的喜悦。下面是小学生所写的活动日记,字里行间透露出对实践活动的认识以及情感的变化。

我是小小灯彩学徒工

这一个多月来,我们快乐地实践着。从对灯彩的懵懂认识到较全面地了解,我们感受到了灯彩的独特魅力。虽然在制作过程中我们遇到了很多的困难,从一开始的骨架制作,我们连铁丝都敲不直,我们的针拿得不够直,到后来的针刺片等,但我们从不曾放弃,我们从不会到会,一点一滴地进步着,当灯彩完成的那一刻,满满的成就感油然而生,所有的努力都是值得的。此次活动我们不仅自己对灯彩越来越着迷,也激发了许多同学的兴趣,甚至我们的家长也加入了进来。我们希望更多的人能加入到硖石灯彩的传承中来,让灯彩代代相传。

2. 教育工作者的价值选择

哲学家杜威说过,我们选择了一种什么样的教育,就选择了一种什么样的生活方式。① 杜威的思想以及"生活教育"的理念为我们找到综合实践活动课程的合法性奠定了理论基础。小学综合实践活动课程的开设为教师的行为提供可衡量的标准,教师在教学活动中如何确定主题、实施活动、总结与评价成果都成为必须思考的问题。

我们所处的时代大张旗鼓宣扬素质教育,声声讨伐应试教育,却不得不在成绩与利益面前低头。教育工作者在行动之前需考虑如何让学生的优势达到最大化,这是评判课程价值的核心标准。

3. 学校课程体系的有效建设

我国教育体系的管理严格,在学科课程和综合课程结合的学校课程体系之下,学校课程能力的建设和学校课程体系正不断完善。综合实践活动课程与其他学科课程一样,都是学校课程的一部分,两者之间的密切联系与有机结合才能促进学校课程发挥其有效性。换言之,综合实践活动课程的广泛实施促进了学校课程体系的建设,促进了学校课程之间的重建,无论是对学生、对教师还是对整个社会发展而言,都有着独特的优势与价值。

第三节 小学综合实践活动课程的教师专业化发展

综合实践活动课程作为国家规定的基础教育阶段必修课程,是一门开放性、生成性与实践性的独特课程,其课程的设计与实施的有效性给广大教师的课程意识、专业素养提出了更高的要求,这对教师的专业素养与发展路径提出了新的要求。

一、小学综合实践活动课程的教师选择

小学综合实践活动的成功开展,取决于教师的素养与指导。在开展综合实践活动时,可以选择学校的相关教师,还可以组织教师指导小组或者聘请有经验的社会人员补充教师的力量。

(一) 从教师队伍中选择

学校可以从已有的教师队伍中挑选可以胜任这门课程的教师来充实师资队伍。在进行教师挑选时,对某些活动领域有所研究或精通某项技能的教师应作为重点培养对象,并在培训后成为综合实践活动课程的指导教师。同时,学校要鼓励各学科的教师参与到综合实践活动课程中来,确保教师的数量满足当前的需求。这样的选拔方式可以

---

① [美]约翰·杜威. 人的问题[M]. 傅统先,邱椿译. 上海:上海人民出版社,1965.

提高教师的热情,节省学校的经济支出,为综合实践活动课程的正常开展提供保障。

(二)从指导小组中选择

教师指导小组是在学校没有专门的综合实践活动课程教师的情况下,将不同学科教师组建成若干指导小组,并把开设的综合实践活动课程分配给各个指导小组,每个小组设置一个组长,实施组长轮流负责制,确保活动的正常开展。

这样的指导小组便成为一个职责明确的合作小群体,其小组内部的合作变得尤为重要,指导教师之间应多进行交流、讨论并互相学习,共同反思活动存在的问题,总结值得借鉴的经验。在这样的合作氛围下,教师才有更多的自信给学生更有效的指导与帮助,教师的专业成长才更为显著。

由于指导小组内的教师多担任某学科教师,综合实践活动课程的开展必然会增加教师的工作压力,在这样的情况下,学校可以采取相应的激励措施,确保更多的教师参与到综合实践活动中来。

(三)从社会有经验的人中选择

综合实践活动课程联系学生的日常生活,注重学生实践的过程。课程通常以社会问题作为活动的主题,在社会实践中寻求解决的方式。在这样的背景下,课程必然要与社会环境产生交集,需要寻求社会力量的帮助与支持。因而,可以聘请有生活经验的人士,这些人不限身份,不限年龄,只要能为活动的开展提供帮助都可以充分利用起来。

二、教师在小学综合实践活动课程中的角色定位

教师在综合实践活动课程中担任着重要的角色,其重要性不言而喻。作为《国家基础教育课程改革纲要》中列为必修课程的综合实践活动课,教师在没有教材、没有课程标准、没有具体操作指南的综合实践活动课程面前的表现受到广泛关注。教师再也不能像以前的学科课程一样进行系统的知识传授,而是要让学生亲身体验获得对自我和客观事物的认识,这种强调学生实践的过程和学生个性化发展的课程,教师应该担任什么样的角色呢?

教师的角色不是一成不变的,它随着时代的发展与社会的要求不断变化发展。综合实践活动课程为传统课程带来冲击的同时,也带来传统教学方式的变革,教师能够在新的课程中处理角色的冲突也是综合实践活动顺利开展的重要保障。

(一)引导者

引导者是综合实践活动课程教师担任的最为重要的角色。在综合实践活动课程中,学生的自主参与性成为课程的本质特征,凸显学生的主体地位,挑战传统教育中的主客体之间的支配与被支配之间的关系,学生才是活动的真正主体。这种认识的矛盾成为教学过程中的主要矛盾,也给教师在综合实践活动课程中的有效教学提供新的思维。

首先，教师需转变教学观念。传统教学中教师是传授者，学生是接受者，教师与学生之间的活动为单向的传递活动。在类似的教学过程中，学生主体性会随着教学时间的增加而逐渐消失，学生的个性与创造性也会有所泯灭。"教师的职责现在已经是越来越少地传递知识，而越来越多地激励思考；除了它的正式职能以外，他将越来越成为一位顾问、一位交换意见的参加者、一位帮助发现矛盾论点，而不是拿出现成真理的人。他必须集中更多的时间和精力去从事那些有效果的和有创造性的活动：互相影响、讨论、激励、了解、鼓舞。"①综合实践活动课程要求教师走出传统教学上的认识误区，平等地认识"你"和"我"的对话关系，以研究性教学、体验式教学替代传统的传授式教学，在活动中促进师生的平等关系构建，互相学习，共同进步。

其次，教师应充分发挥学生的主体性。"所谓教育，不过是人对人的主体间灵肉交流活动（尤其是老一代对年轻一代）。"②教师传递给学生的知识，学生的接收程度与学生对知识和问题的感兴趣程度有关，教师要改变以往教学中过分强调自己的主体性，忽视学生主体性的行为。对学生而言，他们都是独立的、能思考的、有潜能的个体，他们的行为可以受控制，而思想、意识都是不能被控制的。教师要充分发挥学生的主体性，放手让学生在综合实践活动中成为学习的主人，从"做中学"，引导学生在活动中转变思维方式和学习方式，提供给学生更充分的自己建构的时间和空间，促进学生在真实的情境中主体地位提升，个性充分发挥。

（二）组织者、协调者

在综合实践活动课程中，教师应由高高在上的知识传授者转变为组织协调者。学校教育中教师素有管理学生的责任，但综合实践活动课程超越时空的界限，教师不仅要对活动和学生进行组织和管理，还负责协调各种人际关系，包括学校与家长、学生与学生、教师与教师之间的关系，同时也包括协调社会有关部门、相关机构与活动之间的关系，为有效开展综合实践性活动提供必要保障。

需要明确的一点是，我们强调对学生的管理，是负有保证学生的生命安全的责任，而不是学生单单服从教师高高在上的管理，教师应是与学生地位平等的组织者与协调者。作为组织者与协调者的角色，教师应在综合实践活动中为学生营造和谐的氛围，促进学生潜能的发挥和创造力的发展，让学生成长为对自己行为负责，有实践能力和创新精神的人。

（三）参与者

传统教学中，教师是课堂的中心，课堂成为教师的个人展示舞台，学生只是知识的单向接收者。综合实践活动课程要求教师与学生之间建立平等互助的新型师生关系，强调师生之间的对话和信息互动来进行师生的合作，这样便更注重教师参与者的角色

---

① 联合国教科文组织国际教育发展委员会.学会生存——教育世界的今天和明天[M].华东师范大学比较教育研究所译.北京：教育科学出版社，1996：108.
② ［德］雅思贝尔.什么是教育[M].邹进译.上海：生活·读书·新知三联书店，1991：3.

发挥。

在一般教学活动中,教师和学生都应该参与到活动中来,两者的共同参与才会帮助教师更深刻认识学生的个性与特征,才会有利于教师与学生之间平等、互助的师生关系的重塑,同时也为教师专业化发展提供可实践的平台。

在具体实施综合实践活动课程中,教师要深入参与活动,观察学生活动的参与情况以及人际交往情况。在发现学生的问题时,及时纠正,必要时给予提示。学生遇到难以完成的任务时,教师应及时鼓励,鼓励小组间交流与合作,共同完成任务,提高每一位成员参与活动的热情与信心。

(四)促进者

综合实践活动课程是基于学生的直接经验开展的实践活动,强调学生在直接体验中获得自主实践的过程,教师不再是领导者,而是实践活动的促进者。教师在综合实践活动中的引导作用表现在:心理疏导——加强学生的挫折教育、意志教育;方法指导——根据问题及时更新实践方案,寻求新的策略;价值引导——促进学生良好的价值观、较强的社会责任感的形成。

在教学过程中,教师的角色定位应是:为学生创设良好的学习氛围,培养学生的学习兴趣;促进学生心理健康品质的形成,激励学生参与各类活动;给学生成功的体验,促进学生研究的热情与信心;培养学生的合作意识,在小组活动中大胆表达自己的想法。在这样的教师指导下,学生参与活动的热情增强,实践探究的能力提高,展现个性与合作互助的意识都会得到提升。

(五)开发者

综合实践活动课程与传统的分科教学课程不同,它在实施过程中没有对应的教学大纲和教学计划以及教学用书,教师在开展活动时没有一成不变的模式与方法,但是教师要在规定的时间内完成对学生发展的任务,这就对教师提出了更高的要求。

综合实践活动课程需要对现有的学生经验进行总结,提出可行的课题,让学生自主探究、自我完善。这就要求教师转变传统的教学观念,积极主动地参与课程的编制与开发,结合学生的现有状况和学校的资源,选择适合学生的活动主题与内容,让学生在交流与讨论中自主设计活动开展的方式,开发适合地方特色的课程资源,发挥学生的潜质,自觉承担起综合实践活动课程的开发者角色。

总之,无论教师在综合实践活动课程的角色定位如何变化,教师都需要遵循以下几个原则:发挥学生的主体性,把选择权与参与权交还给学生;为学生提供多途径的学习机会,让学生自主建构意义世界;提供给学生更多的评价结果的机会,提升学生自主探究、实践探究的能力。

三、小学综合实践活动课程教师应具备的素养

教师的专业化是综合实践活动课程顺利实施的重要保障,在教学过程中,教师不仅

是课程的忠实执行者,还是课程制定的计划者、实施者,要想承担起综合实践活动的指导工作,需要具备以下的素养与能力。

(一)树立主体性学生观的理念

综合实践活动课程作为培养学生创新能力与实践能力的课程,要求教师更新自己的理念,理顺教学过程中师生特殊的情感和认知关系,以便更好地实施综合实践活动课程。

主体间性就是"存在于两个或多个主体之间,能够为两个或多个主体所理解的,为两个或多个主体所共同建立的一种性质"①。在教育过程中,师生双方应建立在平等交往的基础上相互理解,在同一问题上达成统一认识。由于在综合实践活动中,主题的探索在不断更新变化,这要求教师更新自己的认知结构,不断完善知识,寻求新的突破点,促进学生的发展。

在进行具体的实践活动时,教师应让学生自由选择感兴趣的课题,在问题解决的过程中促进学生的认知发展;同时为学生提供接触社会的机会,放手让学生在实践过程中寻求真理探索的欲望与创新能力的塑造。需明确,让学生在自然与社会的探索中才会获得真实的情感体验,才能成为学习的主人。

(二)组织与协调活动的能力

综合实践活动课程突破时空与学科的束缚,活动涉及的知识丰富、活动范围不限、活动过程生成性强、活动方案调整与修订频繁,这就要求教师具备良好的组织与协调能力。在活动开展前组织、管理学生,在活动过程中及时修订、调整计划,在与社会部门接触时处理好各类关系,唯有这样,教师才能胜任综合实践活动的课程,促进自身专业化发展。

(三)自我调整与整合课程资源

在传统教育中,教科书、课堂成为教师的课程资源,教师的主要任务是利用教科书、大纲进行间接经验的传授。而综合实践活动课程没有统一的教科书、课程计划、课程安排等,这就要求教师依靠本校特色和学生生活经验进行资源的调整与统合,利用一切可以利用的学校、社区、工厂等资源,不断为学生创造更合适的实践场所与机会,自觉树立综合实践活动课程的资源意识,不断丰富经验,为资源开发与建设提供可行性方案。

(四)转变评价方式的能力

综合实践活动课程为新的评价理念、方式、标准开辟途径,主要表现在转变单一的评价主体,评价学习结果的同时注重评价学生的学习过程,注重学生的自我反思性评价,关注学生自我教育的能力,评价方法也应多种多样,如:成果展示、汇报、表演、竞赛等。对学生及时做出评价,以评价的方式促进学生认识自我,不断积极参与到各种活动中来。

---

① 熊川武.实践教育学[M].上海:上海教育出版社,2001:71.

(五)问题意识与问题解决的能力

综合实践活动不同于以往的课程,它以问题探究为基本特点来开展活动,这就要求教师有较为敏锐的问题意识和探究能力,在实践活动中不断积累经验,引导学生在复杂的社会背景中多途径收集、整理信息,同时学会运用各种实践方式收集资料,学会分析各种资料。

四、小学综合实践活动课程教师应注意的问题

教师指导作为综合实践活动的重要组成部分,应贯穿在活动的全过程,包括活动开展阶段、活动实施阶段、活动总结与反思阶段。

(一)活动开展阶段

综合实践活动课程围绕学生真实经验促进学生个性化发展,教师应考虑学校背景、小学生生活经验、当地地方特色,结合当地社区所处的背景和自然环境,引导学生确定合理的课题。

小学生由于年龄尚小,经验不足,教师可适当引导、启发学生提出可行的课题,或者教师提出多样化的活动主题让学生自由选择。在学生确认课题后,教师应引导学生对课题进行论证,以便确定课题的合理性和可行性。

(二)活动实施阶段

1. 方案确定

在活动主题确定后,教师需指导学生制定可行的方案,促进学生自己制定方案的意识和规划的能力。具体表现为:活动是否受到学生家长的支持,确保学生的各项活动得到家长允许;活动过程中可以得到家长物力、人力支持,实践场地是否安全并有专人看护,充分发挥家长、社区在综合实践活动中的积极作用,确保活动的顺利开展。

下面是柳州市某小学学生综合实践活动主题设计表(见表1-9),尽管在活动开展过程中困难重重,但是在学生与老师的共同思考、共同完善后终于确定了主题设计方案。

表1-9 柳州市某小学综合实践活动主题设计表

主题名称	柳州的洪水		主题方向	自然(√)、社会( )、自我( )、其他( )(在括号里打√选择)		
主题设计完成情况	独立( ) 合作(√)	参与主题活动对象及人数	全校师生	历时时间(天)	60天	指导教师	略

主题活动背景(内容及来源):

近段时间,柳州下起了大暴雨,柳江开始暴涨,把近水平台都淹没了。听老师说,柳州经常发洪水。柳州的洪水是怎样爆发的?柳州一共发了多少次洪水?洪水给柳州造成了多大的损失?人们是怎样抗洪救灾的?我们很想知道这些问题的答案,就自发组成研究小组,共同去研究。

(续表)

主题活动目的与价值：
通过调查了解柳州近二十年爆发过的洪水,学会抗洪救灾的自救自护知识。感受"洪水无情人有情"、"一方有难,八方支援"的中华民族优良传统。
相关学科知识:关于研究自然灾害
可利用资源:教室、校园、家庭、家长、老师、图书馆、网络资源
活动方法及步骤： (1) 制定调查实施方案； (2) 组建活动小组,并进行小组分工,小组同学根据分工进行各类资料的收集； (3) 上网查找柳州市洪水的资料、图片； (4) 到图书馆查阅记录柳州洪水的报纸,并复印下来； (5) 去柳州电视台复制一些关于柳州洪水的录像,播放给学们看； (6) 请同学们写一些观看洪水录像的观后感； (7) 向水利局的叔叔、阿姨了解柳州洪水形成的原因； (8) 向家长、老师了解他们经历洪水的感受； (9) 向柳州市防洪指挥部了解近二十年柳州洪水给柳州造成的损失有多少,了解柳州市政府治理洪水的措施； (10) 故事会:讲述柳州市人民抗洪抢险中的感人故事； (11) 学习一些洪水来临时的一些自救自护知识； (12) 分析整理、撰写活动报告、制作汇报幻灯片
活动成果描述及展示方式(预期成果)： (1) 用图片展示学生收集到的有关柳州洪水的资料； (2) 制作一期墙报向同学们介绍一些洪水来临时的一些自救自护知识； (3) 绘制柳州洪水造成灾害损失的图表； (4) 制作幻灯片,向同学们介绍我们的研究成果

2. 资料收集

教师在引导学生进行资料收集时,需针对学生的实际情况,结合学生的现实经验,帮助学生正确熟练运用工具书、网络资源、视听媒体等,进行资料的收集与整理。教师要指导学生选用合适的方式进行资料收集,同时及时记载活动记录和活动日记,并对相关信息进行处理,筛选合适的信息进行下一步的活动安排。

3. 及时点拨指导

在综合实践活动实施过程中,教师应及时了解学生活动情况,有针对地提供指导与帮助,对有困难的学生进行个别辅导,及时调整活动计划,帮助他们提高活动的积极性。同时,教师应争取家长与社会的支持,确保开展活动和实施活动时有可利用的课程资源,在活动过程中指导学生注意安全,培养安全意识和自我保护能力,促进活动的正常开展。

(三) 活动总结与反思阶段

这一阶段作为教师指导的最后一个阶段,也是综合实践活动教师指导的重要环节,需要教师帮助学生对活动进行总结,整理学生成果,反思存在的问题,为下一次活动积累经验。

1. 引导学生自我评价

在活动结束时,教师可采用适当的方式指导学生对活动成果和活动报告进行撰写,并进行不同形式的成果交流、汇报。在活动结束后,引导学生对实践过程进行反思经验,并提出优化方案,为下次活动积累经验。同时,教师的评价应中肯、公正、客观,尤其是注重学生的过程性评价,鼓励学生的创新意识与合作品质。

2. 教师自我反思

教师的总结与反思可以促进教师专业化发展,不断提高专业技能与素养。第一,教师在每次活动结束后都需要进行反思,反思学生在活动中的表现,反思自己的处理方式,反思工作中的优点与不足,促进自身专业化发展。第二,教师应及时记录活动过程中存在的问题,不断积累经验。这样的记录方便教师的经验总结,同时为综合实践活动课程的发展贡献自己的力量。

总之,综合实践活动为教师提出更高的要求,教师能为综合实践活动课程所做的努力仍旧繁重。由于教师指导工作的复杂与烦琐,指导空间的范围广泛,他们付出的努力比一般教师更多,这也需要社会给教师更多的包容和成长的机会,让教师在综合实践活动中发光发亮。

思考题

1. 如何界定传统教学目标落后于现代课程的要求?
2. 小学综合实践活动课程有哪些突出的理念?
3. 小学综合实践活动课程如何促进教师的思想转变与专业化发展?

第二章
小学综合实践活动的课程设计

本章重点

- 小学综合实践活动课程目标的确立与分级
- 小学综合实践活动课程主题的来源与选择
- 小学综合实践活动课程内容的结构与设计
- 小学综合实践活动课程方案的构成与处理

第一节 小学综合实践活动的课程目标

一、课程目标概述

目标是预先设定的意欲达到的结果或获得的素质。总的来说,课程目标是和教育目的、培养目标密切相关的。教育目的是国家或社会对教育所要造就的人的质量规格所做的总体规定与要求。具体来讲,教育目的是指教育活动所要达到预期结果,是人们对受教育者达成状态的期望,即人们期望受教育者通过教育在身心诸方面发生什么样的变化,或者产生怎样的结果。教育目的受社会政治制度、文化传统、教育理念的制约。因教育目的是从国家或社会的角度出发的,因而教育目的只能是总体性、高度概括性的。

考虑到不同学校或地区为实现教育目的会有不同的做法,为确保教育目的的真正落实,则必须根据各级各类学校的实际情况具体制定目标,即要明确培养目标。培养目标是各级各类学校依据教育目的制定的、符合一定社会要求、具体化了的教育目的。但是,培养目标的确立并没有具体落实到各科课程教学过程中,因而课程目标是学校培养目标在教学过程中的具体化表现。课程目标是在国家教育目的和地方培养目标的指导下,由课程的性质、任务、价值和学生的生理、心理特征等因素决定,学生通过完成规定的课程教学内容和任务所应达到的预期结果。

课程目标具有三个基本特性。一是整体性,是指各类目标彼此之间是一种有机联系的关系,不是相互孤立的;二是积累性,是指只有完成了低年级的课程目标之后才能继续深化和拓展高年级的课程目标;三是层次性,课程目标是由多维度、多层次的知识、情感、态度目标构成的。

二、课程目标确立的依据

课程目标的制定过程实际上就是教育目的和培养目标的具体化过程,课程目标确立的依据必然也是教育目的和培养目标的依据。儿童、社会、学科是教育目的和培养目标制定的基本依据,因此,综合实践活动课程目标的制定必须对儿童、社会和学科进行深入研究,并且要处理好这三者的关系。

1. 对儿童的研究

课程的实施对象是学生,课程的基本功能就是促进学生的身心全面发展。儿童由于年龄原因,其认知方式、兴趣爱好、需求、心理状况、学习风格、学习动机等与成人迥然有别,而且儿童与儿童之间又存在差异。因此在制定综合实践活动课程目标时,首先对儿童进行研究,将儿童作为目标制定的首要因素。

2. 对社会的研究

儿童的发展就是社会的发展,而社会自身的变化发展又会对儿童提出适合当前社会社会需要的新要求。我们正处于一个急剧变革的时代,以可持续发展、信息社会、知识素养为特征的社会要求我们必须具备终身学习的意识和能力、搜集与处理信息的能力、交流沟通的能力、创新能力;具备环保意识、合作意识等各种良好的现代公民素养。现代社会发展对儿童提出的基本能力和素养是制定综合实践活动课程目标的依据。

3. 对学科的研究

学科知识作为学生接触的间接经验,学科知识自身负载的价值,及其基本概念、逻辑结构、探究方式、发展动向等都会使学生朝着有序、高级的方向发展。一方面,科学技术的发展不断改变人们的生活。另一方面,人们对自我认识的不断深入,愈来愈强调现代公民人文素养的重要性。因此,对科学、人文以及其他技能方面的学科知识的研究,成为综合实践活动课程目标制定的不可或缺的依据。

三、课程目标的取向

根据美国课程专家舒伯特的研究,课程目标的取向主要有四种:普遍性目标取向、行为目标取向、生成性目标取向、表现性目标取向。下面将依次介绍这四种取向:

(一) 普遍性目标

普遍性目标是基于经验、哲学观、意识形态或社会政治需要而形成的一般教育宗旨和原则,这些宗旨和原则直接运用于课堂教学,成为课堂教学的一般性、规范性的指导方针,因而普遍性目标取向具有普遍性、模糊性、规范性,同时缺乏针对性、明确性和操作指导性。

(二) 行为目标

行为目标是以具体的、可操作的行为来描述课程与教学的目标,学生自身行为发展变化是其衡量标准,基本特点是:目标具有精准性、具体性、可操作性。随着课程研究领域的发展完善,行为目标取向一度在课堂教学领域中占据主导地位。

(三) 生成性目标

生成性目标是在教育教学情境中,随着教育过程的开展,师生、生生互动而自发生成的课程目标。生成性目标是教育情境与问题解决的产物,不是通过课前预设环节产生的,其根本特点就是过程性。

(四) 表现性目标

表现性目标是指每一位学生在具体教育情境、具体课堂教学环节过程中经历了各种体验而产生的带有浓厚主观性色彩的个性化表现。当学生在课堂学习中的主体地位得到充分发挥、个性得到充分发展后,学生学习结果所达到的程度和具体行为表现都是无法准确预知的,表现性目标只为学生提供了活动的领域而结果是开放的。

四、新课标下综合实践活动的课程目标

(一) 综合实践活动的总体目标

《基础教育课程改革纲要(试行)》规定:综合实践活动是从小学到高中设置的必修课程。综合实践活动课程目标指综合实践活动意欲取得的结果,学生在该课程学习经历中应达到的素质要求。主要包括综合实践活动课程的改进、教师专业成长、学生综合素质的发展,但核心是通过开展综合实践活动,使学生的实践能力、创新能力得到发展。综合实践活动课程目标是由总体目标和学段目标构成的,由于综合实践活动课程的开放性,总体目标涉及"知识与技能"、"过程与方法"、"情感、态度与价值观"三方面:

1. 总体目标

第一,知识与技能。综合实践活动的知识与技能目标,知识目标主要包括体验性知识的获得、跨学科性知识的获得、方法性知识的获得等;技能目标主要包括搜集与处理信息的能力、自主获取知识的能力、沟通与表达的能力、分析与解决问题的能力、思考与创新的能力等。

第二,过程与方法。综合实践活动课程的体验性、生成性特点决定了经历活动过程、获取相应的方法是综合实践活动的课程目标。具体说来,综合实践活动的过程与方法目标主要包含提出问题的能力、规划能力、设计与制作的能力、参与与服务的能力等。

第三,情感、态度与价值观。情感、态度与价值观体现了综合实践活动的特有的追求,同时也反映了综合实践活动在对学生价值形成及情感发展方面做出的贡献。情感、态度与价值观的课程目标主要包括学生好奇心、效能感、自律性、同理心的培养,学生坚定意志的锤炼、良好品质的塑造,社会责任感、关怀意识的养成等。

2. 总体目标的具体内容

可以说,实践活动课程的目标是通过学生主体的自我发展和自主生成获得的。在基础教育阶段,我国综合实践活动课程的总目标是与学生、生活紧密联系的。主要有以下五个方面:①

第一,获得亲身参与实践的积极体验和丰富经验。综合实践活动课程的开展,使学生在开放的活动课程中亲身参与实践,获得积极的生命体验和丰富的生活经历,能够拓展学生的精神生命,触动和塑造学生的精神世界。

第二,形成对自然、社会、自我之内在联系的整体认识,发展对自然的关爱和对社会、自我的责任感。"整体的人"是存在于完整的生活世界里的,时刻与自我、他人、社会以及自然密切关联、和谐发展的。综合实践活动鼓励学生积极参与社会生活、服务社会,强调"形成对自然、社会、自我的内在整体认识","发展对自然的关爱","培养学生成为具有高度社会责任感的公民"。

第三,形成从自己的生活中主动地发现问题并独立地解决问题的态度和能力。思维起于问题,问题意识是创造的起点,问题解决是综合实践活动课程的目标因素。综合实践活动课程的开展,通过引导儿童在自己的生活中主动地发现并提出问题,通过的自身的知识结构和经验体系来解决问题,形成独立解决问题的态度和能力。

第四,培养实践能力,发展对知识的综合运用和创新能力。综合实践活动打破了单一学科知识体系的界限,具有鲜明的实践倾向,要求学生大胆想象、敢于思考,通过新思路、新方法在做中探索,在实践中综合运用所习得的知识去分析、解决问题,激发学生的探究欲望,培养学生的思维品质和创新能力。

第五,养成合作、分享、积极进取等良好的个性品质。综合实践活动课程强调儿童情感、态度和价值观的发展,在综合实践活动课程的开展过程中,通过小组合作学习的组织形式培养学生的团队协作意识,能够在合作中学会倾听、善于表达、乐于分享,养成积极进取的良好个性品质。

3. 总体目标的特点

一是强调体验性目标。体验是人类社会所特有的心理感受,是个人化的理解、感悟与反思。综合实践活动课程目标并不注重活动结束后形成的外显化的结果,相反,注重的是活动课程开展、实施和总结过程中学生的个体感受与体验,这些体验指向的是学生成长中环境、生活等要素。综合实践活动活动课程的体验性目标依据不同要求可分为三种水平,具体见表2-1:

---

① 北京师联教育科学研究.综合实践活动课程的理论与实践[M].北京:学苑音像出版社,2004:109-119.

表 2-1 体验性目标水平

三种水平	行为动词
经历(感受)水平	感受、参与、经历、体验、交流、讨论、观察、调查、参观
反应(认同)水平	关注、提出、获得、确认、欣赏、发现、判断
领悟(内化)水平	养成、形成、具有、树立、确立、发展、保持、增强

二是注重实践性目标。从唯物辩证主义出发,人的本质是实践,实践是生存和发展的动力,是主客体的统一。以实践为主要形式的综合实践活动架起了认知目标与行为性目标、情感性目标的桥梁,同时更加注重富有实践意义的行为目标和情感目标。综合实践活动的实践性目标主要有:整合知识的能力;提出问题和分析问题的能力;信息搜集、处理和交流的能力;意念转化为问题解决方案的能力;动手操作和制作的能力。

三是重视生成性目标。生成性目标本身并不是教师预设的,而是随着活动实施过程的开展、环境的变化以及在学生认识的加深创造出来的,会导致活动目标和计划在过程中的不断调整,生成性目标的特点就是动态性。指导应重视动态性的生成性目标,用生成性目标来指引和调控综合实践活动活动的方向和过程。

(二) 综合实践活动的学段目标(3～6 年级)

1. 学段目标

由于不同年龄阶段的学生在生理、心理、认知、学习风格、方式等方面各有特点,因此,不同学段的综合实践活动课程也有特定的目标,本章主要从学生与自然、学生与社会、学生与自我三个维度介绍小学 3～6 年级综合实践活动课程的具体目标,具体目标如下:①

(1) 学生与自然

接触自然,丰富对大自然的认识;欣赏自然,培养对自然的热爱情怀;通过丰富多彩的活动,理解人与自然不可分割的内在联系;知道如何保护和改善自然环境,并身体力行。

(2) 学生与社会

认识社会资源,并能有效运用;走入社会,熟悉并遵守社会行为规范;发展人际交往,养成合作品质,融入集体;力所能及地参与社区服务。

(3) 学生与自我

注重生活卫生、料理自己的生活起居。认识各种灾害及危险情境,学会自我保护;端正劳动态度,形成良好的生活习惯;认识和了解自己,树立人生理想;积极进取。

2. 学段目标的特点

(1) 指向性

综合实践活动是针对某个主题或者项目而言的,开展的主题活动具有切实的导向、

---

① 中华人民共和国教育部.综合实践活动指导纲要(3～6 年级)[Z].2010.

指引功能,且要保证整个活动有效完满地开展。

> **"我与零花钱"活动目标设计**
>
> 【活动目标】
> 　　1. 认知目标:通过活动,让学生认识到手中零用钱来之不易,了解怎样合理地使用零用钱,养成勤俭节约的良好习惯。
> 　　2. 情感目标:让学生在活动中获得亲身参与,体会父母的辛劳,增强合理使用零用钱的意识。
> 　　3. 能力目标:通过收信资料及调查、采访等方法,发展学生的实践能力和创新能力,让他们养成自主、合作等良好的个性品质。

（2）动态性

综合实践活动课程的目标是预设的也是生成的,学生在活动过程中的认知、情感、态度也是动态发展的。

> **"网络的功与过"活动目标设计**
>
> 　　1. 知识目标:利用多种渠道,收集整理资料,让学生了解网络交往在信息时代的重要性。
> 　　2. 能力目标:培养学生认识事物的能力,包括观察、比较分析和综合能力,让学生能够正确使用网络,使之为学习、生活服务。
> 　　3. 情感目标:通过活动让学生恰当运用网络,学会自我保护,遵守网络规则,享受健康的网络生活。
> 　　在活动过程的深入阶段,根据学生的表现又出现了新的目标:
> 　　(1) 对自己研究的课题成果有成就感、喜悦感,能够感受到与小组合作、谈论时的欢乐。
> 　　(2) 总结研究成果,交流分享研究经验。

（3）可测性

综合实践活动课程目标的描述是具体化、可测量的,知识、技能、情感、态度等方面的变化都是可观测的。

> **"各色各样的桥"活动目标设计**
>
> 【认知目标】
> 　　1. 通过实地参观、调查访问让学生对家乡的桥有更深的了解。通过查阅各种资料,让学生对桥梁学有一个初步的了解。对桥梁的历史、发展、种类、用途、结构等有一定的认识。

2. 通过活动初步学会调查、探究的方法和收集、运用、处理各种信息的方法。学习各种网络知识、交往知识。

3. 通过动手做纸桥,对所掌握的知识有一个综合的运用。

【能力目标】

1. 在活动中培养学生的探究能力、社会调查能力、动手能力、创新能力和与人交往、合作的能力。

2. 学会调查、收集、整理资料的方法,培养收集信息、处理信息的能力。

【情感目标】

1. 通过各种实践活动获得丰富的经验和积极的情感体验,激发学生更加热爱家乡、热爱祖国、热爱神奇的大自然。

2. 通过各种活动培养学生的合作意识、团体精神,分享合作与交往的快乐。

3. 通过展示、演讲等形式培养学生的自信心。

(本案例来自凤化街小学)

第二节 小学综合实践活动的主题选择

主题选择即学生在教师的指导下通过发现、筛选进而确定主题的过程。张华教授认为"主题选择"一方面是学生针对自身特点、资源、环境,不断捕捉问题的过程,另一方面应在此过程中充分培养学生渗透问题意识、研究方法和合作精神,帮助学生选取一个恰当的主题并不是主题选择的唯一目的,通过主题选择过程关注对学生自身发展的价值与意义应成为倡导主题选择的背后之意。①

一、小学综合实践活动的主题类型

综合实践活动作为一门必修课程,是在教师引导下,学生自主进行综合性学习活动的实践性课程。其自身的特点决定着国家、地方和学校都无法以章、节的形式提出课程的内容,而只能从活动的类型、涉及的领域对其做出相对的规定。具体实施中,在课内与课外有机结合的同时,应从课程目标、内容、活动过程等方面综合权衡,有所侧重,开发具有乡土教育特色的综合实践活动课程,探索如何让小学生在自己乐意学习的课程中发展个性,培养特长,让孩子们从中体会到成功的喜悦。活动主题按照不同分类方法

---

① 张君.综合实践活动主题选择的研究[D].重庆:西南大学,2014.

会有不同的类型：

（一）按照主题内容分类

教师和学生可以围绕人与自然、人与社会、人与自我的三大关系领域来设计和组织小学综合实践活动的主题内容：

人与自然的关系问题是小学生在日常生活中喜闻乐见的问题，该领域的核心是在生活的自然环境中与人的生存环境中，选取相关的自然事物或现象问题，引导小学生从自然中提出感兴趣的关注点，通过观察、实验、探究等走进自然、感受自然、获得丰富的体验。可以围绕该主题展开进行活动，如：极端天气与安全保护研究、柳絮与过敏反应研究、食品问题研究、水污染问题研究、雾霾与"APEC蓝"研究等。

人与社会的关系问题是为了增进小学生的社会认识和社会实践能力，引导小学生通过接触社会、走进社会，培养小学生关注社会、服务社会的意识和能力，增强小学生的社会实践能力和社会责任感。可以围绕该主题展开进行活动，如：民族风情研究、家乡土特产研究、探寻家乡的风景名胜、我和我的社区、马路上的盲道观察等。

人与自我的关系问题是与小学整个生命全程息息相关的问题，在本主题活动中，可以引导小学生反思自我、探究自我，通过体悟、交流、体验等活动，正确提高自我认识，增强反思能力，树立自尊、自信、自立、自爱等优秀品质。可以围绕该主题展开进行活动，如：小小营养家、生命安全与教育、膳食与健康、学会自我保护与自救等。

（二）按照活动类型分类

小学综合实践活动按照活动的类型可以分为：课题探究类、设计制作类、劳动服务类和考察体验类等。

课题探究类以认识和解决某一问题为主要目的，具体包括调查研究、实验研究、文献研究、走访研究等类型。小学生在开展课题探究类的研究性学习时，一般是在教师指导下，从自然、社会和生活中选择和确定主题进行探究，并在探究过程中主动的获取知识、应用知识、解决问题。

"口香糖的利与弊的探究"片段

"口香糖的利与弊的探究"这一活动主题的提出也源于一次偶然：一天中午，我走进教室。看到几个女同学围在一起叽叽喳喳，走近一看，原来小A的鞋底上粘了一块口香糖，她在费劲地用小刀把它刮下来呢。其他几个女同学一边帮她在刮残留在地上的口香糖残迹，一边在议论："真恶心！乱吐口香糖的人真没公德心！"这时，旁边一位男同学大声说："口香糖有什么不好?！我就喜欢嚼口香糖。你们没看见连电视里都有好多口香糖的广告吗？"……就这样，一个全班同学都感兴趣的综合实践活动主题——"口香糖的利与弊探究"诞生了。

（本案例由江苏省无锡市惠山区藕塘中心小学孙妙君老师提供）

这是一个以课题探究为主要内容的小学综合实践活动,江苏省无锡市惠山区藕塘中心小学孙妙君老师在班级学生的日常生活对话中选择了小学生都比较关心的话题——"口香糖的利与弊"作为综合实践活动的主题。通过分工确立了课题研究小组,在正方与反方小组的研究过程中,使小学生初步认识口香糖的利与弊,懂得乱扔口香糖对环境造成的危害。同时使学生在开展调查和讨论的过程中关注环境问题,养成自觉保护环境的行为习惯,提高环保意识,最后能够运用合适的方法去除口香糖污渍,促使学生主动积极地参与社会,服务社会,增强社会实践能力。

设计制作类以解决比较复杂的操作问题为主要目的,主要包括社会性活动设计和科技类项目设计两种类型。社会性活动设计可以将学生的研究性学习和社区服务与社会实践相关联,科技类项目的设计以满足某一实际为目的,并制作出作品。在制作过程中,往往需要各种通用技术以及信息技术。

"创意贝壳"片段

一天,学生到蓬莱海洋极地世界旅游,饰品店内那些造型独特的贝壳帆船、贝壳手势、贝壳动物等工艺品,给学生们留下了极深的印象。何不利用我校地处沿海、贝类资源丰富的自然优势,让学生们也来尝试制作贝壳工艺品呢?可以通过贝壳工艺品的制作实践活动,培养学生思考、探究和动手操作能力,同时能够陶冶学生的情操、提高学生的审美能力。于是,我们便确立了"创意贝壳"为主题的综合实践活动。

(本案例由莱州市金城镇中心小学鲍凤、刘小玲老师提供)

这是一个以设计制作作为主要内容的小学综合实践活动,莱州市金城镇中心小学教师依据学校的地理优势,通过"创意贝壳"活动的开展,不仅培养了学生的动手操作能力,同时发扬学生的创新精神,实践能力和终身学习能力也得到发展。在过程中还能激发学生的乡土自豪感,使学生更加热爱自己生活的土地、热爱家乡。

劳动服务类活动,是指小学生在一定的主题目标引导下,运用已经掌握的劳动技能为社区、学校服务或者在家庭中做自己力所能及的劳动。这类活动有利于培养学生社会服务意识、增强公民责任感。在劳动服务类活动中,教师应鼓励学生热心参与志愿者活动和公益活动。

"争当城市美容师"片段

长期以来,部分不法分子受非法利益的驱使,在城市内到处张贴以办理非法证件为主的小广告。这些小广告多数是以不干胶为粘剂,纸质不易吸水,易贴不易揭,清除起来十分困难。就是清除以后,很快又被不法分子重新贴上,难以治理,因此被群众称为"牛皮癣"。"牛皮癣"已经成为刻在当今城市面孔上的伤疤,令城市容颜黯然失色。为了营造学校周围优美整洁的生活学习环境,提升城市的整体形

象。我们西关小学的全体师生采取了一系列的措施,对周围环境进行了集中清理,开展了"争当城市美容师"的综合实践活动。

(本案例由福山区西关小学吕家良、张浩老师提供)

这是一个以劳动服务为主要内容的小学综合实践活动,在本次活动过程中,全校师生通过自己的双手擦亮了城市的形象,为大家办了实事,具有很强的实践性和教育意义。同时在整治"牛皮癣"过程中,小学生们提高了环保意识,养成了爱护环境的自觉行为,提升了公民素质。无论是在思想上还是行动上,学生们都受到了很大的教育。

考察体验类的活动主要是通过指导小学生接触社会现实,参与各种社会活动,实现自觉实践、自主参与、提高实践能力,获得社会经验,强化社会责任感。学生通过参观、考察、访问等形式的活动,可以获得对社会和现实的真实体验,初步养成合作、分享、积极进取等良好的个性品质,形成对自然的关爱和对自我、社会的责任感。

"马厩桥研究"片段

江南水乡,随处可见桥。在平湖,比较有古文化韵味的,只知道当湖桥,但在学校举行的露营活动中,我们发现了一座不一样的古桥——马厩桥。10月8日,我们随着学校大队伍,来到曹桥街道奥多奇农庄,接受国防军训,野外拓展生存,感受露营快乐。当我们看着宽阔的河流上有一座壮观的古桥——马厩桥,眼前一亮,想更多地了解这一座古桥,古桥是何时建筑的?建筑有什么特点?它带给当地老百姓哪些变化?带着种种疑惑,我们开展了这一次小课题研究。我们想深入寻找它的历史足迹,探究它带给现在马厩古镇的文化魅力。

在李卫老师和陆海勤老师的指导下,我们制订了详细的调查研究计划,通过实地采访了解有关马厩桥的历史和现状,上网搜索有关马厩桥的历史、建筑特点等,寻访专家进一步了解马厩桥,通过校园宣传让更多的人了解古桥,自己动手设计并制作心目中的桥等活动。让全校师生都能了解马厩桥的悠久历史,了解良渚文化,热爱我们生活的平湖,保护马厩桥,保护地方文化。

(本案例由浙江嘉兴平湖市百花小学提供)

这是一个以考察体验为主要内容的小学综合实践活动,嘉兴平湖市百花小学的学生以在生活中遇见的平湖古桥——马厩桥为调查研究的对象,围绕了解古桥的历史由来和现状、建筑特点等,开展向全校师生宣传马厩桥,以及自己设计制作心目中的桥等活动。小学生在活动中不仅学会了调查探究的方法,还了解了家乡的文化魅力,而且更加热爱自己的家乡,并积极参与保护家乡文物的活动中。

(三) 按照主题产生方式分类

根据小学综合实践活动的主题产生方式分类,可分为封闭式类、半开放式类、完全开放式类。封闭式类是指不考虑小学生的兴趣、需要,而是教师根据自身的教学经验和知识程度,直接给出活动主题,小学生借此开展综合实践活动;半开放式类是教师根据小学生的年龄特征、兴趣爱好、关注与需求,整合课内课外资源,与小学生商讨从而确定活动主题,开展实践活动;完全开放式类,根据小学生的兴趣爱好、自身需求,由小学生自己独立提出想要研究的主题,然后进行归类,最后由班级学生自行决定研究一个或几个活动。

二、小学综合实践活动的主题选择来源

《国家九年义务教育课程综合实践活动指导纲要》指出:综合实践活动是基于学生的直接经验、密切联系学生自身生活和社会生活、体现对知识的综合运用的课程形态。这是一种以学生的经验与生活为核心的实践性课程。在小学综合实践活动实施中,综合实践活动的问题从哪里来,如何确立活动主题,如何制定活动方案等都是教师们指导综合实践活动课程首先面临的也最为关心的几个问题。那么,小学综合实践活动的问题究竟从哪里来:

(一)来源于小学生的兴趣

爱因斯坦说过:"兴趣是最好的老师。"良好而持久的兴趣能够造就一种欢快、愉悦、充满情趣的活动氛围,让学生自觉自愿地参加活动。反之,如果小学生对主题不感兴趣,漠然视之,就不能充分地发挥自己的主观能动性,也不会在活动中倾注全部心血和热情。综合实践活动的主题应基于学生的需要、兴趣和直接经验来设计,实施相关活动。

(二)来源于学科知识的延伸性

《国家九年义务教育课程综合实践活动指导纲要》明确指出:各学科中所发现的问题、所获得的知识可以在综合实践活动中延伸、综合、重组提升;综合实践活动中发现的问题、所获得的知识技能可以在各学科教学中拓展加深;在某些情况下,综合实践活动可以与学科打通进行。例如在自然课上学习了生活中人体所必需的营养物质之后,通过"饮品的营养成分以及对身体的影响调查研究"这个综合实践活动,可以帮助小学生了解如何选择我们的日常饮品、如何合理搭配我们的饮品结构等。不仅对小学生的延伸性思维有一定的锻炼,而且有利于小学生养成良好的生活习惯和思维习惯。

(三)来源于社会的热点问题

杜威说过学校即社会。我们的生活是五彩缤纷、包罗万象的。感受现实世界,关注国家和社会大事,剖析生活中的热点问题是小学生成长中必不可少的思想品质。小学综合实践活动的主题很多来源于社会中的热点问题,例如:社会的高速发展,环境保护已成为焦点问题,由于工业污染导致家乡内河河水发臭,某小学借此开展了"拯救家乡内河"的主题活动,通过分组查找河水污染的原因、查阅有关资料、走访当地水利部门、了解家乡河流的发源地、水系、流经区域,了解家乡河流的历史变迁、生态现状、探究家

乡河流水资源的开发利用等。最后,经过多方努力,同学们提出了多种解决问题的方法,发出倡议书,发动社会力量一起来保护内河。[①]

(四)来源于生活的实际需要

陶行知说过,"生活即教育",小学生出生在火热的现实世界,成长于万变中的社会实践中。综合实践活动课的主题选择要克服当下脱离小学生自身和实际生活的倾向,应该面向自然、社会和学生已有的生活经验,来源于和学生切身相关的实际生活需要。在开放的时空中促进学生生动活泼快乐地发展,增强小学生对自然、对社会、对自我的实际情感体验,发展综合实践能力。

三、小学综合实践活动的主题选择原则

(一)教育性、趣味性原则

小学综合实践活动的地位与作用要求选择的主题活动要面向小学生发展的需要。既要把爱国主义教育、中华民族优秀传统文化教育、革命斗争传统、改革开放、社会主义现代化建设和现代科学文化技术等作为综合实践活动课程的重要内容,又要针对小学生的年龄特征、身心特点、兴趣爱好,寓教于乐,力求生动、活泼、具体,教育性与趣味性相结合。

(二)创新性、实践性原则

创新精神和实践能力是核心素养的重要内容,综合实践活动课程是一门实践性很强的课程,着重培养小学生的创新精神和实践能力。小学生在活动中不仅通过亲身体验获得知识,而且通过手脑并用掌握了发现问题和解决问题的方法。因此在活动主题的选择过程中,要注重发挥小学生的创造力,培养他们独立思考的能力,促进多维能力的发展。

(三)导向性、自主性原则

在综合实践活动的主题选择过程中,必须把小学生的主体地位放在首位,教师是组织者和指导者,不能代替学生去活动。因此,确立综合实践活动的内容和形式时,要克服主观性、随意性。在选择小学综合实践活动主题活动时,使小学生有计划有步骤地开展活动,给予学生更多自主选择、计划、分工、组织的权利,使小学生能够真正发挥自主性,学有所得。

(四)综合性、开放性原则

综合实践活动课程的活动内容、目标要求具有多样化的特点,需要根据学生特点和时代发展不断丰富活动的内容和形式。综合实践活动课程的课堂不仅局限于学校教室内,课内课外、校内校外、学校社区等都可以成为综合实践活动的实施场地。因而小学

---

① 林华.小学综合实践活动主题选择需要——三个关注[J].福建基础教育研究,2012(3).

综合实践活动主题选择应该体现综合性和开放性原则,从而使小学生能够充分接触自然、贴近社会生活。

(五)多因素协调、多方参与原则

综合实践活动课程的主题选择要协调活动过程的各个因素,包括对小学生发展需求因素方面的协调;对课程资源进行协调,满足学校课程特色和校本发展的需要。

(六)因地制宜、立足学校原则

对于任何一个学校来说,综合实践活动是其校本文化的有机构成和拓展延伸,集中反映了学校的特色和所在地区的特色。这就要求综合实践活动在进行主题选择时,要因地制宜,充分考虑本校、本地的实际情况、地方特色,有哪些可以充分利用的资源,存在哪方面的局限性。

四、小学综合实践活动的主题选择方法

(一)主题归纳法

根据小学生的自由联想和集体讨论,集聚整个班集体的智慧,提出若干个主题,然后由教师依据可行性、班级学生特点等进行总结、概括、归纳,从而选择出合适的主题。

(二)根据活动领域进行选择

首先确定综合实践活动的领域,明确活动内容和范围,然后由此衍生出若干相关的主题。例如:根据"环境保护问题"的总主题,可以衍生出"生活与垃圾"、"保护野生动物"、"社区环境调查"、"校园节水调查"、"塑料餐盒与一次性筷子研究"等子课题。

(三)根据课程知识进行深度拓展延伸

根据学科教学过程中的知识进行深度拓展延伸,综合实践主题活动与学科打通进行,从而确定小学综合实践活动的主题。例如学习了苏教版小学语文五年级上学期《装满昆虫的口袋》这篇课文,小学生对法布尔研究的昆虫都很兴趣,可以在班级开展"神奇的昆虫"这一主题的综合实践活动。

(四)根据学校情况进行选择

根据本校的实际情况,例如地理位置、乡土特色,并且借鉴他校成功的经验,与校本课程有机结合,从相关主题选择合适的主题活动,从而创造出本校的综合实践活动的主题。例如芝罘区芝水小学苏升军老师发现生活中学生们发现爷爷奶奶都喜欢唱京剧,而且烟台自古就有"京剧码头"、"京剧之乡"的称号,为了引导孩子去了解京剧这一国粹从而与学生们一起确定"京剧与烟台"这一综合实践活动课题。

第三节 小学综合实践活动的课程内容

一、小学综合实践活动课程内容的结构

综合实践活动课程内容的选择和组织围绕三条线进行,即学生与自然的关系、学生与社会的关系、学生与自我的关系。综合实践活动课程内容的开展与实施以学生为核心,注重三类线关系的整合与平衡,最终以促进学生的个性全面发展为目的。小学综合实践活动课程内容的结构可分为指定领域内容和非指定领域内容,具体如下:

(一) 指定领域

1. 研究性学习

研究性学习是基于学生自身的兴趣,以"培养学生具有永不满足、追求卓越的态度,培养学生发现问题、提出问题,从而解决问题的能力"为基本目标;以在提出问题和解决问题的全过程中学习到的科学研究方法,获得的丰富且多方面的体验和获得的科学文化知识为基本内容;在教师指导下,强调学生采用积极的、生动的、自主合作探究的研究性学习方式开展研究为基本的教学形式的课程。各种时代感的主题,例如环境教育、国际理解教育、价值观教育等都可以融入研究性学习活动之中。

2. 社区服务与社会实践

社区服务与社会实践是学生在教师指导下,走出教室,进入实际的社会情境,直接参与并亲历各种社会生活和社会活动领域,参与社区和社会实践活动,开展各种力所能及的社区服务性、公益性、体验性的学习,以获取直接经验,发展实践能力,增强社会责任感,不断提升学生的精神境界、道德意识,使学生的人格日臻完善。

3. 劳动技术教育

劳动技术教育是培养学生的劳动观点,形成劳动习惯,并使学生初步掌握一定劳动技术知识和技能以获得积极的劳动体验,形成良好的技术素养,且以操作性学习为特征的学习领域。强调学生通过人与物的作用、人与人的互动,使学生既能动脑,又能动手,手脑并用,全面发展的活动学习领域。劳动技术教育是把劳动教育与工农业生产、社会服务性劳动的技术教育结合起来,既有利于促进学生德智体等方面的全面发展,也为他们未来的生活打下基础。

4. 信息技术教育

信息技术(Information Technology Education,简称 ITE)特指与计算机、网络和通信相关的技术。信息技术教育不仅是综合实践活动有效实施的前提,而且也是综合实践活动探究的重要内容。信息技术教育的内涵由信息技术课程和信息技术与其他学科

的整合两大部分组成。信息技术教育是素质教育的重要组成部分,目的在于发展学生利用信息技术的意识,搜集、辨别、处理信息的能力,形成积极向上的信息伦理,同时培养学生的创新精神和实践能力,促进人的全面发展。

(二) 非指定领域

主要是由地方学校根据自己的办学思想、理念、传统而开设的一些活动项目,比如校本课程、学校特色项目(徐州市张集小学书法学校、徐州科技中学等)、少先队活动、共青团活动、班会活动、晨会活动、心理健康活动等。这些活动经过转化与设计后,既可单独开设,也可整合到综合实践活动课程中进行开设。

二、小学综合实践活动课程内容的设计

(一) 课程内容设计的原则

1. 整合性原则

小学综合实践活动以研究性学习、社区服务与社会实践、劳动技术教育、信息技术教育四大领域为依托,且有时主题活动会融合四大领域的内容追求活动内容的整合性。学校、教师在进行小学综合实践活动课程内容设计时应遵循整合性原则,以综合主题活动的形式进行。

2. 序列性原则

综合实践活动内容的设计,需要充分考虑小学生身心发展的规律,依据不同年龄阶段学生成长的特点、认知发展规律、内在心理需求等,从中年级到高年级形成序列,避免活动内容的无序和重复,通过符合小学生发展的有序的活动内容,强化训练,逐步提高小学生的综合素质。

3. 个体性原则

综合实践活动的本质是在教师的指导下以学生为主的活动课程,教师应面向全体学生,让每个学生都能感受到充分的尊重,让学生能够自主选择熟悉的、感兴趣的活动内容。

4. 生活性原则

在综合实践活动活动课程内容设计时,教师应引导学生去关注、体验、探究那些来源于现实生活并且影响着小学生自身、家庭以及学校周边的具有现实意义的活动内容。

5. 地方性原则

根据学校及周边环境甚至是整个城市的特点,因地制宜充分利用学校、社区和地方的各种课程资源,从当地人文、历史、地理等实际情况出发,拓展综合实践活动课程内容实施的空间。

6. 自主性原则

在综合实践活动课程内容设计过程中,学校、教师应关注内容选择的自主性、通过设计多样化的活动内容,为学生提供多元自主的学习机会,满足小学生发展个人兴趣、专长的需求。

(二) 课程内容设计的维度

《国家九年义务教育课程综合实践活动指导纲要》基本精神指出,综合实践活动课程内容的选择与组织要围绕三条线索进行,即学生与自然的关系、学生与社会的关系、学生与自我的关系。

1. 学生与自然的关系

学生与自然的关系,即人与自然的课题。人与自然的关系是综合实践活动关注的一项基本内容,主要包含包括人在自然中的体验、探究自然环境。通过学生在自然中、对自然的观察,体验大自然的神奇与壮美,发现自然的奥秘与规律,认识自然、依据自然规律对生产生活进行指导,最终达到人与自然和谐共处、共生共荣的状态。但是随着人类对自然认识的深入,对自然不可再生资源无节制的开发,环境问题越来越严重,生态失衡、资源短缺、能源危机。通过对学生开展环境教育,使学生了解与自然和谐相处的重要性与必要性,养成保护自然的意识,提高保护环境的能力,成为小学综合实践活动的重要课题。

2. 学生与社会的关系

学生与社会的关系,主要包括学生与他人、社区以及社会各个层次等诸方面内容,例如社区政治、经济、文化、历史、风俗等方面的内容。社会性是人的属性,任何个体都不能脱离社会而存在,学生作为社会中的成员,生活中需要与他人交往,构建和谐融洽的人际关系,学生与他人的关系是学生要学会面对、处理的基本问题。社区是社会的缩影,作为一定形式的社会共同体,是特殊的人文社会环境,是学生生活、存在的载体,包括村庄、街道、邻里、生活小区。通过了解认识社区、服务社区,进而了解和认识社会、服务社会,培养学生的社会责任感和历史使命感,养成尊老爱幼、关爱他人、相互尊重、彼此包容、助人为乐的美德是综合实践活动的重要内容。

3. 学生与自我的关系

自我认识表现为主体的我对客体的我的认识,是每个学生必经的过程,是学生有待认识、了解、探索的领域。自我认识是学生对自我的了解、认识与对待,是指学生个体在成长过程中对自身与周围事物关系的认知、体验,包括自我评价、自我管理、自我监控、自我调节等。随着年龄的增长,学生对自我认识越来越全面,尤其是性意识的发展学生遇到的困惑也越来越多,容易使学生陷入迷惘、苦恼的状况,会出现自我同一性混乱,学生需要得到尊重、理解、关心、帮助。因此"善待自我"成为综合实践活动的重要内容。通过组织、开展综合实践活动,让学生在活动中展示自我、了解自我、认识自我,获得自我体验,形成自我认识,发挥自己的兴趣、特长,不断健康成长。

三、小学综合实践活动课程内容的整合

综合实践活动课程强调学科内容与实施过程之间的整合。综合实践活动课程不同领域的划分,是为了各级地方学校能够因地制宜,更好更便利地实施综合实践活动课程。四大领域并非逻辑上的并列关系,而且在实施过程中需要领域合作。郭元祥老师

在《综合实践活动课程的实施》中指出,可以通过核心主题拖带式、组织线索切入式、学科渗透式、活动切入式等方法,对综合实践活动的四个指定领域进行整合。例如研究性学习可以作为一种方式融合到各种综合实践活动课程中,信息技术是各种综合实践活动搜集信息、处理信息的基础。同时指定领域与非指定领域可以互为补充,共同构成内容丰富、形式多样的综合实践活动。

总而言之,综合实践活动课程的开发者、组织者可按国家规定的活动领域进行相关的活动;也能依据学校特色、社区资源并与四大领域进行整合相互渗透,以专题形式进行综合实践活动。

同时,与综合实践活动课程相对的学科课程也应纳入整合范围,注重综合实践活动与学科课程的整合。将学生在学科领域中获得的知识在综合实践活动中加以延伸、整合,在综合实践活动过程中掌握的信息搜集与处理的能力,发现问题、分析问题、解决问题的能力,也可以迁移到各学科教学中。最后,还要注意既定内容与生成内容、校内资源与校外资源、实体资源与网络资源的整合等。

第四节 小学综合实践活动的方案

古语云:"凡事预则立,不预则废。"小学综合实践活动的方案是综合实践活动开展实施的前提条件。预设和生成相统一是小学综合实践活动的重要原则,体验性、生成性和开放性是小学综合实践活动的显著特点,但想要综合实践活动顺利、有效、完满地开展依旧离不开精心规划、设计的活动方案,活动方案的制定直接影响了综合实践活动展开的成功与否。

一、小学综合实践活动的方案的基本结构

小学综合实践活动的方案的构成要素主要有活动背景、活动目标、活动内容与方式、活动准备、活动过程及指导、活动结果展评等。

(一)活动背景

简明扼要地说明本次实践活动主题开展的背景,例如:学校历史、社区环境、学生年龄特点和知识经验、时代主题、民间风俗、价值导向、活动的意义等。下面是浙江嘉兴平湖市百花小学"马厩桥研究"[①]的活动背景分析:

江南水乡,随处可见桥。在平湖,比较有古文化韵味的,只知道当湖桥,但在学校举

---

① 刘乐雅等. 马厩桥研究[EB/OL]. http://www.zhsjhdw.com/show.aspx? tid=44&nid=2837. 2016-05-10.

行的露营活动中,我们发现了一座不一样的古桥——马厩桥。10月8日,我们随着学校大队伍,来到曹桥街道奥多奇农庄,接受国防军训,野外拓展生存,感受露营快乐。当我们看着宽阔的河流上,壮观的古桥——马厩桥,眼前一亮,想更多的了解这一座古桥,古桥是何时建筑的?建筑有什么特点?它带给当地老百姓哪些变化?带着种种疑惑,我们开展了这一次的小课题研究。我们想深入寻找它的历史足迹,探究它带给现在马厩古镇的文化魅力。从而了解平湖市的历史文化底蕴,热爱自己的家乡,提升文化认同感,增强文化自豪感。

(二)活动目标

活动目标是小学综合实践活动开展的落脚点,同时活动目标的制定要具体明确通过本次的实践活动促成小学生体验性知识、情感与态度、交流与沟通、思维与创造能力、人格品质等方面发生积极变化。活动目标主要有定性表述和行为目标表述两种方法,前者注重综合实践活动结束后小学生内在品质的发展变化,后者更加注重活动过程中的外部体验,因此活动目标表述要同时结合内隐过程和外显行为两方面进行。

以"马厩桥研究"的活动为例,"马厩桥研究"的活动目标如下:

知识与技能:第一,通过小组成员搜集资料、亲自调查实践和走访调查,了解马厩桥的历史由来、建筑特点、现状,培养独立搜集信息的能力;第二,在走访调查的基础上,对马厩桥的保护措施等方面进行深入研究,发展综合运用知识的能力;第三,增强小学生与社会的联系,培养独立思考、分析研究社会现象的能力。

过程与方法:第一,通过小组成员分工合作,培养团队协作意识,并注重发挥个人的特长与优势;第二,力争通过本次实践研究,不仅学有所获,而且学有所用,将研究成果落实到生活实践中;第三,有解决问题的意识,能够推广研究所得的古桥保护措施,增强群众爱桥护桥的意识。

情感态度与价值观:第一,通过对平湖古桥马厩桥的认识与了解,让全校师生都能了解马厩桥的悠久历史,了解良渚文化,热爱我们生活的平湖;第二,通过本次实践活动,培养小学生热爱家乡名胜古迹的情感,增强小学生的文化归属感;第三,通过对马厩桥修缮保护措施的走访与调查,增强小学生的社会实践能力,树立保护马厩桥、保护地方文化社会责任感。

(三)活动内容与方式

活动内容设计:依据活动目标,综合小学生的年龄特征和实际需要,因地制宜,对活动内容进行归类、划分。活动内容包括总内容和分段内容或分项内容。分段或分项内容是对总内容的具体化、细化操作,即大的主题活动下面可以衍生出很多子课题,例如:"我们生活的城市"的主题活动可以具体化为"马路边的行道树"、"周边水污染研究"、"冬天到了流浪猫狗怎么过冬"等。在活动内容设计过程中,由于综合实践活动的生成性的特点,因此内容设计无须面面俱到,只需提供一个大致的框架结构即可。

活动方式设计:小学综合实践活动强调依据主题的类型、活动的特点、学生的年龄特征、知识经验,综合运用多种活动方式以期丰富活动过程,全面促进小学生多种核心素养的全面综合发展。

"马厩桥研究"的具体活动内容及活动方式如下:

第一,了解有关马厩桥的历史、建筑特点及现状。通过县志、网络、实地采访等来了解有关马厩桥的历史、建筑特点、现状,初步认识马厩古桥;采访建筑专家,进一步认识马厩桥,了解桥南桥北滨河景观带及桥北古街改造情况。

第二,校园宣传,让更多的人了解古桥。整理了马厩古桥的宣传单,在学校的小百花广播播出;同时,在学校宣传橱窗中张贴有关我们开展这一活动的一系列过程和活动过程中得到的有关马厩桥的知识;走向社会,让更多的人了解马厩古桥,了解马厩古镇。

第三,自己动手,设计并制作心目中的桥。设计出心目喜欢的一座桥,并请陶艺老师指导,利用陶泥做各种各样的桥。

(四) 活动准备

为确保综合实践活动顺利、有效、成功地实施,需要做好充足的物质准备、心理准备、组织准备、时间准备等。物质准备包括场地准备、材料准备,例如手工制作类综合实践开展前,需要教师提前准备好卡纸、胶水等。心理准备主要包括调动小学生的积极性,营造良好的活动氛围等。组织准备主要包括小组成员分工合作规划、强化校内外人员的交流与沟通,争取校内校外的共同合作等。

(五) 活动过程及指导

活动过程主要包括活动阶段的划分,以及阶段目标与内容的制定等。

活动过程的指导:指导小学生分工合作、团队协作、交流与沟通;积极引导小学生开展方式多样的活动;激发小学生的兴趣,调动小学生活动的积极性;指导小学生如何搜集信息和资料;告诉小学生活动注意事项,提前做好安全预设工作。

(六) 活动结果展示与评价

活动结果的展示与评价,具体可以表现为学生活动成果的展示、汇报、交流讨论、小结等。

活动结果的展示与交流:展示与交流的方式包括:文本材料,例如调查报告、论文、日记等;影像资料,例如照片、视频等;文艺作品,例如绘画作品、诗歌等;实物作品,例如标本、模型、陶塑等。

活动评价:在综合实践活动的评价设计环节中,教师可设计一些问题来引导学生对方案的设计、活动过程及其效果进行自我评价和反思。在进行学生自我评价时,可以从参与度、感受度、提高度三个方面来设计评价表(如表2-2所示):

表 2-2 综合实践活动课程学生自评表

评价维度	评价指标	评价结果
参与度	不参加	
	被动应付	
	积极主动	
	出谋划策	
感受度	无感受	
	有所感受	
	感受深刻	
提高度	无收获	
	有所发现	
	有所发展	
	有所创造和突破	
	能力有提高	

二、活动方案的设计要求

（一）整合活动内容

综合实践活动课程的一个基本特点即其综合性，综合实践活动课程融合了多门学科、多种知识结构，其目的是促进学生多种核心素养的养成。尽管每一次实践活动的主题都有特定内容，但是只围绕某一主题单线展开，则不符合综合实践活动课程的特点。因此方案设计应该从小学生的实际生活着手，充分利用实体资源和网络资源，将四大领域的主题内容与学科知识相整合，引导小学生处理好人与自然、人与社会、人与自我之间的关系。另外也要根据实际情况，整合综合实践活动的指定领域与非指定领域。

（二）联系学生经验

经验包括直接经验和间接经验，直接经验是亲自参加实践而获得的知识，间接经验是指从书本或别人那里得来的知识。相对于学科课程而言，综合实践活动课程更注重学生的直接经验，尤其是学生的亲身实践的认知、情感、心理体验过程。因此综合实践活动课程方案设计要切实考虑学生的直接经验，以学生的年龄特征、兴趣爱好为基点，在学生的实际生活中生成主题。当然，根据维果茨基的"最近发展区"理论，即常说的"跳一跳、摘个桃"，综合实践活动的活动设计既要来源于学生的直接经验却又要高于学生的直接经验，最终促进学生的深度发展。

（三）运用多种活动方式

综合实践活动课程的综合性决定了活动方式的多样性，且通过多种多样的活动方式也有利于提高学生参与活动的积极性,激发探究的兴趣和热情。根据综合实践活动的课程目标,在指导学生进行实践时,灵活运用多种活动方式,如可通过参观、实地考察、采访调查等活动方式让学生通过不同方式方法来获得信息,在与自然、社会的交流与接触过程中不断丰富学生的内心感受与情感体验。

(四)强调亲历活动过程

体验性是综合实践活动课程的又一显著特征,体验性贯穿于综合实践活动的全部过程。在设计综合实践活动方案时,从活动主题出发,根据实际情况因地制宜为学生创设活动情境,让学生能够真正参与实践、感受活动。比如:在研究性学习"蚕的研究"活动中,让学生亲身了解蚕宝宝孵化的自然过程;在社区服务与社会实践中,让学生去感受各行各业的异同,体验"三百六十行,行行出状元"的真正内涵。身教的作用永远大于言传,切实的实践对学生心灵的成长与能力的提高的作用是无可替代的。因此,在综合实践活动课程方案设计要强调学生去经历活动过程。

三、小学综合实践活动的方案关系处理

(一)规范性与灵活性的关系

综合实践活动方案的设计首先要完整规范,全面包含各个要素,从而保证小学综合实践活动可以顺利有效的开展。另外,综合实践活动的四大领域活动各有特点,不同类型的主题活动有着不同的特点,不同领域不同类型的主题活动有时相互会有交叉、整合,因此,活动方案的编写又要具有一定的灵活性,可以因时因地进行灵活变通。

(二)预设与生成的关系

精心设计的综合实践活动方案能够促进综合实践活动的有效开展,有助于活动沿着预定的轨道方向发展。同时综合实践活动的体验性、开放性、生成性的特征,在综合实践活动的实际开展过程中,在师生、生生建构与开发过程中,往往会收获很多意外。因此,在设计综合实践活动方案时,无须面面俱到,不宜编写得过于详细,要有留白,为活动的生成与创造预设空间。

(三)师案与学案的关系

由于综合实践活动的主题选择具有导向性和自主性,那么在综合实践活动的方案设计上就要体现小学生的自主性。有时教师设计的封闭式主题活动,没有依据小学生的兴趣与爱好,可能小学生实施起来没有太大的积极性。所以为了调动小学生活动的积极性与自主性,应鼓励学生在教师的指导下自主设计、实施、展示成果与评价。对于低年级小学生而言,自主设计活动方案难度较大,这时候就需要教师的指导作用,教师可以整体规划活动方案,其中的分段或分项可让学生自己设计,实现师案与生案的结合。

(四)方案的理想化与可操作性关系

如今网上的综合实践活动的案例数量之多令人咋舌,方案设计精美令人无可挑剔,

然而我们很多老师奉行拿来主义,直接就拿来使用,当然效果却是东施效颦的,永远达不到方案所预设的效果。究其原因,综合实践活动的实践性、生成性特点,加之没有考虑到班级学生特点和各方条件,效果当然南辕北辙。因此,活动方案设计一定要因地制宜基于对现实条件和可行状况的分析,方案更要明确具体、切实可行、便于操作。

思考题

1. 小学综合实践活动课程目标的设置需要考虑哪些因素?
2. 在教学中如何撰写小学综合实践活动的课程目标?
3. 如何生成小学综合实践活动的主题?

第三章
小学综合实践活动课程的实施

- 介绍综合活动的实施过程与实施步骤
- 介绍综合实践活动具体的实施方法
- 介绍综合实践活动主要的实施特点
- 阐述综合实践活动课程的实施方式

小学综合实践活动课程是由师生共同设计、相互配合进行的。课程的实施是综合实践活动课程的一个重要环节,它是师生共同探究,在探究中不断创新的过程。在本章节,主要介绍课程实施之前所需要的过程与步骤,活动课程实施的具体方法和综合活动课程实施的特点,以及在活动实施的过程中有哪些方式。

第一节　小学综合实践活动课程的实施过程

一、小学综合实践活动课程的基本过程

综合实践活动课程的实施是由教师和学生两者合作完成的,充分发挥学生的主体作用和教师的主导作用是关键,学生在课程的选择和实施上应体现一定的自主性,教师要对学生及时进行有效的指导。在正式实施的阶段,学校要根据学生的年龄以及兴趣爱好来制定课程并按需及时进行调整,不能只局限于原有的框架中。

小学综合实践课程分为不同的类型,包括主题探究类、实际应用类、社会考察类、社会参与类。但是,无论哪种类型的综合课程,都是在师生合作下共同完成的,需要教师和学生的相互配合。综合实践活动主要包括以下几个步骤(见表3-1):

表 3-1　综合实践活动过程

学生活动过程	教师活动过程
1. 确认综合课程主题	1. 检查学生主题选择情况
2. 研究并制定计划方案	2. 帮助学生检查修改
3. 实施探究活动:收集资料等	3. 分析材料
4. 编写研究调查报告	4. 修改解析研究报告
5. 及时总结交流	5. 组织交流

小学综合实践活动课程实施过程中,教师根据以上步骤,在课程开展的过程对学生进行引导,让学生在活动中可以自己开拓自己的视野进而对主题的理解有一定深化,在这期间教师要及时引导学生进行总结,通过师生直接的讨论交流可以产生新的认识,进一步加深学生对综合课程的理解。如:在"探索动画片的奥秘"的主题活动中,就体现了教师和学生的相互配合,学生在综合实践活动同时教师及时进行指导这一特点。

案例 3-1

　　学生喜爱看动画片,却不太了解动画片,于是在学生对动画片充满兴趣的前提下,产生了"探寻动画片的奥秘"为主题的综合实践活动。教师希望通过开展探索动画片奥秘的综合实践活动,让学生对自己感兴趣的问题进行综合实践探究,使学生在视野上得以扩展、在知识上得以延展、在能力上得以拓展,这对学生是有着现实意义的。

　　这是一节主题生成课,活动的目标主要有:1. 联系学生生活,激发学生探讨动画片的兴趣。提高学生对动画片的正确认识,并调动学生参与调查实践的热情。2. 通过"问题导入—生成主题—分解主题—小组交流—拓展延伸"的过程,知道主题生成和分解的方法,进一步掌握归纳、讨论等方法。3. 通过一系列的图片展示,让学生了解更多有关动画的信息,增加知识。引导学生积极思考,探寻研究小主题,训练学生思维的广度。提高学生"提出问题、归纳问题、提炼主题"的能力,发展合作学习的能力,在合作交流中体验交往的乐趣。

　　挖掘"问题"是关键。在研究性学习活动中,"问题"是研究的起点,对问题的解决始终贯穿在活动的过程之中,因此,判断一个选题的标准之一就是看它问题性强不强。如果一个选题不具备问题性,那势必会削弱后续一系列活动的研究性,因此,在主题生成课的教学结构中,寻找问题并将其转化成可行的、具有较高研究价值的课题是关键。这节以"探寻动画片的奥秘"为主题的综合实践活动,至于要探究什么问题,这个权利老师留给了学生。但老师在学生挖掘问题时要给予指导。在提问题过程中,通过头脑风暴,学生提出许多问题,但有时学生们提出的问题虽然形式多样,但问题的指向却大致相同,这时,教师就需要引导学生将众多的问题进行归类,逐渐在学生的头脑中产生类的概念,并能形成一个简单的思维导图,产生了小主题。而这节课,在老师的引导和指导下,学生对问题进行分类,归纳出五个小主题,分别是"动画片的历史"、"动画片的影响"、"动画片的制作"、"观看动画片的情况"、"国内国外动画片的比较"。

因考虑到本班三年级学生才刚开展综合实践活动,所以老师都是给予指导的。例如:指导学生分类、归纳小主题,指导分组,确定组名、组长等,老师都要明确要求,必要时到身边给予指导、引导、帮助。学生参与的兴致非常高,因为这是他们对此课题充满兴趣,在选题、分组时,都完成得有条不紊。他们想去探究动画片的问题,也想在实践中获得有关动画片的更多知识,对参加实践,完成工作充满自信。实践要做到有计划,各小组在制定方案有一定难度的,必须有老师指导,并且要有充分的时间让他们准备、思考、商量。所以,各小组制定详细的活动作为下节课的内容。

【案例分析】

在上述的案例片段中,教师通过学生较为感兴趣的主题类型,开展了一次关于"动画片的奥秘"的综合实践活动课程,在这次课程中教师首先引导学生对自己感兴趣的问题进行综合实践探究活动,这是综合活动课程实施的第一步,学生首先确认自己感兴趣的主题,老师进行考察并且确认。本班教师根据学生为三年级又是初次接触综合实践活动课程这一实际情况,所以教师在活动课程中对学生是给予及时的指导的。在活动中学生自己制定计划时,老师对各小组所制定的计划进行检查,对下一步的任务进行指导。这些环节可以体现出综合活动课程实施过程中,师生之间的沟通与配合。

二、小学综合实践活动课程的实施过程

综合实践活动课程分为准备、实施和完成这三个部分,在课程实施的过程中主要分为活动导入、活动展开和活动总结这个三个阶段。

(一)活动导入

活动导入是在活动展开之前所进行的工作,这是由师生共同完成的。活动导入过程中教师需要明确学生的已有相关经验达到什么程度,学生已知的知识是什么,学生所不解的问题是什么和已有的错误观念有哪些以及怎样促使学生家长参与进来。而在这个过程中学生需要回忆自己的个人经验,发表自己的观点和见解,探究并且比较共同以及不同的一些经验,认真努力思考和同学之间互相交流目前已经具有的经验以及学会和老师同学表达自己的疑问。在活动导入中有以下内容,首先师生之间进行主题的初步讨论,研究讨论与仔细思考相关事物和有关故事,学生需要反思,教师需要检查学生现有知识的主题网,学生需要寻找活动所需要的材料,教师检查学生所查找的资料,学生需要陈述所要解决的问题。这些是活动导入过程教师的思考、学生的任务及主要的活动内容。

案例 3-2

吃零食的学问

【活动内容】 吃零食的学问

【活动对象】 小学三年级

【活动背景】

随着生活水平的提高,儿童吃零食的范围不断扩大,种类也越来越多,且花样不断翻新,几乎每个人都喜欢吃。如果儿童养成爱吃零食、不爱吃饭的坏习惯,不仅会影响对所需营养素的全面摄取,有碍健康,还会加重胃肠负担,导致消化功能的紊乱。另外许多学生吃零食开销大,爱攀比,给家庭也会带来一定的经济负担。零食虽好吃,但也隐藏着诸多隐患,甚至不知不觉中成为可怕的健康杀手!

【活动理念】

(1)把活动的主动权交给学生。让学生自己去收集,自己去展现,自己去发现。由于每个孩子的特点不同,喜好不同,所以在这个主题活动中,让他们根据自己的兴趣特点,去探究展示自己。

(2)本次综合实践活动学生围绕"吃零食的学问"这个课题开展一些小课题研究性学习,在研究过程中,学生通过查阅收集资料,制作图片,调查采访,既培养了学生的团队意识和合作精神,还体验学习的快乐和成功的喜悦。

【活动目标】

一、知识与技能

(1)深入生活调查小学生都爱吃哪些零食。让学生了解吃零食的利弊,知道如何健康、合理地吃零食。

(2)从多个角度去分析这些零食为什么如此受小学生的欢迎。

(3)通过与社会接触,增强社会交际能力,语言表达能力。

(4)能以不同的方式展示研究成果,在活动交流中互相学习、发现、反思、改进,促进实践能力的不断发展。

二、过程与方法

指导学生围绕问题开展研究性学习,培养学生生疑、质疑、探疑、解疑,从而再生疑的能力;引导学生运用各种手段去收集、查找、选择、组合信息,让学生体验合作学习、网络探究的快乐。使学生在自主解决自己提出的问题过程中获得自我效能感。

三、情感态度价值观

学生通过对感兴趣的问题表达自己独特的感受和想法,并乐于与人交流;学会客观地分析和辩证地思考问题,养成敢于发表自己的见解的意识,并在此基础上形成对吃零食问题的独特的看法。

【活动过程】

(一) 激发兴趣,引出研究课题

师:民以食为天,"吃"是人类永恒的话题。每日除了必备的三餐,有些人还会吃些零食,面对花样繁多的零食,你都喜欢吃什么样的食品呢?为什么喜欢?

老师今天也带来了许多好吃的,大家想不想看一看?(课件演示:出示商场、超市、小商店和各类小商小贩摊的食品)

看了这些美味的食品,你们有何感想?

老师听同学们说:这么多好吃的,又看到这么多诱人的美食图片,都快要流口水了。不过零食虽好吃,但也隐藏着诸多隐患,甚至不知不觉中成为可怕的健康杀手!你们知道为什么吗?

小资料:

近些年,不合格零食危害儿童健康的例子屡屡见诸报端:

• 2007年,云南昭通市乐红村小学的4名小学生,因食用油炸干吃方便面中毒身亡;

• 2009年3月,安徽巢湖市无为县希望小学一名六年级学生,因食用零食"大刀肉"中毒身亡;

• 2009年9月,哈尔滨市双城市第七小学的三名学生因食用零食"兰州小辣卷",出现呕吐、抽搐症状。

• 上海媒体也报道,当地有孩子因为食用添加剂过量的零食,从而导致肾衰竭。

师:多数零食确实诱人,但有许多零食对人的身体健康成长是不利的,也就是我们说的"垃圾食品",哪些是健康零食哪些是"垃圾食品"呢,你会区分吗?所以大家不要小看这个吃零食,它里面也有不少的学问呢!

师:大家想不想对吃零食进行一下深入的研究呢?这节课开始我们就走进零食的世界共同研究吃零食的学问吧。板书课题:吃零食的学问

(二) 提出问题,确定研究内容

1. 那么关于"吃零食"你最感兴趣的问题是什么?愿意说给老师听听吗?随着学生的回答,教师把学生提出的问题归类并板书:

(1) 零食的种类

(2) 爱吃零食的原因

(3) 吃零食的好处与坏处

(4) 垃圾食品的研究

(5) 健康食品的研究

(6) 怎样改变吃零食的习惯

(7) 怎样科学、合理地吃零食

......

2. 同学们有这么多的问题想知道啊,老师真替你们高兴,老师帮你们整理出了几个大方面的内容,下面就请各小组讨论选择自己感兴趣的研究内容吧

3. 小组汇报所选研究问题。

【案例分析】

以上活动案例中节选的部分内容体现了在活动实施阶段第一步骤活动的导入,在开展这项活动的过程中,教师和学生首先对本次活动课程"吃零食的学问"这个主题进行初步的讨论,发现平时在我们生活当中许多同学爱吃零食,教师带领学生阅读相关的新闻报道以及食物中毒的相关故事,让学生从中反思吃零食对自己身边带来的伤害,学生在教师带领下对相关材料有所了解并且陈述这次综合活动课程的主题。

（二）活动展开

活动展开这一步是活动实施的关键步骤,学生在教师的指导下与同学进行合作、思考和实践。在这个阶段,教师要求学生根据活动的内容来设计活动实施的思路,认真投入实践活动中,勤于动手动脑,积极完成任务。作为教师需要为学生提供活动所需要的条件、记录和评价学生的活动状况。

在活动中教师需要注意给学生提供良好的环境,鼓励学生亲自参与活动课程。在这个时候,教师所扮演的角色是咨询者、服务者、研究者。与此同时,教师在这个过程中,要及时关注了解学生活动的进行情况,以及推进活动学习的不断深入发展。

在活动展开阶段,教师需要注意可以给学生提供哪些第一手经验,学生在活动过程中有什么新的见解和理解,如何最有效地达到课程目标以及如何使活动多样化,来满足个人的学习需要和兴趣。学生需要在活动进行时,做好实地参观访问的准备,在参观访问的过程中要记笔记,并且利用网络资源和图书馆收集相关的资料,有条件的情况下要访问与活动有联系的相关专家以及做好后续的工作,例如完成比较细致的活动记录。在教师和学生相互配合的情况下要完成以下活动内容,首先要检查参观访问前的资料或问题准备情况,在参观访问之后要及时进行讨论,讨论的内容为在活动过程中学到哪些知识和经验,并且如何将这些学到知识和经验运用到以后的工作和学习当中。

案例 3-2

吃零食的学问（片段）

（三）确定主题,制定活动计划

1. 下面就请同学们在以下的时间里共同研究制订活动计划,活动时间由今天

起三周时间,在这里老师要提醒大家(出示课件):

(1) 所制订的计划,时间、内容的安排一定要合理,切实可行;

(2) 小组分工的时候要注意根据你们每个人的特长来分配任务,各尽其能,这样才能达到分工合作的目的;

(3) 小组的计划在确定前,可多征求不同的建议,不断地去修改,让这个计划尽善尽美切实可行。

大家听清楚了吗? 那好,就请同学们开始吧!

2. 学生开始制订活动计划。

3. 各小组汇报活动计划(师生共同点评)。

4. 通过我们刚才的交流,我想现在你们每个小组每个人对你们的活动计划都会有更好更有创意的想法,下面老师就给大家一些时间来完善你们的活动计划,现在开始。

5. 学生修改制订计划。

【案例分析】

在综合实践活动课程实施的第二阶段,教师对活动导入之后接下来就是展开活动课程,在这一部分里学生在教师的指导下和同学之间进行合作、思考和实践,学生通过综合实践活动课程明白了吃零食对身体的坏处。

(三) 活动总结

这一阶段是指在活动课程结束之后,学生要对这次活动和作业做出评价和反思,教师要进行积极的引导,让学生反思整个活动过程中所学到的成功的经验和下次活动中所要改正的问题,以及在这次活动中的感想和心得,让学生对自己的情感和认识得到进一步的深化,同时也为下一阶段的活动积累经验。

相对于在活动之后再做总结,在活动结束之前做总结和评价能使活动课程更加有意义和价值。一个完整的综合实践活动是要有总结和评价的。良好的总结和评价有助于学生清楚地回顾和梳理整个研究实践的过程,知晓探究的方法,找出成功的经验,总结失败的教训,让学生从这个过程中感受到活动的乐趣。同时进行总结评价也有利于了解学生的活动进展情况。分析和评价活动的成败与否、得与失,为今后的综合实践活动的开展提供第一手的资料。

作为教师,在活动结束总结的时候需要思考在这个综合实践活动课程中最理想或者最不理想的部分在哪儿,哪些活动是让学生获得直接经验和间接经验,学生不懂的地方应该怎么引导他们进一步去理解概念,如何在今后的生活中熟练的运用这些概念。而作为学生,所要做到的是认真地回顾整个活动和反思整个互动过程,并且对活动的效果进行评价,对活动的成果进行反思,选择自己最理想的作品,与同伴之间交流在活动中所得到的经验和教训,同伴之间相互学习互相交流经验。

与此同时,教师需要注意在综合实践活动的课程实施中,许多教师会产生思维定式,不能完全地将课程教学与综合实践课程两者区分开来,往往将"活动总结"演变为课堂的一个报告,这样就不能将综合实践活动课程的综合性、实践性和开放性特征表现出来。因此,教师需要更进一步从过程角度思考活动总结,做到不仅展示结果,也要突出过程。

综合实践活动课程要将"活动导入"到"活动实施"再到"活动总结"综合在一起,将课程的实施过程与教学结构密切联系起来形成一个整体。

案例 3-2

吃零食的学问(片段)

(四)课堂小结

教师总结:本节课同学们选出了自己研究的小课题,并大体上制定好了活动计划,课下请同学们继续完善计划并按照计划开展活动,在调查活动中同学们要注意以下问题,(看大屏幕)

第一点,采访:采访的问题要设计好,有针对性,采访时要有礼貌,尽量说普通话,并做好记录(录音机、纸笔等)。

第二点,上网:学会分析、归纳、整理、提炼,从中发现有价值的信息。

第三点,到书店:先和家长打好招呼,别忘了带上纸和笔,要事先跟图书管理员沟通好,取得别人的同意再去查找资料。

相信同学们一定会活动得很顺利很愉快,三个周后请在你们综合实践活动老师的指导下进行成果汇报交流。

综上所述,活动首先要有个主题,需要教师带头提出一个具有启发性的问题,让学生对这个问题产生兴趣,从而引发学生探索的欲望和积极参与的热情,这是与活动导入相对应的。活动导入的同时要创设情境,创设情境本身也是一种活动导入,情境是贯穿于综合实践活动始终的。在综合课程实施的过程中活动的展开和实践探究两者之间是一一对应的,二者都主张让学生按照主题活动的目的和要求充满热情地投入活动过程当中,但在真正实施的过程中二者是从不同角度来提出问题。更为重要的是,无论实施过程中的哪个方面,都主张评价活动的结果,同时注重学生在评价中的地位,这样对学生的能力起到一定的培养作用。

第二节 小学综合实践活动课程实施的教学方法

《国家九年义务教育课程综合实践活动指导纲要》中指出,小学3~6年级综合实践活动课程要坚持"以活动促发展"为活动的指导思想,提出这样指导思想的目的在于让学生在综合活动中有真实的表现,充分发挥学生的主体作用,在活动中主动地实现发展。而在综合实践活动的实施的过程当中,主要有以下几种教学方法。

一、激发学生的活动兴趣与热情

在综合实践活动课程中,作为老师要激发学生的兴趣和热情,主要表现在学生参与活动这方面,这样有利于增强学生的学习动机,让学生对课程产生兴趣,主要方法有:

(一) 情感交流法

情感交流法又叫情感沟通法,是指在活动实施之前,学生和教师充分沟通交流,学生将自己的意见和感兴趣的主题与老师交流,教师汲取或采纳学生的意见,教师与学生之间加强沟通与交流,这种交流是为情感交流,让师生之间形成一种亲密与和谐的气氛,这样为活动课程的开展奠定了情感基础。

(二) 情感渲染法

情感渲染法这是在综合实践活动课程中一种重要的教学方法,即教师通过借助各种情境,激发起学生的活动热情和兴趣。例如:教师通过联系生活展现情境,利用学生生活中的一些小事为契机引起他们的注意力。运用实物演示情境,小学生一般会对具体的实物产生浓厚的兴趣,他们通过观察和思考融入活动课程当中。借助图画再现情境和播放音乐渲染气氛,教师通过使用多媒体设备,展现出生动的画面和优美的旋律,两者结合起来,是情感渲染的一种很好的方法。

案例 3-3

中秋月儿圆

【主题提出】

今年10月4日是我国的传统节日——中秋节,虽然中秋节还没到,但是,电视中的月饼广告已铺天盖地,而且各式各样的月饼也走进市场,同学们都知道中秋节吃月饼,但他们对中秋节又有多少了解呢?于是和学生一起确立了"中秋月儿圆"这一实践主题。

【活动过程】

总时间:3周。总课时数:6课时

一、提出问题

师谈话导入:同学们,10月份除了国庆节还有一个仅次于我国春节的传统节日,你们知道是什么节日吗?(中秋节)对,10月4日是阴历八月十五中秋节,这一天家家户户围坐在明亮的月光下,举杯邀月,共享团圆,喜庆丰收,对这个富有浓浓人情味的节日,你喜欢吗?(喜欢)但你们对中秋节有哪些了解?又有怎样的体验呢?面对"中秋节"这三个字,你想知道些什么呢?

二、确定主题,分组制定活动计划

首先,在学生提出问题的基础上,找出自己感兴趣的问题,教师引导学生先将问题归纳汇总,再把对某一个或某些问题感兴趣的学生分成一个小组,民主选出组长。

其次,组长负责对小组成员进行分工,讨论活动方案。

再次,班内交流活动方案。

1. 中秋节的来历及传说

(1) 问老师、问父母。

(2) 查阅图书或上网查找。

(3) 将收集到的资料分类,集成小册子《话中秋》。

(4) 办《话中秋》手抄报。

2. 月饼的种类和制作

(1) 到商店去调查统计。

(2) 去食品厂或询问他人,了解制作月饼的原料。

(3) 学习制作月饼。

(4) 开一个月饼品尝会。

3. 中秋节习俗

(1) 查资料。

(2) 收集有关图片或实物。

(3) 向老人询问,调查家乡中秋习俗。

4. 制作《中秋习俗》图文集:中秋颂

(1) 查阅图书或上网查诗文。

(2) 自由创作。

(3) 集成《中秋诗文赏读》小册子。

(活动研究的问题,研究方法,研究的成果、小组人员的分工均由学生自己来讨

论决定，而不是由教师思来代替，教师只是活动的组织者、参与者、指导者，充分体现学生的自主性。同时在这一过程中，让学生体会到，无论干什么事都要有一定的计划性，防止活动的盲目性。)

【案例分析】

从以上综合活动实践活动课程案例中可以看出，在这个活动中，教师为了让学生们了解中华民族传统节日——中秋节，开展了一次活动和讨论。中秋节在我国历史悠久，小学生在课堂上了解和学习中华民族传统节日是必修课，教师在课堂上通过课前导入，从学生的年龄特点、兴趣和已有的生活经验出发，引导学生提出自己感兴趣的问题，激发学生参与活动的兴趣和积极性。在课堂上，教师展示与中秋节有关的实物如月饼，教师带领学生参观生产月饼的工厂，品尝月饼的味道，从而激起学生的求知欲望，了解与月饼有关的传说和故事。在学生了解完月饼的相关知识之后，教师再利用现代科技，通过多媒体向学生展示有关中秋节的视频和音乐，这样对学生的情感有渲染的作用。教师在这个综合活动中通过实物展示、情景渲染，让学生对中秋节产生一系列的问题，教师根据学生提出的问题，设置情境并安排教学，让学生在活动的过程中，逐一解决自己的疑难问题。学生在课堂上踊跃地发言，同伴们相互讨论和探索，一步步加深对中国传统节日中秋节的了解，这样达到了综合实践活动课程的目的。这个中秋节的综合实践活动课程的案例很清楚地说明了在活动课程中情感渲染的重要性，通过对学生情感的渲染，加深活动的意义。

二、活动能力提高类型

活动能力提高类型主要是对学生的活动能力有一定的提高，并且在活动的过程中能够加深学生对知识的理解和运用，有利于学生思维的发展。

(一) 模拟情景法

模拟情景法，是指在课程中创设和学生平常生活中非常接近的一个情境，让学生融入情景当中，有身临其境的感觉，并且让学生和同伴们在情境中实现角色扮演，这样可以提高他们的能力。例如：开展教学"帮助别人的好孩子"这一活动课程中，可以创设两个相关的情境。情境一，体育课上，小红在操场上自己玩耍，突然看见一个同学在跑步的时候不小心摔在地上，跑过去发现是同班同学佳佳。情境二，体育课上，小红在操场上自己玩耍，突然看见一个同学在跑步的时候不小心摔在地上，跑过去发现是自己并不认识的同学。通过这个角色扮演的游戏活动，让学生学会帮助他人，不管是自己同班同学还是其他班不认识的同学，都要伸出援助之手，帮助他人是中华民族的传统美德，在这个过程中，学生不仅学会了礼仪和行为规范，并且能很好地将学到的礼仪和行为规范运用到实际生活当中，角色扮演也可以很好地锻炼学生的情境适应的能力。

(二) 训练操作法

训练操作法主要使学生通过操作训练的方式，来获得一定的体验，其主要是在课堂

上为学生提供与此相关的材料、运用到的学具,让学生在动手操作的过程中,同时训练大脑,从而提高学生的动手能力和思维能力。例如:在"垃圾也有春天"这一课当中,教师可以设计安排学生进行动手制作,将丢弃的垃圾重新变为"宝物"。再比如,将不用的鞋盒制作成垃圾桶、喝完的可乐塑料瓶变成小花瓶、用剪子将旧日历修剪后变为包书皮,还有其他的一些材料做成装饰品。在这个综合实践活动课程中,学生通过动手操作,不仅锻炼到学生的动手和动脑能力,同时又将"垃圾循环再利用"这个观点留在到他们的脑中,这样在他们以后的生活中,家里有可再循环使用的垃圾,就能通过自己的第二次制作使之循环使用,真正做到"低碳生活从我做起"。

(三)创新想象法

创新想象法,就是让学生根据活动课程的内容,大胆地想象,将自己的观点和意见充分地表达出来,同时也大胆地动手去做,充分发挥学生的想象力和创造力。例如在开展"我要在蓝天下奔跑"这一课时,教师通过引导学生,让他们大胆设想治理雾霾的一些方法,并且让他们通过用文字结合图画展现出来。在这个过程中,学生通过平日里学习的知识,通过想象和创新,不仅深化了他们的原有知识也有助于培养他们的思维想象能力。

第三节 小学综合实践活动课程实施的特点

一、亲身参与性

结合小学综合实践活动课程的实践性特点要求,在课程实施的过程当中,要求学生投入到实践活动当中获得亲身的体验,亲自进行实践,自主活动。作为教师,应当利用身边的一切物质条件和社会资源,根据这些优势条件开发各种课程资源。作为教师,要改变课本教程中学生简单间接性、被动的、强制接受式的学习,应当拓展学生学习的空间,让学生从课堂中走出去,让他们在丰富的社会和宽阔的大自然中感受人和事,在活动中接触新的事物,明白道理,让他们通过自己的亲身经历、与同伴之间的合作交流以及在活动中实践来探究问题,并且这个过程可以锻炼学生与他人交往的能力,促使其形成正确的情感、态度与价值观。例如:"关心孤寡老人"这一课时,教师联系敬老院并带领学生在此地开展一次综合实践活动,将全班同学分为不同的小组,有与老人聊天、帮助老人完成身边事、跟老人一起唱歌跳舞这些部分,在这个过程中,学生自然会对孤寡老人产生一种情感,明白平时要关心身边的孤寡老人,孝敬自己的爷爷奶奶。在这个活动中,教师通过设置这些环节,让学生和自己的同伴亲身参与到活动当中,明白孝顺老人的这个道理。

二、独立自主性

在这里所指的独立自主不仅仅是学生在学习方面的自主性,同时也包含教师在教授课程时候的自主性。在课程实施过程中,学生在活动中占有主体的地位,综合实践活动课程的主体性特点,不仅要求教师要将既定课程计划安排好,同时还要根据本课程的特点和课程目标,自主地选择主题内容和确定活动场所,并且要创造一套适用于本班学生的组织形式和教学方法,并且意识到作为教师不仅仅是课程的实施者,同时也是课程的开发者、设计者和组织者。在课程实施的过程中,教师同时要关注和激发学生的主体意识,调动他们的积极性,充分尊重学生的自主权利,为学生提供更多的机会参与到活动当中,同时在有的活动课程中,学生可以获得并增强自己的使命感、责任感和积极的生存体验。例如在"环保时装秀"这个活动课程中,教师观察到废旧纸袋、塑料袋、纸质或复合材料包装盒、卫生纸、布片以及其他各种各样硬质、软质的包装物等日常生活中常见的各种废弃物,留之无用,弃之可惜,但它们形态万千、色彩斑斓,让孩子们收集起来加以利用,指导学生进行服饰设计制作,并进行"时装表演",引入新课程的"综合·探索"学习领域。组织这样的综合实践活动,不但能让学生大胆地设计、尝试色彩的搭配,锻炼想象力和创造能力,培养创新精神,锻炼实践能力,还能促使学生形成节约资源、环境保护等意识。这都体现出教师在活动实施过程中落实课程计划和选择主题内容的主体性。孩子们的"环保时装秀",着实让全校的师生,眼前一亮,所不同的是让学生都穿着自己亲手制作的服装随着节奏感强的曲子进行展示,台下的阵阵掌声,肯定了孩子的付出。"环保时装秀"的表演使整个活动达到高潮。学生的作品样式新颖、材料多变。有塑料袋剪贴成的马甲,有报纸折叠成的百褶裙,有泡沫纸、海绵纸串订在一起的背心,有用易拉罐串起来叮咚作响的"未来时装"。学生在热烈的气氛中保持长时间的兴奋状态,直到表演活动结束。过后的几天,大家还对此津津乐道,陶醉在成功的喜悦中。利和服装秀的形式宣传废物利用和环境保护的社会公益活动,既让学生在更为生活化的环境中得到锻炼,也懂得了环保的重要性。学生在活动的过程中和同伴一起设计、开发、行动、体验,甚至是创造,在参与活动的过程当中可以感受到过程的艰辛、探究的乐趣、活动的愉悦、劳动的充实、服务的快乐和创造的幸福感,同时在有的活动课程中,学生获得并增强自己的使命感、责任感,也有了一次积极的生存体验。在活动的整个过程中体现了学生同样具有独立自主性。

三、师生合作性

综合实践活动课程的整合性特点表现在其目的上,为了让学生多方面得到发展。例如在学生知识能力、过程方法、情感态度、价值观等方面要有个性的发展,教师在实施过程中同时要注重帮助学生形成对自然、社会、自我之间内在联系的整体认识,发展学生对所学知识的综合运用能力。这点在课程实施方面主要表现为,学校注意在选择切入点要以社区服务与社会实践为主,统领整合学科课程教学与综合实践活动课程的实

施,整合这些科目并且综合运用各学科的知识原理于综合实践活动课程中,调节好与其他学科之间的关系并让各学科的教学处于协调共振状态。同时需要结合综合活动课程四大领域协调发展,即研究性学习、社区服务与社会实践、劳动与技术教育以及信息技术教育等各指定内容领域,整合性地实行综合实践活动课程,要求整合起各方面的力量,这不仅仅是要求学校各科教师共同协作配合和师生之间的合作交流,而且还需要学校教师与家长、有关机构人员等社会各方面人员之间的相互配合,齐心协力,协同合作,共同完成课程实施的任务。各种机构、各方面人员之间应与学校的有关职能部门充分协调好,调动各方面的积极性,共同发挥各自的优势,促进学生整体素质和谐发展。

四、自主开放性

综合实践活动课程所指的自主开放性特点,不仅仅是指活动课程要向学科课程开放,同时还指要向社会相关机构和人员的开放。从以上的内容可见,综合实践活动课程的实施与传统的学科教学中的课堂教学不同,传统的课堂教学是有固定的场所和地点,但是综合实践活动课程的范围不能仅仅局限于学校,而是应当将课堂延伸到学校之外的家庭、相应的社区机构、与此有关的社会生活场所以及科研单位等地,将活动与现实生活中发生的真人真事、社会现象相联系,将教育与生活、学校与社会、教学与实践的联系密切结合起来,将学生的学习活动的资源范围进行有效拓展,为学生未来的发展开辟一个宽阔无边的天地。在传统的课程实施中,实施人员主要是老师,而在综合实践活动课程中,实施的人员不应仅仅局限于学校的教师,而是应当扩展到学校之外的其他工作人员,协调家长和社区机构有关人员之间的关系,共同负担起实施综合实践活动的教育任务,密切加深学校教师、学生、家长、社区机构各个相关人员之间的联系,将学生的活动交往范围极力地扩大,这样学生的人际交往和合作能力将有更大的提高。

第四节 小学综合实践活动课程实施的方式

在综合实践活动课程实施的过程中,由于课程活动领域、活动主题、活动目的和活动方式等的不同,在综合实践活动课程开展过程中有多种实施方式。综合实践活动课程的实施方式主要有互动合作式和自主探究式两种。

一、互动合作式

互动合作式是指在综合实践活动课程实施过程中一种师生合作互动的实施形式及其策略。师生之间的互动、彼此之间的情感交流、合作参与是互动合作式的基本特征。

互动合作式强调活动的参与者之间进行信息情感的双向交流,在活动课程实施的过程中,教师的指导与同伴之间的活动交流互动合作可以采用设问与提问的方式,例如:在教学过程中比较常见的交流合作方式有小组合作方式、集体合作讨论的方式、师生之间的合作参与实践等其他多种方式。这些方式要求学生和教师之间进行双向沟通与合作,并且调动学生的活动热情,鼓励学生积极参与、主动反应以及大胆地进行创造。在综合实践活动中,教师扮演的是引导者、帮助者、合作者与参与者的角色,教师和学生之间要建立和传统课程所不同的一种新的师生关系,教师要从"主角"转变为"配角",要注意不再是传授知识,而是帮助学生去发现、组织和管理知识,是引导学生去发现知识、接受知识和管理知识,而不是去直接塑造他们。教师在教学的过程中应当使用合适的教学方法,例如:运用一系列启发式问题激发学生的思考,指导并教授学生活动的主要方法并参与到学生的活动当中,从而让学生与活动环境间、学生相互间以及学生和老师之间的关系变得更为主动,更加协调。所谓互动合作式的活动,不仅仅包含学生与课程资源之间的互动,还包括学生与教师之间的互动、同伴之间的互动、学生和活动课程环境之间的互动以及学校与社会之间的互动。互动式综合实践活动课程应该是多元的,它结合着不同主题和方法,协助学生获取有关课程知识、相关的经验方法、生活技能态度和人生价值观。而且,他鼓励学生全身心投入综合实践活动课程当中,通过日常生活中的小事和社会行动去实践。由此可以看出,作为教师,在安排综合实践活动课程时,应当让学生尝试去扮演不同的角色,以配合不同的社会情境以及学生的兴趣和生活需要。所以教师应当根据不同的综合实践活动课程主题,安排学生以小组合作的方式去参与社会实践来探究问题从而找到答案。学生自己从综合实践活动中找到问题寻求答案,这样学生获得的直接经验区别于传统课程中教师传授的间接经验。在综合实践活动课程中,互动式中的学是指学生通过在活动现场所得到的第一手资料,或者所得到的间接的、第二手资料,来分析和理解所面临的各种问题,从而在活动中获得体验。互动式中的教是指教师对这种活动过程的组织,以及对学生探索问题活动能力的促进。综上所述,互动式合作式学习的实质在于强调在综合活动课程教学过程当中,教师和学生之间相互作用以及相互影响。由此可见,在教学活动过程中,教师要运用多种教学方法,引导学生主动地参与实践,并且通过多元的互动,让学生获得积极的直接体验,从而培养正确的态度和良好的行为习惯。

在互动合作使这种类型的活动中,在明确活动主题的基础上,学生根据教师预先设计或者师生共同讨论设计,或者是由学生自主设计的系列问题和计划方案。在综合实践活动活动课程当中,教师需要指导学生,在解决问题时可以采用哪些手段和形式,通过哪些渠道和环境收集整理以及研究活动所需的信息,学生在分析思考和自我实践探究的基础上,又可能提出哪些关于活动的新的问题。学生自主投入到活动当中,积极反应和主动创造,这样让学生真正成为在课程活动中的主体。由此可以看出,学生、教师、环境、实践四者之间存在一个互动关系,学生的活动需要教师的指导,教师参与到学生的活动当中,在实践活动当中通过课堂环境来创造。学生与教师互动合作的活动形式中,其活动方式应该是活泼和多种多样的,学生可以通过观察与考察身边的生活环境、实验和分析相关数据、研究调查图表内容、参与课外活动,开展社会实践,在这些学习过程中进行独立的思考。教师和学生交换彼此的观点与认识可以通过以下方式,例如讨论、辩论赛、判断、游戏活动、角色扮演、演讲比赛、知识竞赛、论文、写作与朗读等,彼此互相交流。

二、自主探究式

自主探究式即为研究性学习,它与社区服务与社会实践、劳动与技术教育以及信息技术教育,合并组成综合实践活动课程的学习领域,研究性学习同样也是一种学习活动方式。

自主探究教学模式主要由师生共同活动的轨迹组成,分为学生自主探究和教师指导两部分。具体形式有以下两种,一种是以理论知识学习为主的探究式学习模式。这是由学生和教师两者之间互动组成的,首先由学生提出问题,然后制定活动的计划和方案,在计划活动方案之后收集材料,分析和整理活动所需要的材料,通过整理材料,学生得出结论与感受,然后应用于实践。在学生活动的过程中,教师需要为学生的活动营造一个情境和提供活动所需的条件,教师为学生介绍资源,给予研究的方法,在活动中教师需要关注研究的过程,并且给学生提出具体的任务。另一种是以实验探究为主的探究式学习模式,主要是由学生自主探究,它的主要过程为提出问题、制定方案、具体实施、展示成果、应用实践、筛选问题、提出假设、过程展开、形成结论、拓展延伸。而教师的作用为:营造情境、提供背景、提出建议、指导方法、提出任务、引发问题、指导计划、参与行动、测查评价和明确要求。在综合实践活动课程当中的研究性学习,主要是采取后面一种方法,以实践探索为主的探究学习模式。在这个探究模式当中,主要突出的是实践探究环节,在这个过程当中主要培养的是学生参与体验的意识,探索和发现问题的能力以及在实际操作中解决问题的能力。

案例 3-4

手工小制作

双柳树镇第一小学 黄 地

【活动背景】

在这个太过于注重理论知识教学的时代,学生的动手能力变得相对较差,此次活动主要是为了提高学生的动手能力,让同学们在活动中体会自己动手的快乐。希望通过活动使学生的创新能力、思维能力、动手能力等得到有机的结合、有效的发展;学生通过参加小组手工制作,体会小组合作的重要性,分享成功的喜悦。

【活动过程】

第一阶段:小制作总动员

活动目标:调动学生参与活动的兴趣和热情。

课时安排:1课时。

活动准备:网上搜索小制作图片及资料。

活动流程:

一、欣赏小制作图片

1. 课件展示小制作图片。教师一边展示,一边介绍各个小制作的类型,比如:塑料瓶装饰品,剪花,布艺等。

2. 同学交流,哪个图片最让人印象深刻:这些都是由我们身边没用的一些东西制作而成的,比如喝完的可乐瓶,看过的报纸等。这些材料,大家随处可见。不信,你们可以课后看看我们身边……怎么样,大家想不想开动脑筋,动手试试呢?

二、制定方案

1. 确定制作内容。学生自由组合成立制作小组,推选小组长。

2. 搜集资料。

学生在制作前阅读有关书籍,查阅关于科技小制作方面的资料。查阅方式可以多种多样:翻阅书籍、网上查询、向家长或老师咨询……

第二阶段:小制作活动

活动目标:培养学生的动手、动脑能力,让学生体验到团结合作的重要性。

课时安排:1个星期。

活动流程:

一、搜集材料

小组成员间相互协作,共同搜集。

要求:

(1) 可利用废旧材料,经过设计、加工、制作而成的有一定价值的作品。

(2) 不可使用钱币和有污染、不清洁的材料。

二、完成作品

要求:

(1) 作品是学生本人独立或小组合作。遇到困难,可以向家长或老师请教,但不得由成人代替完成。

(2) 制作过程中,使用材料、刀具时注意安全。

第三阶段:汇报、展示阶段

活动目标:让学生体验小组合作成功的喜悦,知道只有经过努力才能获得成功。

课时安排:1课时

活动流程：

一、分小组展示自己的作品

(一)"制作塑料瓶装饰品"组展示

1. 不倒翁

材料准备：薯片筒、棉花、废报纸、卡纸、棉线、剪刀、水彩笔、双面胶。

制作过程：

(1) 我们将薯片筒剪下一段来做身体；

(2) 在剪下来的薯片筒内侧用双面胶固定好一块石头；

(3) 用黑、白色卡纸将薯片筒装饰一下；

(4) 用黑色即时贴将乒乓球包裹来做不倒翁的脑袋，并在不倒翁的头上装饰上眼睛、鼻子和嘴；

(5) 将做好的头和身体用双面胶连接在一起。

2. 小花篮

材料准备：可乐塑料瓶、彩色卡纸、剪刀、水彩笔、胶水或双面胶。

制作过程：

(1) 将可乐塑料瓶瓶口部分剪掉；

(2) 将塑料瓶纵向剪成细条，留两根稍粗一些，粘在一起；

(3) 将细条弯曲，黏合在瓶身上；

(4) 修理完成。

(二)"纸艺术"组展示

小组长介绍：我们身边有各式各样的纸，只要我们开动脑筋，动一动手，就能做出许多东西来。

1. 剪纸

材料准备：尺、剪刀、彩色卡纸、铅笔。

制作过程：

(1) 选择图案；

(2) 用铅笔、尺规划；

(3) 剪纸完成。

2. 风筝

材料准备：尺、剪刀、铅笔、胶水或双面胶、纸、竹片。

制作过程：

(1) 用竹片制作框架；

(2) 剪纸粘贴；

(3) 完成作品。

3. 撕花

材料准备：彩色纸，剪刀，胶水等。

制作过程：

(1) 将彩色纸撕成不同形态的花；

(2) 用彩色笔画上枝叶；

(3) 用卡纸制作花瓶。

4. 糖纸粘贴画

材料准备：剪刀、胶水、各色糖纸等。

制作过程：

(1) 整体设计构思，安排画面的内容；

(2) 局部绘制、剪刻；

(3) 拼摆、组合；

(4) 粘贴：用手指轻按物象局部，掀起一端，涂胶水，压平，再掀起另一端，涂胶水压平。

5. 鲜花

材料准备：红色卡纸、胶带、剪刀、笔。

制作过程：

(1) 用笔在红色卡纸上画好一个大概的圈圈，然后剪下；

(2) 顺着所画的印迹用剪刀剪开，可以剪得稍微随意些；

(3) 从外圈开始进行卷折，直到再不能卷为止；

(4) 将下面用胶带固定好，简单而又美丽的红玫瑰花就做好了。

二、评选优秀作品

(当场评选，并颁发荣誉证书)。

【活动效果】

这次的作品，完成得很好，有的孩子使用的是现成的画报剪贴而成，有的孩子是去拍了照片，然后制作而成，还有的孩子用自己的小手绘画出一幅幅美丽的图画，拼贴而成。总的来说，是五花八门，各有特色。由于原材料来源广泛便于收集，而制作出来的作品又深受学生喜欢，从而大大激发了同学们的制作兴趣，在这个基础上，学生们在制作的过程中，当看到原本丢弃的废品重新焕发光彩的时候，当看到自己的创作才能在自己的作品上得到充分体现的时候，他们脸上露出那种因为创作、因为成功的喜悦之情，使我也深深地感觉到这个实践活动的重要性和成功。

【案例分析】

在"手工小制作"这个案例当中，充分体现学生自主探究式综合实践活动学习，通过自我动手与同伴相互合作进行研究性学习，与杜威"从做中学"的观点相一致，学生通过在课堂自己动手制作手工,从而让学生明白保护环境和爱惜家园,废物可以循环使用。在"手工小制作"的实践活动中,可以发现学生通过参与到活动中,和同伴共同去探索和发现问题,运用自己的智慧去解决问题,利用双手把自己的想法表达出来,这样也有助于锻炼学生的实际操作能力。

三、综合实践活动实施中学生学习方式与教师指导方式

学生对课题的自主选择和主动探究是实施综合实践活动的关键。学习方式对活动实施效果会产生直接影响。因此,学生应当在教师指导下掌握自主学习的方式。

第一,应形成问题意识,善于从日常生活中发现自己感兴趣的问题。

第二,善于选择自己感兴趣的主题,选择的方式可以是一个学生独立选择,也可以是在同伴互动中进行选择,还可以是在教师提示下加以选择。

第三,采用多种多样的活动组织方式,主要有个人独立探究的方式、结伴合作探究的方式、小组合作探究的方式、班级合作探究的方式、跨班级与跨年级合作探究的方式、跨学校合作探究的方式,亦可通过各种方式(如借助网络技术)进行跨地区、跨国界合作探究。

第四,遵循"亲历实践、亲身体验、深度探究"的原则,对自己感兴趣的主题持续深入探究,亲身实践体验,防止浅尝辄止。总之,综合实践活动所重视的不是问题解决的结果,而是学生探究课题、解决问题的过程及其方法以及过程中所产生的丰富多彩的、活生生的心境体验。

学生在综合实践活动中的活动方式主要有参观、访问、调查、实验、宣传、郊游、野营、义务劳动、公益服务等。各种方法之间有着密切的联系,学生应当根据自己的年龄、知识、能力、兴趣、个性等特点,将几种方法有机结合,灵活运用,以求实效。

教师的有效指导是综合实践活动成功实施的基本条件。从指导内容而言,教师应创设学生发现问题的情境,引导学生找到自己的学习方式和探究方式,与学生共同展开探究过程。从指导方式而言,综合实践活动倡导团体指导与协同指导,教师应善于协调统筹,这是综合实践活动整体特征的内在要求。从指导力度而言,不同学段甚至是同一学段的不同年级之间,指导的力度应有所不同。年级越低,指导的力度越大。具体到小学阶段,综合实践活动实施过程中教师的指导主要表现在以下方面:

其一,加强对学生活动过程的切实指导。创设问题情境,激发内在动机,帮助学生确定体验活动和探究的方向;审视学生预期的探究方法与实践途径的可行性并进行相应的指导;督促和激励学生的实践与探究活动引向深入;指导合作方式与技术,保持有效的小组合作与分工;启发引导学生选择适当的结果呈现方式;指导学生对实践活动进行适当的反思评价。

其二,增加与学生交流的机会。教师要努力成为一个倾听者和交往者,重视学生的内心世界,倾听他们的认识和感悟,并给予相应的认可和鼓励,使他们的天赋得以充分的施展;通过倾听、交流,沟通师生之间的内心情感世界。

其三，在活动开展过程中，允许学生兴趣的转移，允许学生偏离设定的研究方向，去探索自己真正感兴趣的领域和发掘新的探求题材。迁就并不意味着放纵，在充分尊重他们兴趣的基础上，引领他们在主题范围内深入探究和体验自己感兴趣的事、现象及活动。

其四，鼓励和指导学生发挥想象力和创造力，在作品和活动中主动地表现自己独特的见解方式，表达方式应当允许多样化、个性化。

其五，在实践和探究过程中，教师应指导学生注意保存搜集活动的原始材料，做好活动真实记录，记录一定要具体、客观、真实，以如实反映他们的活动过程，留下学生成长发展的痕迹，便于他们进行实践反思，完善以后的行动。

总之，教师既不能"教"综合活动，也不能推卸指导的责任，应把自己的有效指导、平等参与鼓励学生自主选择、主动探究有机结合起来。

思考题

1. 小学综合实践活动课程的基本过程是什么？
2. 小学综合实践活动课程实施的特点有哪些？
3. 小学综合实践活动课程实施的方式中互动合作式指什么？

第四章
小学综合实践活动课程的资源开发

- 综合实践活动课程中资源开发的生成性特点
- 综合实践活动课程资源开发的内容
- 综合实践活动课程多领域资源开发策略

第一节 小学综合实践活动课程资源的特点

一、多元性

根据《中国资源科学百科全书·资源科学》对资源的解释:资源,既包括作为人类生存与发展的物质基础的自然资源,又包括与开发和利用自然资源密切相关的人力资源、科技资源与教育等社会资源。人们进而将"课程资源"界定为"资源"的一种。有学者认为"广义的课程资源指有利于实现课程目标的各种因素,狭义的课程资源仅指形成课程的直接因素来源。概括起来,课程资源就是形成课程的因素来源和必要直接的实施条件。"① 在我国,对课程资源的研究和探讨是随着新一轮课程改革的推进而展开的,目前已成为课程理论界的一个新领域。有人按照不同的标准对课程资源进行了系统的分类:根据来源,课程资源分为校内课程资源、校外课程资源、网络课程资源;根据性质,课程资源分为自然课程资源和社会课程资源;根据物理特性和呈现方式,课程资源分为文字资源、实物资源、活动资源和信息化资源;根据存在方式,课程资源分为显形课程资源和隐形课程资源。② 在分析了课程资源的基础上,我们还需对综合实践活动进行界定,综合实践活动不是以知识点来组织内容,它的内容是整合的、开放的、面向学生感兴

---

① 吴刚平.课程资源的理论构想[J].教育研究,2001(9).
② 徐继存,段兆兵,陈琼.论课程资源及其开发与利用[J].学科教育,2002(2).

趣的各种话题、主题或问题。那么相应的课程内容的来源——课程资源也必然要求是全面而广泛的,包括自然、社会、自我等各个领域的课程资源。① 根据人们对课程资源的界定与分类和对综合实践活动的分析,可以看出,综合实践活动课程的资源不仅限于课程开发的设计阶段,而且来自于课程设计、实施和评价的整个过程中所涉及的一切可以利用的资源,不仅限于教材中可作为拓展的部分文字资源,而且来自于校内外一切有利于课程开发和实施的人力、物力和网络资源。因此,综合实践活动课程资源是广泛的、全面的,具有多元性的特点。因此,综合实践活动课程的实施需要比学校和书本更为广阔的空间以及自然、社会、生活等各种课程资源的有效支撑。

案例 4-1

古城荆州与发展旅游事业(片段)

湖北省沙市北京路第一小学四年级学生在指导老师廖军、陈雅婷、范文巧的带领下,进行了古城荆州与发展旅游事业的综合实践活动课程。

活动地点:学校、古城墙,八岭山、章华寺、万寿宝塔、沙隆达广场、金凤广场、九龙渊广场、荆州博物馆、朝阳街办、中山路、少儿图书馆、沙市电视台、沙市报社、沙市图书馆、城市规划管理局。

资源库:

图书:《尚书》、《三国演义》、《湖北历史》、《沙市历史》、《荆沙抗战纪实》《荆州五十年》、《荆州风流话三国》、《沙市民间传说故事集》、《湖北导游基础知识》、《湖北风情》、《可爱的荆州》、《荆楚风韵》、《荆楚风流》、《湖北第三产业》、《荆州年鉴》、《荆州统计年鉴》、《金山数据统计》、《金江滚滚向东流》、《江汉明珠沙市》、《荆州交通游览图》、《沙市地理》。

报刊:《湖北日报》、《楚天都市报》、《荆州广播电视报》、《荆州纵横》、《荆州晚报》、《荆州日报》。

学生以小组为单位,自发地利用双休日考察古城墙,参观博物馆,到图书馆查阅有关资料制作调查问卷,采访有关单位和个人,获取他们想要获得的信息,在信息获取的过程中,他们不但掌握了获取信息的一般方法,养成了求真务实的科学态度,更主要的是他们通过接触社会了解社会,增强了自身的道德意识,提高了自己的礼仪修养和审美修养,养成了一定的社会责任感意识。

---

① 郭元祥.综合实践活动课程的管理与评价[M].北京:高等教育出版社,2003:9.

1. 采访

采访是一种通过与人交谈获取信息的方法,怎样才能使被采访人接受你的邀请方便乐意回答你的问题,取决于你采访的方法和内容。在采访过程中,学生在克服自身心理障碍的同时,学会了如何观察人,找到了与人合作和沟通的方法,不妨读读这些学生的采访总结:

这次活动让我们从学校走向社会,学会了与人交往。我们刚开始到沙隆达广场去采访,是由于问题提得很唐突,有些人不愿意接受我们的采访。我们商量后,决定先从家里人、熟人开始采访,再去采访陌生人。每次去采访时,我们都佩戴红领巾,衣着整洁,敬队礼、讲礼貌,这样在我们后来的采访中,不仅很少被人拒绝,而且他们都非常乐意回答我们的问题,有一次还被《荆州晚报》的记者采访了一会儿,照片登在荆州晚报上,可把我们乐坏了!(胡倩)

以前的我是个性格内向、胆小、不太爱说话的女孩子,第一次到沙隆达广场采访时,同学们都不敢去访问,你看看我,我看看你,最后他们的目光都投向了我。开始我心里直打退堂鼓,可转念一想,既然老师和同学们这样信任我,我就应该带好这个头,于是我鼓起勇气上前采访了一位老爷爷,老爷爷挺热情,对我提出的每个问题都做了耐心的回答,终于圆满地完成了采访任务。通过这次社会调查活动,我惊喜地发现自己胆子变大了,对自己也更加有信心了。(罗哲)

2. 网上查询

随着科技的进步,信息技术的迅猛发展,电脑逐渐走进千家万户,而广大中小学生由于没有正确认识它的价值往往沉溺于电脑游戏之中不能自拔,因此影响了正常的学习和生活,老师和家长对此都是忧心忡忡。在这次活动中,有些同学改掉了玩电脑游戏的坏毛病,并将学到的电脑技术运用于学习之中,为这次活动服务。

以前我喜欢打电脑游戏,只要有时间我就溜进家游戏室玩电脑玩个够,同学们都把我叫作"游戏王",自从开展了综合实践活动后,我的心才收回来,我们这次社会调查的任务是收集经济发展的资料,写论文。小组成员去了几家书店,查到的资料都太少了,而且全是2000年以前的,他们知道我会上网就让我当小组的网上资料查询员。以后每天我回到家做的第一件事,就是打开电脑收集资料。现在我已经打印出了厚厚的一叠,在我们小组进行讨论,同学们都夸奖我、羡慕我。我在其中也学到了许多东西,我不仅更了解荆州,学会了整理资料,还改掉了玩电脑游戏的坏毛病,我感到十分高兴。现在我们组正在商量建立一个荆州旅游网页,把收集到的资料全部上传到网上,让更多的人了解荆州。(赵力)

3. 调查

小孩子的心灵是纯洁的,在学校里接触的人和事相对而言也比较单纯,但走出学校深入社会,他们才体会到社会之中还有美与丑、善与恶的差异,社会实践活动真正地提高了他们辨别是非美丑的能力。

经过两个月的调查,我的收获真不少,最大的收获是体会到了做比说更重要,做人应该言行一致。一次我们组在金凤广场调查,访问了一位戴眼镜的叔叔,我们先向他做了自我介绍,然后问他,您对荆州的发展有什么好的建议?他看了看四周的古城墙说,荆州是一座历史悠久的古城,可以发展旅游业,应该保护好环境,吸引人们到这里来旅游,我们听了敬佩地点了点头。过了一会儿,我们看见那位叔叔将手中的矿泉水瓶扔在地上,我连忙走过去,捡起空瓶丢到广场右侧的垃圾箱里。我心想,这个大人说得很好,做得却不好,如果每个人都这么做,那么荆州还能发展旅游业吗?同学们也议论纷纷,有的同学说要给市长写信,办一个市民素质培训班。我心想那位叔叔给别人的印象多不好呀,我不能像那位叔叔那样,我要做一个言行一致的人。(李文锦)

此案例充分展现了综合实践活动课程资源的多元性,在查阅资料时,学生小组走出校园,相继到达荆州博物馆、少儿图书馆、沙市电视台、沙市报社、沙市图书馆、城市规划管理局查阅资料图书和报刊,利用了多种校外物力资源;调查研究方法也不仅仅局限于查阅资料,学生们获取信息的方式也十分丰富。例如:学生以小组为单位,自发地利用双休日考察古城墙、参观博物馆、制作调查问卷、网上查询、到沙隆达广场去采访等,都能体现出在这一综合实践活动课程开展过程中,资源开发形式的多样性和内容的丰富性。而正是得益于综合实践活动课程资源开发的多元性,学生可以在开展活动过程中掌握多种获取信息的方法,吸收多元化的知识,开阔视野,密切与社会的联系,从而使学生在与当今多元化社会接触的过程中逐渐体会知与行之间的关系,感受学科知识与生活实践的关系,培养学生知行合一、勇于创新的精神。

二、现实性

《现代汉语词典》将"资源"解释为"生产资料或生活资料的天然来源"[①]。信息资源学的观念认为,"资源"是自然界和人类社会中能创造物质和精神财富的各种客观存在物。[②] 从词典和学者们对"资源"一词的解释中,我们不难看出,"资源"具有客观存在性。那么从属于资源的课程资源,同样具有客观存在性。

综合实践活动课程资源一方面作为一种课程资源,其内容需要具备一定的现实关切性,要关切学生的问题、关切学生的需要、关切学生的身心发展、关切学生的生活经验和生活背景。一切综合实践活动课程资源的开发都应以促进学生的身心发展和幸福生活为目的,以与学生密切相关的生活实际为内容,以推动学生自我价值的实现为价值。另一方面,综合实践活动课程资源作为一种活动资源,要具备可开发性,一切综合实践活动课程资源的开发都应以促进课程目标的达成为目的,以紧紧围绕课程主题为基本

---

① 中国社会科学院语言研究所词典编辑室.现代汉语词典[M].北京:商务印书馆,1996:1662.
② 杨蕾,钟志贤.为研究性学习打开一扇门[J].北京:教师博览,2002(2).

要求，以是否有利于课程的开展和实施为主要评判标准。首先，我们在选择资源的时候要考虑到开发和利用此资源的难度，课程资源的开发应基于学校、基于现有条件。应在充分开发校内资源，尽量开发校外资源的原则下，根据学校的实际，计算课程成本，选择那些基于学校现实、利于学生发展的课程资源。其次，应尽量选择有一定开发空间的资源，相同的综合实践活动课程资源由不同的主体进行开发与利用，因不同主体的课程观、知识能力水平、实践经验等因素，对同一资源的开发在广度上、深度上，在达成综合实践活动课程目标的效果上，会有较大的差别，因此，综合实践活动课程的资源要具备一定的深度，可供不同的主题开发出不同的层次。

综上所述，综合实践活动课程资源的现实性及表现在内容上的客观实在性，又表现在实施过程中的可开发性。

案例 4-2

"漫话端午"[①] 片段

在学期初的第一次主题讨论会上，我提出了一个问题：你们最想搞清楚的是什么？话音刚落，学生们就议论纷纷，兴致很高。54 个同学 54 个答案，有想知道蚂蚁为什么这么小的，有想知道菊花为什么有多种颜色的，有想知道飞机为什么能在天空飞翔的，还有想知道太阳月亮为什么离我们这么远的……

我又适时提出了第二个问题：你们想知道的有这么多，那么怎样才能知道呢？学生立刻有了答案：去书上找；去问老师、爸爸妈妈；去网上查；去科技馆参观等。

当我问学生这学期到底研究什么主题时，学生都抢着说要研究自己的问题，一时各抒己见，争执不下。我建议大家要考虑到研究条件，让他们先小组讨论，确定一个小组的题目，然后再全班讨论确定，并说说研究自己这个问题的办法和有利条件，谁说得好，办法可行，就听谁的。

由于我们学校位于江南古镇堰桥这一块传承着千年文化灵秀的绿洲，这里一直盛行着"教化桑梓，崇教尚文"和"变革求新"之风。此外我校还有得天独厚的区域文化资源——全国百所爱国主义教育基地之一——吴文化公园，这个吴文化的博览园，自 1998 年 10 月就成立了吴少年科学研究院，从三年级起各中队就成立了研究所。我们班是"吴地风情研究所"，所以所长、研究员们很快就把目光转移到了这上面，从而讨论确定了本学期研究的主题：吴地的各种传统节日。

在这一案例中，指导老师在充分激发学生兴趣后，正确引导学生考虑综合实践活动

---

① 郭元祥. 综合实践活动课程国内外案例分享[M]. 北京：高等教育出版社，2003：12.

课程资源开发的现实性,最终将目光放到当地现有、特有资源上,因地制宜地开发具有本土特色的课程资源。由此可见,在课程资源开发过程中,充分考虑现实性,有以下优点:一是能够使综合实践活动课程的主题更加贴近学生生活。二是有利于综合实践活动课程的开展,低成本、高效率。三是有利于学生在研究主题过程中开发和利用丰富的本土资源。

三、生成性

综合实践活动课程作为一种综合性课程,其内容领域超越了单一的学科知识,学生学习的领域从书本拓展到了自然、社会。主题的设定依据学生在生活情境中发现的问题,并随着探究的深入和问题的解决,学生对问题的认知程度产生了变化。在此过程中,会不断出现新的问题、目标和主题,相应的,也会需要新的课程资源作为解决新问题的支撑。

案例 4-3

长沙开福区国防科技大学第一附属小学欧阳朝霞老师指导的"生日,如何过"主题来源于最近学生过生日出现了很多问题:为了过生日,一向学习一丝不苟的学生竟然没完成作业;因为去吃同学的生日饭,两个该做卫生的学生逃跑;因为去肯德基过生日,学生下午上学迟到;也是因为参加同学的生日聚会,有学生认识了网吧,从此迷恋上了电脑游戏;而这个平时讲话声音很小,大家公认腼腆内向的小女孩,竟拿起棍子打人!这是生活中的课程资源,为了解决学生的过生日问题,欧阳老师和学生沟通确定了"生日,如何过"的主题。

在这个活动中,学生对课程资源的开发与利用,包括采访家长,采访邻居,在学校进行问卷调查,收集名人伟人过生日的故事,收集有关的名人名言,进行一些数字统计,收集自己过生日的照片等形式。但是在活动的过程中,学生们根据是否开生日聚会,形成了正方反方和中立方。为了阐释自己的观点,都想方设法地收集对自己有利的材料,然后进行辩论活动。访人主题慢慢地就由"生日,如何过"转变为讨论"开生日聚会的利与弊",新的课程资源也就出现了。中央一套每周日的"挑战800",《演讲与口才》,杂志网,一些大中专院校的辩论赛及其他一切与辩论有关的资料,这些新的课程资源帮助学生学到了新的课程内容。

从此案例的片段,我们可以看出,在探究"生日,如何过"的过程中,生成了新的主题,即"开生日会的利与弊"。相应的,也就涉及了新的资源:中央一套每周日的"挑战800"、《演讲与口才》、杂志网、一些大中专院校的辩论赛及其他一切与辩论有关的资料。这充分体现了综合实践活动课程资源开发的生成性特点,在这一案例中,课程资源是由新的主题引发而来的,这就要求我们在开展综合实践活动课程过程中也要注意学生在利用原始课程资源时，也会引发对课程资源本身的思考和探索，这些思索也属于新生成的课程资源，可以作为独立的主题进行研究。

第二节　小学综合实践活动课程资源开发的内容

《国家九年义务教育课程综合实践活动指导纲要》中明确指出："学校要因地制宜、因时制宜，充分开发利用各种教育资源（包括校内资源、社区资源和学生家庭中的资源），落实课程计划的要求。要积极创造条件开发信息化课程资源、拓展综合实践活动的实施空间。学校还要注意发展校外指导教师队伍，构建起指导学生综合实践活动的人才资源库。"上文中提到，课程资源的组成复杂多样，具有多元性，目前，学者们把课程资源按照不同的标准进行了分类。本书以来源为标准将课程资源分为实体资源和网络资源。

一、实体资源

综合实践活动课程的实体资源是指与网络资源相对应的校内外富有教育价值并能转化为综合实践活动课程或服务于综合实践活动课程的各种条件的总称。因此，实体资源又分为校内资源和校外资源。

（一）校内资源

校内课程资源是实现课程目标，促进学生全面发展的最基本、最便利、最具校本特色的资源。校内课程资源包括：学校的教师、学生、学生团体、教室、图书馆、操场、实验室、校风、班风、学生团体活动、动物、植物、校园文化建设等。由于内容丰富，本书将把校内资源分为校内人力资源和校内物力资源两大类，并从主体选择的角度对其中具有代表性的资源进行举例说明。

1. 校内人力资源

校内人力资源是以校内人员为载体而存在的资源。包括全体教师（教师数量、教师的年龄、教师个性、教师的教学风格、教师的专业资源、教师课程分配等）、全体学生（学生的特长、学生的身心发展特点、学生间的关系、学生团体活动等）、校内管理人员（校内管理人员的体系、管理人员的职责分配等）、校工（校工的专业技能）、师生关系（班主任与学生之间的关系、各任课老师与学生关系等）、校风（校风与学校历史之间的关系、校风对学生发展的影响、校风对教师教学的影响等）、校纪（学校纪律的合理性研究、学生遵守校纪程度与学习成绩之间关系的研究、将校纪内化为学生的行为习惯的方法研究等）。在开发综合实践活动课程资源的过程中，开发主体不仅要重视校内人员的外在特点，还要重视各人员内在的情感态度价值观以及群体之间的关系。

2. 校内物力资源

校内物力资源是指校内以物质形态存在的课程资源。包括校容校貌(学校的建筑风格、学校文化墙、教学楼设计的合理性研究等)、教室(教室面积与学生人数之间的关系、教室布置的合理化研究、课桌椅形态特点与学生坐姿之间关系的研究、黑板的合理利用、粉笔形状、材质研究等)、图书馆(图书馆的图书分类研究、图书馆管理系统的研究、图书馆信息数据库研究等)操场(操场的合理利用等)、实验室(对实验室中器材的研究、实验室使用规范等)、植物(校园绿化率研究、校内植物种类研究等)动物(校内动物种类等)。在开发综合实践活动课程资源的过程中,校内物力资源是课程资源的丰富来源,要注意各种物力资源与学科知识之间的有机联系,通过学生对校内各种物力资源的研究加深对学校的了解,鼓励学生学会利用校内物力资源辅助学习。

案例 4-4

校园考察记[①](片段 1)

【目标】

1. 通过观察活动,学习科学观察的过程、方法,提高科学观察的能力。
2. 在科学观察过程中,学习提出问题和解决问题的能力。
3. 在活动中增强科学观察记录、撰写科学小论文等科学考察的基本技能与科学素养。
4. 了解生物特征,正确区分有生命和无生命的物体,初步认识生物与人类的关系,关注周围环境中的问题,激发探究热情。
5. 通过创建绿色校园的设计,了解环境绿化的意义,增强对自己学校的热爱之情。

【主要活动分析与建议】

本单元是以校园为主要活动环境,社会实践与社区服务为主线开展的探究性学习、劳动与技术教育为一体的综合实践活动。

主题活动一:有生命的物体

1. 通过导学、课件演示、讨论,让学生知道什么是生物,生命的特征及生物分类等,建议用举例的方式,提出校园内的各种动物、植物、微生物名称,教师可应用下表(见表 4-1),由师生共同完成。

---

① 《综合实践活动》教材编写组. 中小学综合实践活动教学参考书(小学版)[M]. 成都:四川科学技术出版社,2002:9.

表4-1　校园内有生命的物体

分类	名称
动物	
植物	
微生物	

2. 组织学生对校园内的生物进行有目的的观察。可先将学生分成若干小组，如动物小组、植物小组、微生物小组，并布置任务，分别写出校园内生长的不同植物的名称，记录不同植物的特征和颜色，写出校园内生活的不同动物的名称，记录不同动物的特征和每种动物发出的声音……观察活动完成后，建议可设置以下问题进行讨论：① 你发现校园内的植物（某一种或几种）生长需要什么样的环境？② 你发现校园内的动物（某一种或几种）生存需要什么条件？……通过活动，总结出科学观察的一般过程：明确观察的目的性—做好观察记录—比较、分析、综合—得出观察结论。科学观察的一般方法：扫描多向观察；类比和对比观察；连续观察和跟踪观察；放慢观察；模拟观察；放大观察；间接观察。

3. 校园生物考察队活动，具体如下：

（1）在以植物的观察活动为重点的基础上，引导学生领会和实施科学观察的目标、方法、过程及通过什么样的技术手段等获得准确的科学结论，进而自主性地设计对动物、植物、微生物的考察活动。

（2）可将学生分成若干小组（或由学生自由组合），对校园内的动物、植物、微生物分别进行连续跟踪考察。让学生深刻地理解生命特征，在过程中获得新陈代谢、生长、发育、生殖等常识，培养学生围绕一个项目在较长时间内对某种常见生物细心观察的品质。

（3）若对某一种植物进行观察可选择校园内变化较大的植物。若校园内的植物在近期内变化不大，也可以指导学生对某几盆花卉的生长过程或开花过程进行观察、记录。如记录下植物开花的三个时期：

始花期：第一批花开放的日期；

盛花期：大部分花开放的日期；

衰花期：大部分花开始凋落的时期。

此外，还应提醒学生观察、记录环境条件对植物生长的影响，这样可以了解各地花卉发芽、生长、开花所需的环境等条件。学生通过查询资料、请教等方式了解动物、植物、微生物与人类的关系，是否对人类带来危害等。

（4）鼓励学生用多种方式表达考察结果，如观察记录表、植物（动物）生长过程图、《××植物(动物)生长报告》等方式。

(5) 此类考察活动,还可延伸到春游或秋游活动中,观察大自然中的动物、植物、微生物……

主题活动二:植物与气温的关系

通过组织学生开展对比观察、记录、讨论、分析、结论的活动过程,让学生亲身体验植物对周围气候的影响,了解在炎热的夏季,植物有降低周围气温等作用。

"校园考察记"这一主题的选择,立足于学生对校园的考察,充分利用了校内资源,学生们分小组对校园内的动物、植物、微生物分别进行连续跟踪考察。这里考察的对象即校内资源。从这一片段可以看出,该综合实践活动课程开发的校内资源十分丰富,包括校园内所有的动物、植物、微生物等,均是小学阶段的学生乐于探究的事物。基于校内资源利用的主题活动,首先结合实际学生可以随时观察、测量。其次,降低了课程资源开发成本,除此之外,也利于教师观察学生活动的情况,在必要的时候及时做出引导。

案例 4-4

对比测试观察(片段2)

1. 指导学生开展对比测试观察。根据本校情况选择观察点,将学生分组,确定仪器保管员、测量员、监测员、记录员等。一组一个考察点,各组同时进行观测(注意:观测时间选在晴朗、无风时为最佳)。除读本中设置的必测观察点外,学生还可自主选点测试,教师也可补充如植物墙脚与水泥墙脚、铁栅栏脚等进行对比测试。

2. 各组观测完成后,将观测记录填入全班的汇总表中,由教师组织全班进行分析,得出统一的结论,并对观察中发现了什么,对你有什么样的启发等问题进行充分讨论。

3. 撰写科学小论文是对考察活动预期目标、过程所获成果的总结与提升。教师指导学生撰写科学小论文,应告诉学生一般小论文的格式——三段式:

第一段:提出问题。

第二段:重视记录自己观察、实验时所看到的现象,并对观察记录进行分析。

第三段:"解答"自己提出的问题,从而得出结论,提出建议。

指导学生写作时,可引用学生读本中的文章作为范例,按"三段式"格式要求进行分析,同时也可从本班学生的优秀论文中找出好文章进行点评。

在这一片段中,学生分小组合作观测校园内的生物,每组成员分工明确,充分利用了学生自身资源,发挥了每个小组成员的特长;观测点既可以从读本中选择,也可根据每组爱好自由选择,学生掌握了活动各个环节的自主权,有利于学生在活动的每次选择

中习得如何因地制宜地开发和利用有效的校内资源,也使得综合实践活动课程的资源不再局限于学生读本中的选项。最后,对大量观测结果的讨论和分析由教师引导完成,这样的安排是合理的,教师的辅助工作既帮助了学生有条理地整理和分析观测结果,又使学生们在交流中进一步体会到合作的重要性。

案例 4-4

主题活动:创建绿色校园行动(片段3)

1. 这是在学生参与了前几项活动的基础上,体现学生创新成果的活动。一定要让学生在充分准备的基础上进行,教师不必事前划定"框框",而应多方面鼓励学生把自己对学校的设计建立在实际可行的基础上。在教学中可以让学生根据"行动指南"的几条提示,认真地进行设计。绿色校园设计还可以根据本班学生的实际情况,分别以文字(科学讨论或办小报)、图画、制作模型、举行科学设计展览以及讨论的形式进行。

2. 学生绿色校园设计活动的评价,从作品方面可设定最佳创意奖、最佳艺术奖、最佳制作奖等,也可从参与这项活动的态度、团队合作精神和是否有某一突出表现等方面进行评议。

这一阶段的活动可以说是对前面几个活动阶段的升华,活动的意义由学生对校园内生命体的探究升华到了绿色校园的创建上,体现了教师想要培养学生对校园的热爱之情并使学生产生保护校园生态的责任感的良苦用心。绿色校园的创建才是对校园生物研究的应有之义,这样的活动设计阶段分明、循序渐进、逐层深入,学生在这一过程中,定会对校内资源的研究产生浓厚的兴趣。培养学生这样的兴趣,正是一些物质条件较为紧张的学校在开展综合实践活动课程时的着力点。中小学尤其是一些农村的学校在财力方面尚不充裕,因此,在课程资源开发的过程中,应坚持经济性和实效性原则,尽可能地以最节约的方式来进行,力求取得实效。①

(二)校外资源

校外课程资源是指超出了学校范围、可转化为课程综合实践活动课程的具有教育价值的资源。包括学生的家庭资源、社区资源、自然资源和信息资源。

1. 家庭资源

家庭是与学生联系十分密切的场所,是除学校外,学生最主要的成长空间。综合实践活动课程是立足于学生生活的课程,那么,作为学生生活的主要部分,家庭资源自然

---

① 洪明,张俊峰.综合实践活动课程导论[M].福州:福建教育出版社,2007:213.

是综合实践活动课程的重要资源。学生家庭是学生对学校生活进行"反刍"的地方,通过家庭活动,学生可以巩固在学校所学的知识。① 不同的学生来自不同的家庭,不同的家长从事不同的职业,他们的家庭环境不同,经济状况不同,文化层次不同,社交范围不同,他们走到一起,就是一个小小的社会。而这个小社会与学生生活息息相关,紧密联系。家长是学校开展综合实践活动的支持者和配合者。

综合实践活动的实施,一方面,取决于家长对该课程的信任程度,另一方面,也依赖于家长对课程资源的开发程度。许多家长非常热心学校的综合实践活动,他们自身具有的在饮食文化、广告设计、动物保护等方面知识、智慧、特长,可直接为综合实践活动服务。同时,他们还可以利用他们家庭、社区、单位等方面的人力和物力资源,为学校开展综合实践活动提供便利。一方面,家庭资源的开发具有便利性,能够节约成本,另一方面,有助于加强学校和家庭之间的联系,久而久之,更能逐渐改变部分家长的课程观念。我国的课程改革一直面临着各种各样的问题,其中家长观念的更新是促进课程改革顺利发展的重要举措,因此,家庭资源的开发是十分必要的。

2. 社区资源

社区是指由占有一定地域并在一定的社会关系中进行经济、政治、科技、文化和生活活动的群体而组成的相对独立的区域,或者是指作为与一定区域相联系的社会生活共同体,也可以将其简单地理解为区域性或地区性的社会,还可指学校师生在其中生活、社交和进行教育教学等活动的地区,即学校及师生所处的人文社会环境,包括村庄、街道、居民生活小区等,与师生的关系十分密切。②

"教育即生活,学校即社会。"作为社会的缩影,社区中包含的综合实践活动课程资源内容十分广泛,包括该社区的组织结构、成员、基础设施、公共环境、社区文化、风俗民俗、社区活动等。

对社区资源的开发和利用,一方面有助于综合实践活动课程走出学校,开拓教师和学生的思路、丰富课程开展的形式和内容,另一方面,还有助于激发学生的兴趣、开阔学生视野、加深学生对生活的理解,通过对社区资源的利用和研究使学生对社会有初步的认识,增进学生与邻里的交往,培养学生团结友爱,乐于助人的优良品质。如果说"学会认知、学会做事、学会共同生活、学会生存"是教育的四大支柱,那么可以说,社区是最能够为学生这四种能力的培养提供全面丰富资源的地方。

美国著名的哲学家、教育家杜威曾于"五四运动"期间应中国文教界的盛情邀请来华讲学,在讲学过程中,曾多次以一个事例来说明在"做中学"的重要性,该事例在周洪宇教授、陈竞蓉副教授主编的《民主主义与教育——杜威在华演讲录》中记载如下:"吾美有一初等小学校,地近煤矿。掌此校者,不分国文、算术、图画、手工等种种之学科,仅令生徒自就煤矿及其附近,调查实况,搜集材料,制一煤矿模型。矿中生活,以巧妙之方

---

① 段兆兵.课程资源开发与利用——原理与策略[M].芜湖:安徽师范大学出版社,2011.
② 张传燧.综合实践活动课程论[M].广州:广东教育出版社,2005:114.

法描出之。其调查之要因,如'煤矿之深广如何?应用工人几何?阅若干日煤当采尽,矿中工人之生活如何?'等是。其结果,搜集之材料,有可供国文之材料者,有可供理科材料者,有关于图画者,有关于手工者。推而广之,研究其何故某地产煤,某地不产煤则有关于地理学。煤当如何费用始为适度,则有关于经济学,其他如地质学历史学的无不可类及之,故其学科,虽以地方之基本事业为代表,神而名之,则可推究及种种问题,变化无穷也。而且此种办法非由教师讲授,其问题由学生自提出之,其材料由学生自搜集之,判断者为学生,计划者亦为学生,故其结果,实能养成适于共同生活之人。"①

3. 自然资源

"学生与自然"是综合实践活动课程所围绕的三大主线之一。我国幅员辽阔,物产丰富,几乎包括了世界上所有的地貌形态,可供开发利用的自然资源十分丰富。地貌、地形、动植物、气候等都十分具有研究价值,涉及学科广泛且具有较强的综合性,对于综合实践活动课程的开展是一笔宝贵的资源。

4. 信息资源

以计算机网络为代表的信息化资源具有信息容量大、智能化、虚拟化和多媒体的特点,对于延伸感官、扩大教育教学规模和提高教育教学效果有着重要的作用,是其他课程资源所无法替代的。随着教育现代化进程的不断推进,信息化课程资源的开发与利用已势在必行,它将是最富有开发与利用前景的资源类型。②

案例 4-5

家乡民俗导游③

【主题说明】

中国是一个地域广阔、文化璀璨的多民族国家,由于历史和文化背景的不同,各个民族或区域都形成了自己独特的民俗文化。这些充满个性和魅力的民俗文化,不仅是我国各地老百姓不可或缺的精神食粮,而且成为中华民族文化宝库中的一道亮丽的风景。深圳,作为一个移民城市,学生大部分来自祖国各地,他们对自己家乡的民俗或多或少有一些了解和体验,再加上深圳现有的文化教育资源优势——"中华民俗村",为学生更多地了解中华民族源远流长的民俗文化,体验家乡民俗文化的特有魅力提供了条件和可能。

---

① 周洪宇,陈竞蓉.民主主义与教育——杜威在华演讲录[M].合肥:安徽出版社,2013:25.
② 徐继存等.论课程资源及其开发与利用[J].学科教育,2002(2).
③ 李臣之,深圳市南山教育局编.综合实践活动课程实施指引[M].深圳:海天出版社,2002.

【主题目标】

1. 通过开展家乡民俗导游活动帮助学生了解我国不同民族、不同区域民俗文化的概貌。

2. 引导学生体验家乡民俗文化的特有魅力,吸取民俗文化精华,培养他们热爱家乡的思想感情。

3. 以学生的自主活动为主要形式,着力提高他们搜集资料、绘制地图、导游解说、体验欣赏等多方面的能力。

【主题内容】

1. 学生通过多种途径(网上搜寻、文献资料查阅、人物寻访、实地体验)调查、了解自己家自有代表性的民俗文化。

2. 分组模拟导游活动,每个同学担任导游,借助自制的旅游图、录像照片资料、实物模型、现场表演等,进行生动形象的介绍。

3. 小组推选优秀导游,组成新的旅游团(全班同学参与),体验、欣赏我国优秀的民俗文化,参与模仿这些地方的民俗活动。

【指导要点】

1. 在导游活动开始前要做好充分的准备,让学生知道怎样收集、了解家乡的民俗文化,绘制导游图,写好解说词。

2. 在模拟活动中,要按照旅游的基本要求和常识,组织成立旅游团,确立旅游线路,注意导游的方法。

3. 结束时,要引导学生交流各自的感受,体会各个不同地区的民俗活动,吸取民俗文化的精华。

教学设计阶段

课时建议9课时

第一阶段:课题说明

[准备]

1. 揭题引趣:教师简要介绍我国民俗文化的历史渊源、特点与发展概况,利用电视画面展示某一地区的民俗活动,激发学生对民俗文化的探究兴趣。

2. 活动准备:确立获取信息资料的方法,制作信息卡片,联系采访对象和调查的地点,根据家乡的地理位置绘制旅游线路图。

[教学说明]

这一阶段主要是让学生了解什么是民俗文化,包括它的历史渊源、特点及发展概况,展示一些民俗活动的场景,引起学生对祖国民俗文化的浓厚兴趣。在此基础上,教师要指导学生做好活动前的准备工作,明确获取信息的途径和方法,如网上搜寻、文字资料查阅、有关人物寻访以及实地调查等。准备好记事本和卡片,并要求学生根据家乡的地理位置绘制一张旅游线路图,画好一些有特殊意义的标志,为导游活动的顺利实施打下基础。

第二阶段:活动设计

[分组分工要求]

1. 按照学生家乡所在的地域分布,把学生分成若干个小组,成立几个旅游团,各团推选一人担任旅游团团长,其他同学担任自己家乡的小导游。

2. 小导游主要负责了解自己家乡的民俗文化特点以及介绍的内容和形式,按要求写好解说词。

[分组活动设计指导]

分组活动要体现学生的互助互动,按照学生家乡的地域分布编组,成立旅游团,这样既可以激发学生参与活动的兴趣,又可以培养学生的合作精神。此外,在分工的时候要引导学生人人参与,勇于创造,根据自己的特点确定介绍的方式,如表演展示、激情讲解、放声吟唱、图画演示等。

第三阶段:探究调查

[网络资料]

旅游团的小导游可利用现有的网上资料进行了解,查找自己所需要的内容,也可为其他同学提供查寻的资料,进行互助式探究。

[图书馆资料]

一般的图书馆都有关于民俗文化的研究,查阅时要有所选择,多做一般层面的了解,少做理论研究,只要求把握民俗活动的基本形式、特点及其来源。

[社会调查]

学生有机会可以回到家乡实地了解本地的民俗活动,亲自参与体验;另外,教师可以组织学生到中华民俗村参观调查,与工作人员交流,广泛获取有关信息。

[社会专访]

寻访来自家乡的乡邻乡亲,询问爷爷、奶奶、爸爸、妈妈,专访对民俗文化有研究的学者与专家,积累关于家乡民俗文化的资料。

第四阶段:资料统计分析

[分组统计]

小组利用调查表统计家乡民俗(见表4-2)。

表4-2 家乡民俗活动调查表

民俗活动名称	地域分布与特点	民俗活动来源	调查方式
1			
2			
……			

[统计分析]

统计分析时要把民俗活动与当地的历史、文化、劳动以及人民生活联系起来进行分析,从中发现民俗活动这一文化现象同其他文化一样都是来源于生活,是老百姓在劳动实践中创造出来的,因此它特别受到老百姓的喜爱,成了老百姓不可或缺的精神食粮。

第五阶段:结果表达

[指导要点]

1. 以小组为单位,模拟导游活动,由每个学生担任导游,对照导游图各自介绍家乡的民俗文化,做到解说与表演相结合,把家乡民俗文化的特点展示出来。

2. 在小组活动的基础上推选1~4名优秀小导游,带领全班同学游览他们家乡的民俗。在游览过程中,要求旅游团成员共同参与表演、体验,品味民俗文化特殊的情趣和魅力。

第六阶段:体会交流

[指导建议]

1. 导游活动结束时,要引导学生对活动过程进行评价,评出优秀旅游团,并说说对哪些民俗活动的印象特别深刻。

2. 分组交流参加民俗导游活动的体会和感受,说说自己对民俗文化的理解。

3. 教师在进行活动小结,要引导学生继续关注祖国民俗文化的发展,体会它的博大精深,吸取民俗文化的精华,提高自己的文化修养。

(南山实验学校　任祖林提供)

第三节　小学综合实践活动课程资源开发的策略

《国家九年义务教育课程综合实践活动指导纲要》指出,综合实践活动内容的选择与组织以学生为核心,主要围绕三条线索进行:学生与自然的关系;学生与社会和他人的关系;学生与自我的关系。三条线索为课程资源的开发指明了方向。

一、从学生生活领域开发资源

综合实践活动课程是一种缄默课程,没有明确的教材和教法,但是可利用的资源却随处可见。每个学生都在日常生活中不断建构着自己的世界,而内心世界的建构是以对客观存在的观察和思考形成的,因此,要引导学生注意观察,用心发现,从实际生活中发现问题、记录问题,作为综合实践活动课程的资源,并通过课程的开展解决问题,使学生通在这一过程中逐渐学会认识生活、认识自我。例如:长江小学师生集体对横河路学校出口路段交通问题的研究:"在我们学校旁边,有一条平时车辆比较多的横河路,对学生来说存在一定的安全隐患。于是,我们设计了一个主题:横河路学校出口路段的交通问题。学生在老师的指导下通过调查、访问、查找资料,再共同探讨解决问题的方法。同学们以极大的热情投入到这项活动中,大家互相合作,共同学习。他们分成几个小组,分'横河路车量调查'、'认识路上的交通标志'、'学校出口路段的交通标志'、'校门口路段交通问题治理方案'、'过马路要注意安全'、'我们眼中的横河路'等专题。学生的视野打开了,有了关注生活、关注生存环境、懂得自我保护、远离交通安全隐患的意识。"①

案例 4-6

什么样的小朋友,最让同伴喜欢②(片段1)

【概况】

实施学校:海口市第 26 小学

实施年级:五年级二班

指导教师:柯亚艳

【活动背景】

随着独立意识的不断提高,学生渴望与同龄人进行交流,希望获得同伴的接受、认可和尊重。但班里却存在只要你为我做事,给我好处,我们就是朋友,或者是我学习好,我说了算的不正常现象。个别同学为集体的利益而指出自己的朋友做得不对时,就会受到别人的攻击的不良风气。还有那些学习上有困难,其他方面表现也较差的学生,总是得不到肯定和激励,因而自我封闭、情绪消沉,与人交往能力差,胆子小,自我意识模糊,缺乏自信心与进取心等诸多心理障碍。青少年时期正处在人生发展的十字路口,是理想、信念迅速发展,价值观、人生观从萌芽趋于形成的时期。在这一阶段,帮助学生处理好同学、朋友之间的关系,就显得非常重要。我们班依据合理地开发课程资源的课程理念,选择了"什么样的小朋友,最让同伴喜欢"这一课题开展综合实践活动。

【活动目标】

1. 让学生对什么样的小朋友在同伴的心目中最受欢迎有所了解,并形成简单的书面报告。

---

① 胡小伟,俞斌.综合实践活动[M].杭州:浙江人民出版社,2004:78.
② 韩美.综合实践活动天地[M].海口:海南出版社,2004:282.

2. 让学生学会搜集信息、整理信息的方法,能对信息做简单的对比、归纳及统计;提高与同伴和睦相处的能力。

3. 让学生通过这次活动,逐步形成做受小朋友欢迎的同伴的意识,并有与人合作的愿望。

【活动方式】

查阅资料、座谈访问、调查、交流、讨论。

从该片段活动背景的介绍中可以看出指导教师对学生们的观察细致入微,因此,"什么样的小朋友,最让同伴喜欢"这一主题的确立也充满了对学生的关怀。由此可见,学生生活中存在着许多可以作为综合实践活动课程主题的资源,学生的心理变化、班级中小组之间的关系、各个成绩层级内学生的想法和行为等都是指导教师应该注意并引导学生进行探究的重要资源。对学生生活领域问题的研究,利于学生更好地认识自己和他人,密切同学之间的联系,增加班集体的凝聚力。

案例 4-6

什么样的小朋友,最让同伴喜欢(片段2)

【活动过程】

一、具体进程

1. 确定课题。(2课时)。指导教师设置情境引出课题,并由全班同学讨论决定活动课题。

2. 分组与分工,研究活动方案(1课时)。全班同学分成四组,各小组讨论活动方案及小组成员分工。

3. 小组整理查阅所得资料和访谈调查所得材料,并得出初步结论(这结论应当由小组内成员讨论得出),最后形成调查报告。(1星期)

4. 根据调查报告自我反省、自我教育。(延伸)

二、活动纪实

第一阶段:选题、分组、制定计划

1. 教师设置情境引出课题"什么样的小朋友,最让同伴喜欢?"请同学们针对课题进行讨论,形成课题。

2. 经过讨论,全班自主选择了四个课题:

(1) 同伴喜欢什么类型的小朋友?

(2) 学习好的小朋友同伴就一定喜欢吗?

(3) 怎样才能成为受同伴喜欢的小朋友?

(4) 成为受同伴喜欢的小朋友会怎样?

3. 根据课题内容,采取自愿组合的方式,将全班分为四组。

4. 各组讨论制订活动方案。

第二阶段:查阅资料、座谈访问、调查

1. 小组分工。小组成员明确各自的分工,有的负责查阅资料,有的负责访谈、调查等。

2. 以小组为单位,将调查、座谈访问资料进行统计、整理、分析,形成调查报告。

第三阶段:讨论、汇报

1. 各小组交流讨论并修改报告。各个组员通过第二阶段的调查及联系自身的体验,都能谈"什么样的小朋友,最让同伴喜欢?"这个问题,但报告层面比较浅,没能深层次挖掘受同伴喜欢的原因,谈得不能让人心服口服。后来,个别组员提出引用有关"朋友"的名人谚语加深对"朋友"意义的理解,如:莎士比亚的"朋友必须是患难相济的,那才能说得上真正的友谊。"培根的"友谊使欢乐倍增,使痛苦减半。"这一建议得到了各小组的认可。最后各小组在原查阅、座谈访问、调查的初步结论上做调整,或引经据典,或深入浅出地讲道理,或举例子修改该组的研究报告。

2. 各小组汇报。

(1) 同伴喜欢什么类型的小朋友?

组员:王名龙(组长)、廖珊珊、陈梦园、王刚、篮小燕、王凯等。

活动方式:问卷调查、查阅资料、讨论。

第一组同学在教师的指导下设计了调查问卷,并对调查结果进行统计、分析。

"你喜欢什么样的小朋友"调查问卷

要求:请在括号里填上你满意的选项。

1. 你经常与哪一类型的小朋友交往?(　　)

　　A. 学习好　　　B. 文艺好　　　C. 讲文明礼貌　　　D. 乐于助人

　　E. 讲义气　　　F. 自己的事情能自己做　　　G. 有远大抱负(理想)

2. 学习成绩好的小朋友。你都喜欢吗?(　　)

　　A. 是的　　　B. 不是

3. 骄傲自满的小朋友,你喜欢吗?(　　)

　　A. 喜欢　　　B. 不喜欢

4. 你理想中的朋友应是(　　)。

　　A. 讲文明礼貌　　　B. 能给予我帮助　　　C. 德才兼备(学习好品德好)

　　D. 背后不说人坏话　　　E. 是非分明　　　F. 善解人意

　　G. 志同道合

表4-3 调查问卷统计表

组织调查人数:6人	调查问卷份数:336
调查地点:学校各班教室	被调查者:1～6年级各班抽一组学生(每班14份问卷)

结果如下：

题目序号	选项选择情况		两个阶段选项选择对比情况
	1～3年级(低段)	4～6年级(高段)	
1	86.1%选有ABCD，2%选有G、E	86.7%选有DEFG，65%选有A、C	高段选有A、C的比例有所下降，较低段更趋于理性
2	43.6%选A，56.4%选B	70.3%选B	高段看待朋友的视野更广
3	98%选B	100%选B	较一致
4	73%选有A、B、D，16%选有G、F	90%选有B、C、E、F、G	高段显得比低段更理性化

同学一般都喜欢各方面都好的小朋友。

第一种是品学兼优的小朋友。他们的知识面比较广，同他们交往，可以多学点知识；他们注意自己的言谈举止，和他们交谈，话中没有污言秽语，使人感到舒畅。

第二种是与自己有着相同爱好的小朋友。交友，讲究志同道合，两个人一旦有了共同语言，就有说不完的话，并且时常可以互相勉励，共同进步。

第三种是善解人意，帮助别人的小朋友。这种小朋友处处为他人着想，从不计较个人得失。与这种人交朋友，会感悟到友谊的可贵。

还有很多，这里不一一列举。相反，那些"利则相攘，患则相倾"的"损友"，以及高傲自大、心胸狭窄的人则令同伴厌恶。

第一小组的学生采用问卷调查、查阅资料和访问的方式进行活动，问卷调查的方式充分利用了身边的资源，即以同学为调查对象，调查统计了同学们对"朋友"的真实想法。从问卷我们可以看出，问题的设置涉及了学生生活的很多方面，相信该组的成员在设置这些问题时，即调查统计之前，便对"受欢迎的小朋友"应具备哪些品质已经有了初步的设想，而经过对问卷结果的分析会进一步证实他们的猜想。可以说，这一过程会使改组成员潜移默化地将诸多优秀品质内化为自己的思想品德并规范他们今后的行为。一言蔽之，对学生生活领域课程资源的研究效果是立竿见影的。

案例4-6

什么样的小朋友，最让同伴喜欢（片段3）

（2）学习好的小朋友就一定受同伴喜欢吗？

组员：吴卓伦（组长）、王坤、林荣、王舒柔、符明查、李玲等。

活动方式：查阅资料、座谈访问、讨论。

第二组同学在第一组调查问卷的基础上，用座谈会的方式抽查访问了各年级的学生：为什么学习成绩好的小朋友，有的让同伴喜欢，有的却不受同伴欢迎呢？

结果如下：

学习成绩好的小朋友往往会受到同伴的喜欢。其一，是自己在学习生活中遇到什么不懂的问题，就可以向他们请教。而不用再处于想破脑袋也找不到答案的境地。其二，他们就像一个警钟一样提时刻提醒自己，不能偷懒，要努力学习，迎头赶上。其三，通过接触交往，可以知道成绩好的同学是怎样学习的，借鉴他们的学习方法，使自己能用最快、最轻松的方法达到最好的学习效果。其四，学习成绩好的小朋友经常受到老师、长辈的表扬和器重，和他们交朋友，至少面子上也沾点光。这些成绩优异，受同伴欢迎的小朋友都有一个共同的特点：不骄傲自满，十分谦虚，还常常帮助学习有困难的同学一起进步。有些学习成绩好的小朋友却不受同伴欢迎，因为他们自以为学习好，看不起学习成绩差的同学，过于自傲。而一些学习成绩不是很好的同学，有很多同伴愿意同他们交往，因为他们知道自己学习成绩不如别人，所以，时时刻刻严格要求自己，谦虚好学；他们心地善良、乐于助人、关心集体。

（3）怎样才能成为受同伴喜欢的小朋友？

组员：邢菲菲（组长）、王婶婶、王如宾、违纪、符之觉、张柳珐等。

活动方式：查阅资料、座谈访问、讨论。

该组抽查各年级各班学生进行座谈：怎么样才能成为受同伴喜欢的小朋友？

结果如下：

第一，服饰整洁美观。你的衣着要整洁美观，要与你自己的身份相符，同时要照顾你所在班级的群体习惯。

第二，习惯面含微笑。笑脸迎人，就会给人一种温暖亲切之感，如果你老是板着面孔，即使心地善良的、对人友好的，周围的人也会感到不舒服，别人会尽量回避你，有话少说，无话可说。可见，笑能让人愿意与你交往，笑能讨人喜欢。你应该学会微笑，习惯面含微笑。

第三，注意言谈举止。言谈举止文明礼貌，不要以为是"小事"、"小节"满不在乎。比如，别人谈兴正浓时，你却硬插进去打断人家的谈话；听同学谈话时，二郎腿高跷,东张西望,心不在焉;到同学家随便翻别人的东西……都会引起同学对你的反感。

第四,不要卖弄自己。在同学面前切勿夸夸其谈,卖弄自己知道得多、懂得早。因为在你自认为最得意的时候,往往是别人最讨厌你的时候。须知:过于自傲、目中无人、唯我独尊,开口便是"我如何如何",只顾自吹自擂的人,下次将没有人再愿意与你交谈。

第五,善于赞美别人。人都希望能得到别人的赞美,赞美的词语也是最易入耳的。赞美别人通常不是太难的事,因为每个人多少总有一些值得赞美的东西。孔子说:"三人行,必有我师焉。"当然,这里所说的赞美,是指诚心诚意、实实在在的赞美,而不是言不由衷的阿谀之语。

第六,多多帮助别人。同学学习有困难,你主动去帮助他,他一定很感激;你有好书,不妨主动拿出来让他看看,他一定很高兴;同学要托你办事,即使你一时办不成,如能主动解释为什么帮不了忙,他也会对你有好感。此外,有幽默感,如果当别人遇到不愉快的事。也许通过你的一句话,就调节了沉闷的气氛。而且,对人要宽宏大量,人们常说:"多一个朋友,就多一块陶冶情操的砺石,多一份战胜困难的力量,多一个锐意进取的伙伴。"最重要的还是要有自知之明,知道自己的长处和短处,发扬优点,改正缺点,同伴才愿意、才喜欢和你交往,做朋友。

(4) 成为受同伴喜欢的小朋友会怎样?

组员:陈海佩(组长)、赵方哲、洪珍珍、王敦文、黄验、袁超凡等。

活动方式:查问资料、座谈访问、讨论。

该组组员运用资源共享的方法解决了第一手资料匮乏的问题。组员们主动向其他三组借阅相关数据与资料,并和他们交流想法,还通过座谈会的方式抽查访问了五、六年级的学生。

结合访谈和各小组的交流讨论,得出以下结果:

成为同伴喜欢的小朋友最值得骄傲的是朋友很多,并在平凡的生活中领悟到最有价值的友谊。……就像古罗马的西塞罗所说的:"世界上没有比友谊更美好、更令人愉快的东西了,没有友谊,世界仿佛失去了太阳。"高尔基说的"真实的十分理智的友谊,是人生最美好的无价之宝"。所以,世上才出现了钟子期和伯牙这对知音,出现了马克思和恩格斯的伟大友谊。常言道:在家靠父母,出门靠朋友。没有朋友将寸步难行,没有朋友的人也是世界上最可怜、最孤独的人。如同俄国的克雷格夫所言:"紧急的时候得到的帮助是宝贵的,然而并不是人人都会给予及时的帮助。"受同伴喜欢的小朋友,他们平时不断提高自身素质和修养,真诚待人,乐于助人,与他人友好相处,平日送去的这份友谊使他们的生活快乐,而当他们自己遇到困难时,同样能得到他人的帮助。这就是友谊的魅力所在。

所以,讨论这一话题的真正意义是教育我们小学生应从小正确认识自己人际交

往中的不足,改正缺点,发扬优点,学会尊重他人,理解他人,具有与人合作的愿望,做个受同伴喜欢的小朋友。俗话说:"人生得一知己足矣。"同学们交友要以诚相待,希望同学们身边的密友、诤友越来越多,友谊之花永开不谢。

后面三组都是以交流讨论的方式进行活动,每组的主题都以第一组的结果为基础层层递进,首先是产生"学习好的小朋友就一定受欢迎吗?"这一疑问,经过交流,得出结论:学习成绩优秀只是诸多优秀品质之一,不能作为判断一个伙伴是否受欢迎的唯一标准。进而引发学生们思考"怎样成为受同伴欢迎的小朋友?"和"成为受同伴欢迎的小朋友会怎样?"。我们可以发现,每一阶段的主题都是沿着学生们的思路产生的,与学生的相关性极高,并且四个阶段循序渐进,最终落实到规范学生行为上去。

案例 4-6

什么样的小朋友,最让同伴喜欢(片段4)

【活动结果】

一、活动给孩子们的行为带来新的变化

实践活动结束后,到老师办公室打小报告的人没有了。同学之间多了一份信任,多了一份责任心,心与心贴得更近了。平时那有些冷淡的面孔已被一张张充满期待、饱含热情的面孔所代替。教室里经常听见这样的声音:"我来帮你!""你这道题做错了,应该这样……""莱莱今天生病没来,他的作业我来帮他。"……在孩子们的心中已经有了能为别人着想的想法,在别人困难时能主动地伸出友谊之手。更可喜的是,孩子们心中已有了一把衡量"朋友"的尺子。

在老师与家长的交流中,有的家长反映孩子懂事多了,自信心增强了,能有选择的交朋友了。全班同学的关系更密切了,在家里也经常看见孩子们一同学习,共同讨论的情景。

二、活动给孩子们的学习方式带来了变化

1. 在本次活动中,孩子们学会了收集资料、整理资料与访问调查的方法;学到许多课堂内学不到的课外知识,为孩子们的终身学习提供了宝贵的经验。

2. 提高了学生的自主能动性。此次活动后,课堂气氛和各种活动场面明显活跃,学生的组织能力比以前增强,很多活动都由他们自己设计、自己组织开展的,如出板报、助残活动、欢庆六·一活动、劳动实践等都放手让他们自己去做,效果很好。

3. 促进了同学间的友好合作。在课题展开的各个阶段,孩子们除了通过小组合作、班级合作,甚至是跨班级、跨年级的合作,发挥团结互助的团队精神。

4. 发展了综合运用知识的能力。从学生自身生活体验到确定活动课题，孩子们主动地获取知识、应用知识，在查阅资料、访谈调查及讨论等一系列活动中发现和解决问题，体验和感受生活，发展了综合运用知识的能力与实践能力，也增强了创新意识。

三、活动给孩子们找回了自尊与自信

这一活动，帮助学生特别是后进学生建立起积极进取的人生态度，重新找回自尊与自信。

这是从学生自身生活领域开发资源，让学生在综合实践活动课程中关注自我的典型案例。该班师生将"什么样的小朋友，最让同伴喜欢"这一主题分为"同伴喜欢什么类型的小朋友？""学习好的小朋友同伴就一定喜欢吗？""怎样才能成为受同伴喜欢的小朋友？""成为受同伴喜欢的小朋友会怎样？"这四部分进行探究，势必要观察身边受欢迎的和不受欢迎的同学，从他们身上总结优缺点，观察学习好的同学是否受欢迎，进一步理解到"品学兼优"的含义并认识到培养优秀品德的重要性，最重要的是观察自己并进行反思总结，发现自身不足并加以改正，正所谓"见贤思齐焉，见不贤而内自省矣。"在此案例中，学生生活是最重要的课程资源，要注意的是，这里的学生生活包括自己的生活和其他同学的生活。

二、从社会生活领域开发资源

学校的课程计划往往对社会学科采取粗暴的态度。但我们要注意，一个人的社会地位应高于他作为生产者和消费者的地位。我们应该使他了解：他能够而且必须在社会生活中发挥民主作用；他作为个人或集体的一员，能够把社会变得更好些或更坏些。我们应该使儿童养成一种世界观，使他按照这个世界观生活，使他能够决定他的未来前途。[①]

学会共同生活，这也是杜威所提倡平民主义教育的两个重要条件之一："养成共业的习惯。共和国的——就是平民主义的国家的——第二要素，就是人人须共同作业，上面我们说的发展个性那是固然，但是我们所要发展的个性不是互相冲突的个性，是要互相吸引的个性，譬如原子必须互相吸引方可成就一种物体，我们做事也需如此，怎么样可以算作共同作业呢：譬如在上的人出了一个主意，叫那在下的人去做，那在下的人就不可不去照做，不管它是有利于我的，或者有害于我的，因为在下的人唯一的职责是服从，那便是专制，不是共同作业。又譬如，在上的人专门替那在下的人想出善良的法子，做出善良的事情去救济帮助那一般在下的人，不管它是否有利于自己，那一种人固然可以算作好的了，但是只能说他是行仁政，不是共同作业。何以呢？因为专制的是只有

---

① 联合国教科文组织国际教育发展委员会. 学会生存：教育世界的今天与明天[M]. 北京：教育科学出版社，2009：11.

在下的人做,仁政的事,只有在上的人做,专制的利益,只有在上的人享受,仁政的利益,只有在下的人享受,那都是不合于共同作业的原理,共同作业的原理是一个团体里头的各个分子都要同时做事。做事的效果要是各个分子同时都享受着利益,我们把这个原理应用到学校一方面去,那么学校里的事情不单是校长做的,也不单是教职员做的,连学生也要共同做的。做事情的结束,要不单是校长受益的,也不单是教职员受益的,也不单是学生受益的,要使得学校里全体的人都受到益处,既然如此,每有一桩事情发生,我们就该分工的努力去做,连学生在内不可有互相排挤的手段,不可有互相猜忌的意思,大家互相吸引起来,把这桩事情做好,然后大家平均去享受这事的利益,所以我们不可遏抑学生做事的机会,须得引起他们做事的兴味,不用专制的手段去强迫他们做事,要用温和的手段养成他们共同作业的习惯。"①

教育的使命是教学生懂得人类的多样性,同时还要教他们认识地球上所有人之间具有相似性并且是相互依存的。因此,从幼儿开始,学校就应抓住各种机会来进行这一双重教育。② 教师要完成这一使命即要使学生学会生存,培养能够应对人与人之间、群体之间、民族之间关系的能力。而这些关系,恰恰是组成社会生活的重要部分,是学生建立自我与社会联系、认识社会、探究社会的突破口,是综合实践活动课程的来源。

(一)关注国家,选择主题活动内容

"格物、致知、诚意、正心、修身、齐家、治国、平天下",这是根植于中华民族血脉中的家国情怀,虽然当今世界,越来越注重个人的发展,但依然只有在群体中才能谈个人。全球化的趋势使得我们必须先了解他人、了解国家、了解相异体、了解世界,才能谈个人的发展,当然,没有上述五个了解,个人也能有所发展,但这种发展,只能局限于自己的方寸之中。因此,教师必须引导学生重视以国际视野关注国际的、国家的大事件,从新闻中获取信息、发现问题、分析原因、探寻规律,从而提高学生的政治素养、使学生认识到自己与国家大事的距离并不遥远,从基础教育阶段就把培养国际型人才的目标融入教学中去,显然,综合实践活动课程是最好的载体,国家生活是综合实践活动课程的重要资源。例如:长江小学顾婉艳老师带领学生们就宁波创建国家组卫生城市这一个热点话题,对此,确立了一个综合实践活动课的主题"我为创卫出份力",正好学校附近社区有一次大型的"你丢我捡"活动,于是教师组织学生也去参加了,并且指导学生,利用节假日深入生活,通过查阅资料、调查采访等方法,对宁波的卫生状况有个了解,如有多少垃圾处理站,有多少废水处理站,人们普遍的卫生习惯和状况如何,小河污染整治的情况等。③

(二)关注社区,选择主题活动内容

"学校教育的成功很大程度上取决于社区对教育的重视程度。当人们高度重视教

---

① 周洪宇,陈竞蓉.民主主义与教育——杜威在华演讲录[M].合肥:安徽出版社,2013:25.
② 联合国教科文组织.教育:财富蕴藏其中[M].北京:教育科学出版社,2015:56.
③ 胡小伟,俞斌.综合实践活动[M].杭州:浙江人民出版社,2004:79.

育而且很想受到教育时,周围社区就会赞同和支持学校的使命与目标。"①基于学校与社区联系的迫切需要和越来越密切的合作趋势,综合实践活动课程需要依托社区的人力物力资源,社区资源具有与学生生活相关性强、内容广泛、开发难度小、层次鲜明、便捷实用等特点,教师应引导学生充分利用社区的资源,从而增强综合实践活动课程的可行度和现实关切度。

三、从自然生活领域开发资源

法国杰出教育家卢梭曾说:"大自然希望儿童在成人以前就像儿童的样子。"他认为,教育的来源有三个方面,即来自自然的、来自周围的和来自外界的事物。我国疆域辽阔,山川秀美,蕴含着丰富的物产,为综合实践活动课程提供了极为丰富的资源,包括地貌资源、水体资源、动植物资源、气候资源等。

关于自然资源的开发,郭元祥老师有以下见解值得我们学习:在自然界的博大胸怀中,学生可以陶冶情操、生发灵性、自由活动。自然资源的开发与利用可以通过下列途径进行:

(1)了解本地存在的主要资源,可以列表对它们做一个大致的统计,如森林、风景区、河流、湖泊等。

(2)学生提出问题,然后充分利用本地自然资源解决问题。

(3)让学生亲临自然,发现问题,解决问题。自然资源丰富多彩,当学生身临其境,不知不觉中就会引发许多问题,比如看到一棵小树死亡,学生就有可能会想到,小树为什么会死亡,什么样的小树更容易死亡等问题,那么他们探究的兴趣也就油然而生了。

(4)挖掘地方特色自然资源。挖掘地方特色自然资源既可以让学生学到探究问题的本领,还能增强学生对本地区的了解,增强学生的自豪感。

走有山区特色的综合实践活动之路(片段)

这一年,我们的整体活动精彩连连。其中"家乡旅游景点探究"一组最为亮丽,以卓东榕老师为首的课题组老师,精心谋划,身先士卒,步步紧跟,把小组成员分成若干项目组,各自负责,各自探究,分工合作,反复求证,走山路、攀险涯、探幽洞、寻古迹、访名士、做调查、谋规划。单是为了探清云封山名洞——蚵幅洞,东榕、建量老师就用摩托车载学生去了3次,其中艰辛不言而喻。这种执着的态度,这种敬业的精神,是令人感动,令人钦佩的。"宝剑锋从磨砺出,梅花香自苦寒来",正因为我们的师生能坚定信心,充满耐心,百折不挠,坚持不懈,以期末一篇《走进尺五云海》结题报告获得泉州市一等奖、福建省二等奖,与此同步制作的"翔云中学综合实践活动网页"获泉州市一等奖。中国教育报记者李建平于2004年6月11日夜临我校

---

① 联合国教科文组织国际教育发展委员会.学会生存:教育世界的今天与明天[M].北京:教育科学出版社,2009:86.

采访时,充分肯定了我校综合实践活动取得的成效,并于 7 月 27 日在中国教育报发表了《放假了,到实践中体验精彩——近看福建南安翔云中学综合实践活动》的专题报道,这些都是难得的荣誉。"问渠哪得清如许,为有源头活水来",我们知道,这成绩的取得,主要应归功于学校领导的重视支持,归功于全体师生的同心协力,齐心拼搏。但我们也深知,成绩是动力,也是压力,万里长征刚起步,只能前进不能歇。

第四节　小学综合实践活动课程资源开发的程序

与国家课程资源不同,综合实践活动课程资源不是来源于固定的教材,而来源于广泛的学校、社会和自然领域,但我们仍须依据一定的目的、需求、规划对课程资源进行开发、选择、改造和利用。不同的开发主体由于其课程资源观、知识能力、实践经验等方面的不同,开发出的课程资源在广度和深度上也会有所差异。因此,课程资源的开发利用需要一套规程,即符合课程资源开发规律的一般程序,这种规程介于概念和步骤之间,既有概念的普适性又比概念更加具体、既有步骤的程序性又比步骤更加灵活。

一、激发学生兴趣

爱因斯坦曾经说过:"兴趣是最好的老师,兴趣永远胜过责任感。"独特性和具体性是学生发展的基本要求,适应学生个性发展的需要是综合实践活动课程的应然要求,每个学生都有自己的兴趣和特长,综合实践活动应立足于为满足每个学生兴趣和特长的发展创造空间。在综合实践活动课程资源开发的过程中,我们应抓住学生的这一心理特点,引导学生主动地、积极地思考自己感兴趣的问题,可以用主题班会的形式,让学生集中讨论,各抒己见,教师可以对学生感兴趣的问题以表格的形式汇总,将汇总结果展示出来,并设定一些与课程实施相符合的要求让学生共同分析,以下是学生兴趣分析表格的样板(见表 4-4),仅供参考,教师和学生们可以根据自己学校的情况加以调整和完善:

表 4-4　学生兴趣话题统计表

姓名	感兴趣的问题	其他学生的感兴趣度	问题的价值	可实施度

根据这样的表格,教师和学生能够对大家所感兴趣的问题有比较清楚的了解,便于集体讨论、分析和选择更加适合作为综合实践活动课程的主题资源。

二、搜集和整理资料

依据课程的主题、目标和学生的兴趣搜集合适的资料,并对资料进行分析。同样,可以根据综合实践活动课程资源的不同分类,将资料分表格罗列分析。表4-6至表4-10是根据来源分类绘制的若干表格,包括校内人力资源、校内物力资源、学生家庭资源、社区资源和自然资源。

当综合实践活动课程的开展涉及校内人力资源时,可以先将资源按照姓名、特长、职业、联系方式等信息整理成表格,进行初步筛选。与物质资料不同,人力资源由各种不同职业、不同性格的有自主性的个体组成,教师应指导学生在通过人力资源获取信息时注意交流方式,因此,在表格中的备注一栏中,可以对交流中需注意的一些问题进行记录,见表4-5。

表4-5 校内人力资源统计表

姓名	职位	特长	所提供的资源	利用此资源过程中生成的新问题	备注

校内物力资源可以说是综合实践活动课程开展中最易于获取的资源,也是利用频率较高的资源,首先考虑校内物力资源可以增加活动实施的便利性,但是校内物力资源种类多样,系统地整理分析可以使各种校内物力资源的各方面特点和使用方法一目了然,既有助于在活动开展前学生选择出最有利于课程实施的资源,也有利于学生在活动过程中随时记录所利用资源的新特征,作为以后综合实践活动课程的有效资源。校内物力资源统计表见表4-6。

表4-6 校内物力资源统计表

名称	功能	数目	开发难度	开发中遇到的问题	利用此资源过程中生成的新问题	备注
图书馆						
操场						
教室						
实验室						
…						

建立完善的家长信息表利于学生合理选择和充分利用家庭资源来支持综合实践活动课程的开展,同时便于教师在以后的综合实践活动课程选题过程中充分考虑学生家

庭资源。家庭资源档案表见表4-7。

表4-7 家庭资源档案表

学生姓名	家庭成员姓名	关系	职业	特长	联系方式	备注

综合实践活动课程的开展在因地制宜的基础上，应让学生尽可能多地开发社区资源，以加强学生与社会的联系，使学生初步接触到社区内的各种角色和职业，从而体悟人际交往过程中需要注意的原则，教师在这一过程中应做出正确的引导，使学生形成正确的价值观。社区可用资源统计表既可以帮助教师了解学生生活环境状况，并依据现状对学生做出正确的引导，又可以帮助学生筛选和利用主要资源的主要特性来开展综合实践活动课程。社区资源统计表见表4-8和表4-9。

表4-8 社区人力资源统计表

姓名	性别	职业	单位	社区角色	特长	备注

表4-9 社区物力资源统计表

名称	功能	开发方式	开发难度	问题与困难	生成的新问题	备注

自然资源种类丰富，在开发和利用自然资源之前，建立详细的资源档案十分有利于师生一目了然地分析各种资源对综合实践活动课程的有益之处，并能有效地根据主题选择最优资源，开发出最优资源的最大价值。自然资源统计表见表4-10。

表4-10 自然资源统计表

名称	功能	与主题的相关度	开发难度	开发过程中生成的新问题	备注

考虑到综合实践活动课程培养学生自主探究能力的宗旨，课程资源开发过程中的这些表格应由学生自主制作完成，教师可以进行一定的指导。每个学生都应具备一个综合实践活动课程资源档案袋，使课程资源随着档案袋的完善越用越多，学生思维随着资料的整理和分析越来越清晰和开阔。

案例 4-7

综合实践活动天地海口市英才小学

曾德平

【学校及活动背景】

海口市英才小学创建于 2000 年,是海口市直属小学。学校坚持走科研兴校之路,坚持把学生和教师的发展作为学校工作的出发点和归宿点。学校在这几年开展了"关于环保——呵护我们的家园""新课程理念下的师生关系"等课题研究。我校还是综合实践活动课程的一个试点学校,并参与了省综合实践活动课程实验课题,在主题的开发、课程的实施等方面进行一些研究工作,下面"生活中的卡"是我们研究的又一课题。

【相关人员及事件】

2003 年 9 月,制定综合实践活动课程实验研究计划;参加海口市综合实践活动课程实验研究研讨会;综合实践活动教师讨论拟订课程实施方案;综合实践活动教师学习、培训。课程资源成为可再生资源、可循环利用的资源。2004 年 4 月:设计《开展综合实践活动学生问卷调查表》《开展综合实践活动家长问卷调查表》。

【课程设计与实施】

一、大家一起来了解综合实践活动

(一)教师学习

综合实践活动是一门新的课程,要开设好综合实践活动课,必须认真学习有关综合实践活动的理论和实践经验,提高对综合实践活动课的认识。

(二)沟通家长

通过给家长的一封信,向家长介绍开设综合实践活动课的目的和意义,同时对家长提出了五点要求:

一要支持。请支持孩子参加该项研究,在研究的过程中,孩子需要外出调查、做访问、参观,不要因为安全的问题,就让孩子放弃研究;也不要担心学生少了学习时间,事实上学生开展研究活动也是在学习。

二要尊重。要求家长不要站在成年人的立场上评价学生所研究的问题,觉得他们研究的问题太大、太幼稚、太深奥等。要尊重他们,他们去研究自己感兴趣的事情。

三要放手。当孩子在研究的过程中遇到了问题,千万不要包办,马上告诉他该怎么办,不要怎么做。哪怕明知他这样研究下去会没有结果的,也不要指出。让孩子自己去探索,去体验。

四要引导。孩子研究的过程有成功也会有失败,要适时给予引导,提醒孩子进行总结和反思。

五要合作。我们真诚地希望家长能成为我们学生研究组的导师团成员,希望在学生研究活动中能得到家长热情的帮助。

海口市英才小学作为综合实践活动课程的试点学校,曾开展过"关于环保——呵护我们的家园""新课程理念下的师生关系"等课题研究,并曾参与省综合实践活动课程实验课题,具备一定的理论基础和实践经验,因此,在课程资源的开发、利用和整合方面有一定的积累。对于像海口市英才小学一样,在课程资源方面有一定积累的学校,应该在以后的综合实践活动课程中增加创新意识,做到"旧资新用"。"旧资新用"有两层含义:一是在资源开发的深度上下功夫,即深度挖掘每种资源的新型利用价值;二是从旧资源的各个放面探寻其与其他资源的联系,并筛选出可作为综合实践活动课程的资源。在逐渐建立起综合实践活动课程资源库的同时,能够充分利用好资源库,使其处在动态循环中,才能使综合实践活动课程的资源开发充满活力。

案例 4-7

二、确立研究主题

怎样确定活动主题?综合实践活动的问题从哪儿来?是很多老师会关心的两个问题。其实主题来源于学生的生活,离生活越近,吸引力和感召力越强!《生活中的卡》就是我无意中发现的一个课题。

上课铃声响了,我正准备走进课堂,可是五(2)班还是闹哄哄的,几乎所有的孩子都围在一起,于是我凑了过去,想看看究竟是怎么一回事。原来吴树环同学带来了一本小册子,里面收集了各式各样的漂亮的卡,因为孩子们总对新鲜事物有着强烈的好奇心,大家都投来了美慕的目光。孩子们对卡如此感兴趣,兴趣是最好的老师,只有有了兴趣,他们才会全身心地投入,这能不能作为一个活动的主题呢?是不是学生们感兴趣的话题都适合作为综合实践活动的主题观?学生的年龄小,思维发展水平不高,接触社会的时间也不长,这个主题的研究是否有价值,是否对学生的成长有利,内容是否积极,是否适于学生研究?它的必要性、可行性和现实指向性如何?带着这几个疑问我首先进行了一个小小的调查研究。

我选取五年级两个班共120名学生作为抽样样本,进行调查。

"卡的使用"调查问卷

1. 你使用过卡吗?
    A. 使用过   B. 未使用

2. 你用过哪类卡?
    A. 银行卡   B. 游戏卡

3. 你是否收藏卡?
   A. 是　　　　　　B. 否
4. 你所使用卡的来源：
   A. 父母　　　　　B. 亲戚　　　　　C. 同学　　　　　D. 朋友

调查得出这样的结果：所有的学生都有对卡有一定的认识，其中72%的学生自己亲自使用过卡。这个调查结果表明卡不仅仅走入了成人的现实生活，也走进了学生的现实生活，学生们对卡的研究将会帮助他们更快地适应现代社会，真正做一个"社会人"！通过这个调查我的心里有底了，无论是从学生的兴趣来说，还是从主题研究的价值来说，这完全可以作为一个生活的主题。但这时候，我不能主观确定这就是综合实践活动的主题，因为学生才是主人！于是，我又与孩子们共同聊了聊卡，卡到底有哪几种？卡在人们生活中有多大的作用？卡有哪些优点和缺点？与他们反复协商交流，归纳提升，最后全班共同确定了活动主题——"生活中的卡"。

综合实践活动主题的确定要基于儿童兴趣，基于儿童对自然、社会和人自身的关注。从活动的一开始，就确立了学生在综合实践活动中"主人"的地位。作为指导教师，我窃喜，兴奋……因为兴趣将是孩子们实践活动的源泉。为了让主题活动更有序更有成效地开展下去，在活动开展之初，我对活动实施过程中可能遇到的问题和困难进行了设想，并制定了相应的解决方案：

[片段评析1]

在确定主题的过程中，该指导教师善于在日常生活中发现可作为综合实践活动课程开发的资源，指导教师发现了学生对卡感兴趣后并没有将这一现象忽略，而是进一步思考是否可以利用学生的兴趣所在开展综合实践活动课程，这一点充分体现了这位指导教师具有很强的资源意识，能够将综合实践活动课程的资源开发与学生生活密切联系起来。我们还可以发现，该教师并不是仅仅根据某一次观察到的现象就确定了主题，而是在做了详细的调查后，确定该主题是大部分学生感兴趣的内容，并与学生共同讨论后，才确立了主题，体现了教师具有较为先进的教育理念，始终把学生放在第一位，这种做法，是将课程资源的开发权和利用权充分赋予学生，使学生在综合实践活动中学会如何开发、利用和整合资源。

案例4-7

三、方案的确定

1. 组成研究小组

活动主题确定以后，尊重学生的选择，让学生自愿组织活动小组。在自愿组成

活动小组的过程中,产生了一系列问题。有的学生成了"抢手货",有的学生成了"弃儿",有的刚过了半天就改变主意重新组合。为什么有的学生不受欢迎,大家不愿和他交往合作?怎样做才能受别人欢迎?在和别人交往合作中有哪些技巧?通过教师指导、帮助,一个个研究小组组成了。同时,认真分析了学生在组成小组过程中出现的心理特点,归纳了小组组成的影响因素,如空间因素、人格因素、指导因素等。这是学生交往合作中很正常的现象,这一问题的出现,恰恰为教师对学生进行合作交往教育提供了良好时机,抓住这一良好的教育时机,教师根据具体情况有针对性地做了指导,从而培养学生合作意识和合作能力。

[片段评析2]

学生自由成立研究小组的方式可以使学生对同伴关系有更加深刻的理解,合作在综合实践活动中扮演着重要的角色,因为只有学生和同伴、教师、家长等建立良好的合作关系,才能在活动过程中事半功倍,换句话说,与他人合作也是对人力资源充分利用的一种表现。另外,在组成研究小组的过程中,指导教师根据学生的心理特点,归纳了小组组成影响因素,这种做法实际上是对学生资源的深入利用,在教学过程中,同学间的关系是一笔非常宝贵的课程资源,可以从中开发出很多与学生成长密切相关的主题,是综合实践活动课程资源开发的一个主要方向,案例中该指导教师的做法值得借鉴学习。

案例4-7

2. 建立问题记录本

在我教的四个班中,每个参与综合实践活动课程的学生都建立了一个问题记录本,将生活中随时发现的问题都记载下来。他们提出了好多关于卡的问题:卡是什么时候产生的?是哪个国家发明的?使用卡应注意什么问题?哪些卡最常用?

我和几个班干部就学生提出的问题进行归纳提炼,制定出指导方案。将活动分成了几个阶段:集卡阶段、统计阶段、搜集卡资料阶段、调查访谈阶段、亲历使用卡阶段、设计卡阶段、总结阶段。

活动目标:

(1) 认知目标:

① 认识生活中的各类卡。

② 知道各类卡在人们生活中的作用。

③ 学会使用卡。

(2) 情感目标:

感受到与他人合作的快乐,培养团队意识。

(3) 能力目标：

在访谈中锻炼口才，提高社会交际能力，激发学生对卡进一步的研究。

指导要点：

(1) 你研究的问题题目是什么？

(2) 你是如何进行研究的？（方法、手段）

(3) 你们是如何合作分工的？

(4) 在研究的过程中有没有意外的发现？是什么？

(5) 在这次活动中，你最大的收获是什么？

每一阶段在老师的指导下分小组有计划实施完成，既给了孩子们自由的空间、自主观察探究的机会，又尽力让每个环节落到实处，让他们能真正学会如何去研究一个事物，如何制定计划，如何小组分工，以下是学生制定的计划表，见表4-11，表4-12和表4-13。

表4-11 "卡"调查计划表

调查目的	
调查对象	
参加人员	
具体分工	
调查方式	
调查结果 优点	
缺点	
调查中的体会	
我们的建议	

表4-12 "卡"调查报告表

调查人员	
调查方式	
卡的名称	
卡的作用	
心目中的卡	
最常用的卡	
建议	
调查中遇到的困难	
调查结论	

表4-13 学生活动记录评价表

活动主题		活动时间	
组长		组员	
分工			
评价	小组评价		
	教师评价		
	家长评价		

[片段评析3]

此案例中,师生在实施"生活中的卡"这一研究活动前采用表格等方式对活动计划、实施等方面涉及的信息做了详细的记录,这种方法在本章搜集和整理资料部分,曾经做过简单的介绍,列表格的形式可以使开展综合实践活动的思路更加清晰,使师生对活动过程中需要开发利用的资源有更加全面的了解,在这里借用这一案例再次展示资料的整理在活动中的重要作用和便捷之处,希望能对读者实施综合实践活动课程有所帮助。

案例4-7

四、活动实施过程

第一阶段:卡的收集和统计

要研究卡,必须对卡有一个总的认识。于是在班级里就开始了一个"集卡总动员",自由组合小组进行收集卡的比赛,比比哪组收集的卡最多。

花絮1:A:我们这一小组收集了88张,比他们多很多!B:你们一共有7个人啊,我们只有4个人,你们7个人共收集了88张,我们4个就收集了56张,平均起来是我们收集的多!

花絮2:A:我找我爸爸妈妈要,我爸爸妈妈不给我。师:为什么呢?A:爸爸妈妈说卡里面有钱,怕我弄丢了。师:还有没有同学有过和他一样的情况?B:有!爸爸妈妈说银行卡里面有几千块钱呢,所以不让我带来!C:我有个好方法,可以收集没钱了的卡啊!我收集的都是手机充值卡,钱充到手机里面去了。

以下是学生收集的各种卡:(略)

卡收集了这么多,到底我们生活中常用的卡有几种呢?学生当场提出了这样的问题。于是我顺水推舟,让他们以小组为单位对卡进行分类统计,在分类统计中出现了不少有趣的画面,给我留下很深的体会:综合实践活动不是单一的,它会对其他学科起到一定的促进作用。

学生们用了不同的展示形式:表格统计法、条形统计图等。

在表格统计法展示过程中,出现了这样的一个小故事,一组生把表格画反了,我及时和孩子们商讨,由他们自己发现问题,予以纠正。这样的评价既具体、及时又有效。

第二阶段:对卡的观察和探究

卡上很多东西引起了学生的好奇心:漂亮的图案、怪异的标志符号、条形码、英文字母等等。每个孩子都争先恐后地提出了他们感兴趣的问题:1. 卡上的条形码有什么作用? 2. 标志符号是根据什么标准设计的?怎么样才能设计出防伪性很强的卡?……我对有代表性的问题进行了归纳和提炼,并对有需要的学生给予及时指导。

接下来,对同一问题感兴趣的同学组成一组,将自己的问题写下来,带着问题,他们开始了探究活动,首先确定小组研究方案,在方案中我指导他们进行了分工,并适时给他们以适度的指导,一个好的方案将保证他们的活动更顺利,更有效。第二步按方案分头行动,一组到商场访谈,一组到电信局了解情况,一组上网找有关资料,一组学生到银行亲自使用卡,我通过小型摄像机把学生亲历的全过程拍摄下来(有录像)。

每个学生成小组的活动并不是预设的,如何记录下每一个镜头呢?自从开设综合实践活动课程后,学校在各方面都给予支持,专门配置了设备和电教负责人员,全程跟踪,为学生的活动服务。学校还提出了要求:每次活动都要随时记录,收集各种资料,不论是文本的还是音像资料。

[片段评析4]

笔者认为,这一案例的实施部分可能会对读者有所启发的是其在课程资源的生成性方面的展现。尤其是第二阶段对卡的观察和研究,学生们的好奇心产生了许多新的研究主题,卡上的条形码有什么作用,标志符号是根据什么标准设计的,怎么样才能设计出防伪性很强的卡,等等,这种以学生兴趣为主线发展的、没有任何预设条件的活动,完全依靠学生的自主研究,更能锻炼学生的独立探究和自主创新能力。综合实践活动课程资源的生成性是一个很值得深入研究的特性,学生经常对活动过程中生成的新问题进行自主研究,有助于形成良好的问题意识并培养独立解决问题的能力,可以说,问题意识和独立解决问题的能力是创新能力的基础,读者在开展综合实践活动课程的过程中应对资源开发的生成性给予足够的重视。

案例4-7

【总结交流】

在总结交流阶段,我打破了传统的由老师主持的方法,把主持的主动权交给能力较强的学生,让学生在综合实践活动的汇报交流活动中,对自己前期的研究工作进行交流与总结。孩子们以小组为单位，先介绍小组名称、研究主题、研究过程、研究方法，最后展示研究成果进行答辩。第一小组研究的主题是卡的用途，他们用考试的方式进行汇报；第二小组研究的主题是卡的设计，他们通过投影展示他们设计的各种各样的图，第三小组自编自演相声，说明了卡存在的问题；第四小组用调查报告的形式介绍卡的现状。

……

学生们还自由畅谈了他们的感受和体验，诉说他们在综合实践活动过程中的酸甜苦辣。张坤同学谈的是"找人真难"，钟僧同学谈的是"爸爸妈妈责怪浪费了学习时间"，吴树环同学谈的是"当组长的苦与甜"，吴凡同学谈的是"不守时的惩罚"，刘京京同学谈的是"遇到问题要自己想办法解决"……有同学在日记中写道："虽然我爸妈不让我使用银行卡，但通过这次活动我会使用电话卡了，我真高兴。"还有的学生设计出了宣传单、办了展览。通过这次活动他们的确收获颇多，家长们也说自己孩子参加活动后变化很大。

在了解卡的使用过程中，孩子们发现了卡的优点和不足，生成了很多新问题，并设计出未来的卡的样子。有的孩子说，这是一张多智能卡，里面存储了很多芯片，功能齐全，有的说可以用指纹代替密码，防止盗取……孩子们的想法连我们成人有时都自叹不如啊！

【活动的拓展与延伸】

活动进行到这里，并没有结束，因为他们在活动展开的过程中，生成了很多新的问题。比如有的学生对卡的图案产生了兴趣，有的学生对卡的内部结构产生了兴趣，有的对卡的安全性产生兴趣，有的对卡的收藏产生兴趣，活动的深入引发了学生的兴趣，活动还将延续下去……

【活动的反思】

活动结束后，我也进行了一些自我反思：

一、主题开发，着眼生活

兴趣是最好的老师，活动主题的选择归功于学生生活。充分关注学生的兴趣和直接生活经验，让他们能依据自己的兴趣去实践和探索。作为一个系列活动，孩子们如此的响应，作为指导教师，的确感到欣喜。生活不仅仅为学生提供了鲜活的学习材料和活动主题，更极大地激发了他们参与活动的愿望与积极性。尽管活动需要孩子们去收集卡、使用卡，但他们仍然乐意花费心思，尽其所能去完成，这让我感到一旦教育中包容了生活本身，那么这种教育就具有了极强的生命力，综合实践活动正是如此。对五、六年级的抽样调查结果让我感受到卡在现实生活中的重要意义，这不正是主题来源于生活，又回归于生活中吗？

二、不拘一格，创新实践

针对不同的主题活动，结合实践活动课程的组织方式、活动形式、成果展示方式也可以各有不同。对此,我在"生活中的卡"这一主题活动的开展中进行了一些尝试。当然,并不是所有的综合实践活动都能采取这一模式,它的实施模式应根据主题的不同而不同,教师在设计活动时不要为某一模式所限,要用创造性的思维去实施每一次综合实践活动。

三、亲力亲为,在做中学

学生们将自己使用卡的经历在"聊一聊"的环节中"侃"出来,激发了他们的表现欲,教师对学生获取的信息有了了解,并且引导学生产生了新的问题。我们不仅要关注学生间接经验的获得,如上网查资料等,更重要的是创造条件让学生获取直接的经验。在前期的实验中我们过于注重间接经验的获取,例如访问、调查、找资料等,学生获取信息的面窄,而忽略了体验、实践等,学生只有到具体实践中扎扎实实地去"做",去"考察",去"探究",才有可能生成新的问题,使活动能够更好地延续。

这次活动让我看到了学生的热情。回顾这次活动的全过程,我深深地被学生不懈探究和自主创新的精神所感动。活动还没结束,随着这一系列活动的深入开展,孩子们将更加成熟,我也将由台前走向幕后,看着学生在成功、自信的学习生活中快乐地成长。

【案例评析】

这是一个可以体现综合实践活动课程资源开发多方面特性的案例,主题设立贴近学生生活,有较高的现实关切性,准备阶段对各种资源的整理和分析详细明确,实施过程中思路清晰并对生成性的资源加以充分利用,学生从活动的主题确立阶段到活动的总结评价阶段都占主体地位。整个案例层次分明,每一部分都很完整,能够比较鲜明地展现出师生是如何利用课程资源的特点进行综合实践活动课程资源的开发和利用的,希望笔者选择这一案例能对读者有所帮助。

三、综合实践活动课程资源的评估

(一) 综合实践活动课程资源的切合性评估

资源的切合性是指所开发利用的资源是否切合课程的主题、目标,是否切合学生身心发展水平以及学生的知识经验水平,是否符合学生的兴趣需要并激发学生的思维。应选择符合学生"最近发展区"的资源,辅助学生在原有知识经验水平上更进一步,以满足学生需要,更好地促进学生的发展。

(二) 综合实践活动课程资源的可行性评估

资源的可行性评估是指在综合实践活动课程结束后,对所开发和利用到的资源进行逐一分析,分析在开发利用该资源时是否会遇到困难,开发利用难度的大小,在以后的课程中如果需要再次利用该资源是否还有难度,对于每种资源的开发是否会耗费太多的时间和精力,如果会,那么是否能够找到其他的资源进行替代,等等。对课程资源的可行性评估有助于再次加强学生的分析能力,使学生习得如何在多种选项中找出最优选项,同时也能为以后的综合实践活动课程提供便利。

(三) 综合实践活动课程资源的生成性评估

综合实践活动课程资源的生成性评估是指逐一分析在学生开发和利用资源过程中,该资源是否可以引发学生思考出更多具有探究意义的问题,并且这些问题具有转化成综合实践活动课程。如果存在这类资源,教师应引导学生在评价的同时对该资源进行详细的记录,可以通过表格的形式建立档案,记录资源的名称、功能、特性、开发过程中生成的新问题等,以备在后面的综合实践活动课程中作为主题或资源进行再次利用,使综合实践活动课程资源成为"可再生资源"。

思考题

1. 如何充分发挥综合实践活动课程资源开发的生成性特点,实现课程资源的"可再生"?
2. 思考综合实践活动课程资源评估的重要性。

第五章
研究性学习及其案例评析

- 研究性学习的定位与课程价值
- 对小学阶段研究性学习的审视与思考
- 以案例探索研究性学习的应用与实施

第一节 研究性学习与审视反思

教育部于2000年1月颁布《全日制普通高级中学课程计划（试验修订稿）》首次增设"综合实践活动"模块，包括研究性学习、劳动技术教育、社区服务和社会实践四部分的内容，其中研究性学习作为高中必修课程，要求平均每周9课时，三年共288课时。这一课程于2000年9月在课程改革的省份实行，在2002年秋季全国范围内执行开来。与此同时，新一轮的基础教育课程改革将初中与小学的综合实践活动列为必修课程，第一次确定了综合实践活动在我国中小学的角色与地位，其对传统教育的冲击为我国基础教育改革注入新鲜的血液，反映了政府对该课程的独特认识与推崇，这将是我国基础教育改革以来最深刻的变化。

研究性学习作为综合实践活动内容涵盖的一部分，与其他三部分内容相比，在概念界定、课程价值定位、课程实施等方面有较大的不同。很多教育工作者反映，对劳动技术教育、社区服务、社会实践这三部分有着明确的目标与想法，在具体操作中有丰富的资料可以参考，唯有对研究性学习闻所未闻，这对教育工作者而言确实是一项不小的挑战。

一、研究性学习的课程价值定位

研究性学习的开设是国际课程改革的必然趋势，也是知识时代与信息时代对我国基础教育课程改革的必然选择。其开设强调学生的主动探究与实践能力，为学生提供真实的情感体验与真实受用的知识，表达了学生对探究学习的现实诉求与时代对教育的期望。

那么，什么是研究性学习呢？

研究性学习作为学生主动探究的一种学习活动，在具体的教学过程中通过问题提出和解决来创设一种类似科学研究的情境，让学生在收集资料、处理信息过程中获得真实的体验，培养主动探究、分析与解决问题的能力。

作为一种全新的课程形态，其对传统教育的冲击为素质教育的推行提出新的尝试与实践，那么"研究性学习"和现有的课程相比，有何独特的价值呢？

（一）以"问题探究"为载体，学会发现问题并解决问题

研究性学习要求教师根据学生的日常生活与社会生活来确定研究课题，由学生决定感兴趣的课题进行进一步的探究。问题的选择可以纯理性思辨，也可以进行实践探究，可以是课堂内容的延伸，也可以是社会现象的探索，其选择的丰富性为学生留下较大发挥的空间。以"问题探究"为载体开展活动，较以往课堂教学发生了本质的变化，知识不再局限在某一学科领域，而是学生对知识的交叉、积累和运用，为学生经验的获得提供更广泛的途径。同时，对教师而言，也成为极具挑战性的教学任务。由于没有可以规范化的教材进行教学，在课程实施过程中存在大量不确定的因素，如进行课题选择、课程导入、活动步骤、结果呈现、评价方式等都需要更敏锐的意识与精准的把握，深刻认识到自己作为课程实施者的角色定位，改变以往的教学方式，培养新的教师智慧。

（二）以"实践"的学习方式促进学生能力的提升

以往的学科教学强调教师对知识的传授，而研究性学习强调学生在实践中主动探究、动手实践获得所需要的发展。众所周知，间接性的书本知识可以通过传授、书本习得，而直接的经验和个人能力的提升只有通过实践的方式才能获得。学生通过实践才能获得终生实用的知识，培养自我发展的能力。

实践作为一种学习方式，与空间意义上的社会调查、查阅资料不同，社会调查、查阅资料都是实践活动的具体形式，而实践活动强调学生通过自己提出感兴趣的问题并进行解决获得新的感悟与体验。现实生活中可以采取多种方式进行实践活动，如学生的社会调查、校外采访、校内资料查阅、与老师同学的交流等。

（三）研究性学习重视学习过程的情感体验

以往的学科教学过分关注学生学习的结果，通过标准化测验对学生的学习结果进行量化。而研究性学习与以往的学科教学不同，它不注重学生成果的最终呈现方式，也不关注学生最后的结果是否科学而又精确。学生通过一系列的实践活动，在过程中获得最直接的体验，在与同伴、社会人士的交流中获得自我提高与发展，懂得团队合作的重要性，由衷体验到研究的艰辛与快乐，这样的体验是很难在其他学科中获得的宝贵经验。研究性学习课程的主要目的也是关注学生实践的过程，让学生获得最真实的体验

与感受,获得解决问题的能力与人际交往的能力。

总而言之,研究性学习与现有课程相比,更突出它的实践性、自主性与过程性。通过转变学生的学习方式来获得更深刻的创新能力与实践动手能力,这也是素质教育推崇的理念和各国基础教育改革的核心所在。由于它对传统的教学模式产生了巨大的冲撞和震荡,能否顺利实施好研究性学习,也成为我国基础教育课程改革的重点和构建现代课程体系的关键。

二、审视反思——对小学阶段研究性学习的思考

自研究性学习在全国各省市高中实施以来,很多小学也纷纷效仿,进行各种形式的研究性学习。由于高中阶段学生经验的特殊性与开展活动的局限性,很多活动和经验较难在小学阶段试行,这确实成为很多小学校长和教师的困扰。很多小学直接套用高中的研究性学习模式,发现在实行阶段存在很多问题,大部分的活动不知所措,无从下手。如何让研究性学习在小学阶段实行并发挥有效性,也成为我们目前关注的重点。

首先需要明确,无论什么样的学习形式,其本质上都是一样的。作为全新的课程形态的研究性学习亦是如此,它的课程目标、课程理念与课程价值追求在中小学阶段都是一样的。但是由于小学阶段的学生知识结构、身心特征、人生阅历、认知水平有限,在实际的教学活动中也会有很大的差异,这也决定着小学阶段实行研究性学习独特的教学模式与具体实施办法。这对小学教师而言提出了更高的要求,不仅需要教师的教育智慧,更需要教师借鉴经验,真正走进研究性学习中,获得问题分析与处理的能力,促进研究性学习的顺利开展。下面是我们对小学阶段研究性学习的思考。

(一) 教师角色定位的转变

以往教学中,教师是知识的传授者,教师只需要借助现有的知识对学生进行授课即可。研究性学习打破教师的权威,很多知识教师一下子难以回答出来,教师失去对学生的垄断和对专业的独到优势。这样的变化让教师开始真正关注学生的现实需求,教师放下架子与学生共同讨论交流,平等的师生关系也在师生互动中逐渐建立起来。

同时,由于很多问题教师从未涉及,在专业性上难以做出准确的答复,这就让教师更多关注自己的知识储存量,激发教师学习的热情,提高教师的专业素养与智慧,为教师的终身学习提供广泛的途径。

最后,教师真正体验到学生在研究性学习中的主体地位,教师成为活动的参与者和指导者,学生的自主探究与实践成为一种必然选择,这也要求教师不断更新自身观念、知识结构与工作方式,不断在教学过程中完善自己、充实自己,获得更多的情感体验与发展。

(二) 教师有的放矢的指导

高中阶段的研究性学习可以放手让学生自己去做,但是小学阶段基本没有可行性。教师需要有的放矢地对学生进行指导,不可不管,也不可过分管,把握指导的尺度尤为重要。

在进行研究性学习活动之前,教师可以根据学生的现实生活提供几个可选择的课题,在进行多次活动之后,学生对课题有了深刻的把握,了解了如何选题后教师可以让学生自主选择,并根据多种课题进行筛选,选择合适的课题进行研究。研究性学习需要学生上网查阅资料获得知识,这就要求学生掌握上网的方式与方法。教师应进行相关的经验报告,让学生明白如何进行资料的收集,如何寻找与自身课题相关的资料,如何选择有用的资料,如何分析资料的有效性。教师的指导应及时有效,确保学生在每一个环节都能顺利进行。

在实施活动过程中,教师也需要及时指导,包括学生实施过程中的安全问题、交流合作的问题以及出现困难时教师的鼓励与支持。但是这种指导需要把握一定的尺度,不能全盘接收,如果学生一有问题教师就马上解决,学生就缺少了自我思考与独立探究的能力,对学生而言并不能获得深刻的体验与有效的发展。

第二节 研究性学习案例评析

案例是对一系列实际情境的描述,借以问题解决的行为和方式来为有需要的人提供指导与帮助。研究性学习作为综合实践活动课程的重要组成部分,对小学教师而言实施起来有较大的困难,对教师素养与教学智慧而言提出更高的要求。案例作为教师指导的一种,可以给教师提供解决问题的新思路和新的典型模范。

托尔曾经说过:"一个出色的案例是教师与学生就某一具体事实相互作用的工具,是以实践生活情境中肯定会出现的事实为基础所展开的课堂讨论,它是关于某种复杂情景的记录。"案例中涵盖了很多问题,包括教师如何提出问题,选择合适的课题,如何引导学生开展活动,如何收集资料,如何对学生成果进行评价,等等。这些案例都是一个个鲜活生动的教育经验,教师可以通过这些案例,熟悉自己活动中存在的问题,并找寻合适的解决办法。需要明确的是,案例确实有指导教学的意义,但并非毫无漏洞,十全十美。教学情境、指导方式不同就会产生不同的案例,不能别人研究什么自己就研究什么。在案例学习中,教师要具体问题具体分析,根据案例的背景与学生的经验有所取舍,注重对案例的分析并发现其存在的特殊性与活动价值的有效性。案例是借鉴的对象,但不一定是最适合自己的。随着时间的推移,研究性学习在小学的普及,相信会出现更多优秀的案例来丰富我们的综合实践活动。

以下本书综合现有的小学研究性学习实践,选编典型突出的三篇案例,力图通过活动目标确定、主题选择、内容确立、资源开发、活动实施、活动评价等方面提供一定的理论启发与现实指导。

案例 5-1

洒金桃叶可作油漆污染的指示物

适用年级:四年级
涉及领域:应用科学
学校名称:控江二村小学

【简介】

当学生路过刚装修过的电化教室,闻到教室内刺鼻的油漆味……这时候,同学们惊奇地发现,放在教室门外不远的几盆花卉中,有一盆不知名植物的绿叶变成了暗褐色,并逐渐枯萎,这引发了学生们的好奇心。在教师的指导下,学生进行讨论,会不会是油漆使植物的绿叶变了色?

【活动目标】

1. 通过实验,了解油漆中二甲苯试剂物质使植物变色、枯萎,发现科学知识的新奇性与趣味性。

2. 在与同伴的交流讨论中,锻炼人际交往的能力和团队协作能力。

3. 在主动探究的环境中,培养收集资料、分析问题并解决问题的能力。

【实施过程】

一、准备

首先,学生觉得第一步要做的是,查询一下该植物叫什么,它的习性又是什么,是否因遇到油漆的气味而枯萎。于是,小组成员决定回家分头查阅有关的文献资料后来校交流。第二天,同学们来到学校,都不吭声,看样子是一无所获。于是他们向周老师寻求帮助。周老师告诉他们,首先要仔细观察植物的外形特征,然后去找寻有关的书籍。周老师又介绍了一些书籍,如《少年儿童百科全书》、《现代家庭养花手册》、《花鸟鱼虫赏玩词典》等。

经同学们查寻得知,该植物名称是洒金桃叶珊瑚,属山茱萸科常绿灌木,叶片上洒有黄色斑点,叶边缘有粗齿牙,喜温暖,耐阴湿,既可地栽又宜盆养,是室内绿化的好植物。得知是什么植物后,就是该怎么做,但学生对此毫无方向,于是大家就七嘴八舌地讨论起来:"要是能做一做不就知道了吗?""对啊!这也是一种可以采取的方法,叫实验探索法。"教师就学生的提议展开一堂有关实验方法的单项训练课。教师着重指导了以下两种方法:

1. 观察法。在实验时,直接观察。

2. 实验探索法。可控制性、比较(对照比较、相对比较)。

二、制订实验方案

接下来,师生共同讨论,以模拟的方法进行实验。该怎么做呢?同学们互相询问,有没有同学家里最近新装修。询问了半天,答案是没有。那可怎么办呢?教师在旁边说了一句:"医生发明了一种新药,不能直接给病人吃,总是先找小白鼠做实验。"这时张力同学站起来说:"我们能不能自己造一间模拟的教室呢?"同学们觉得这个建议好,大家在老师的指导下,积极行动起来。同学们首先寻找小实验玻璃缸五只、古象牌聚氨清酯涂料一瓶、新鲜的植物叶子数片。

那么在什么地方涂油漆呢?有同学说:"在玻璃上涂,四周玻璃上涂一层,像教室的墙壁一样,多方便啊!"马上就有同学反对:"在玻璃四周涂了一层油漆,那么观察植物的变化就不方便了?"那么,到底该怎么办呢?这时,老师建议学生:"同学们,你们不是要模拟一间教室吗?想一想教室四周有什么?我们该用什么来代替呢?"同学们在老师的启发下恍然大悟,对啊!教室四周有护墙板,我们可以用木板来代替。有同学说:"玻璃缸很小,用的木板要薄一点,我家里装修的护墙板就是用三合板做的。我们就用三合板吧!"大家觉得有道理,于是决定用三合板。根据玻璃缸的尺寸,在老师的指导下将大小适合的三合板放入实验玻璃缸内,模拟室内的地板和护墙板,用作涂刷油漆的基材。

有的同学说:"那么我们就开始做吧!把刷过油漆的三合板放进玻璃缸内观察它的变化不就行了。"马上就有同学提出反对意见:"你怎么知道洒金桃叶珊瑚一定遇到油漆变颜色?不遇到油漆,也许过一段时间它也会变颜色呢""到底遇到多少油漆它才会变颜色?"老师适时地夸奖这位学生,"请大家想一想该怎么办?"王怡婷同学说:"我们可以多利用几个玻璃缸,一个里面什么也不放,然后逐个依次增加放入油漆过的三合板的个数,同样的实验条件,比较一下不就知道了。"真是个好主意,于是大家就采取比较的方案进行实验。

同学们首先将聚氨酯清涂料按比例调和,刷于缸内木板上(仅刷一面,各缸涂刷面积不一样),漆膜厚薄力求板面上各处一致,然后用盖板盖在缸上。模拟室内油漆现象。然后,从花盆中洒金桃叶珊瑚枝端剪下当年生翠绿的叶片数片,在放入实验的容器时,刘玮韦同学说:"别把枯黄的叶片放入,以免混淆实验的结果。"这一句话提醒了同学们,大家都认为,为了使实验的结果更具真实可靠性,每片叶片上颜色力求相近,用透明胶带将叶柄粘于玻璃缸内壁。剪下的叶片中取一片作为实验中对照的样本。采用肉眼观察对照法,观察缸内叶片变色所需时间(各实施缸除油漆面积不同外,其余实验条件相同)。

有同学说,家里装修涂油漆的时候,总要在里面加一种东西,妈妈说是稀释剂,但稀释剂到底是什么?老师接着这个同学的话告诉大家,这是聚氨清酯涂料的稀释剂——二甲苯。王怡婷同学说:"我知道二甲苯也有味道,那么二甲苯发挥气体对洒金桃叶珊瑚叶片有无影响?"教师说:"对啊!探索二甲苯对植物叶片的影响有很大意义。"

学生们讨论后准备用和油漆一样的实验方法——比较实验法。所不同的是,玻璃缸换成了集气瓶。但总不能将二甲苯滴在叶片上,所以老师帮助设计了一个液体挥发台(见图5-1)。

实验时取集气瓶三只、自制液体挥发台两只、封闭瓶口用的塑料纸与橡筋圈、二甲苯试剂(古象牌)、洒金桃叶珊瑚叶片三片(叶片上颜色力求相近)、滴管一支。

分别将三片叶片放入集气瓶内。1号瓶不滴二甲苯;2号瓶用滴管在瓶内上端液体挥发台上滴1滴二甲苯;3号瓶滴4滴二甲苯,用塑料纸、橡筋圈封闭瓶口。另选一片叶片作对照材料,肉眼观察变色状况。实验结果见表5-1:

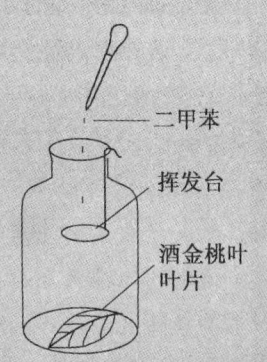

图5-1 集气瓶实验示意图

表5-1 比较实验结果

瓶号	瓶内二甲苯(滴)	变色时间
1	0	48小时后仍无变色
2	1	40分钟后局部出现变色现象
3	4	30分钟后局部出现变色现象

【结果分析】

从聚氨酯清涂料对洒金桃叶珊瑚叶片影响的统计结果分析,可以看出:涂刷面积越大,植物变色时间越短;涂料中含二甲苯试剂越多,植物变色时间越短。

【讨论】

1. 洒金桃叶珊瑚叶片与聚氨酯清涂料及二甲苯气体有变色反应现象,我们查阅了十多种有关文献,均无类似报道,这是我们观察实验中首次发现。

2. 我们认为变色的原因是聚氨酯清涂料与二甲苯挥发的气体通过叶片的气孔进入后,扩散到叶肉组织,它能破坏细胞中的叶绿体,叶片逐渐失去绿色,发生枯焦现象,最后慢慢死亡。

3. 聚氨酯清涂料及二甲苯气体都会使洒金桃叶珊瑚叶片发生变色反应,且气体浓度越高,反应时间越短。

4. 有资料介绍聚氨酯清涂料与二甲苯气体对人体均有一定毒性,所以居室装修"油漆"时,我们应昼夜打开刚刚油漆过的房间门窗,散发气味。如果没有气味了,我们还可将盆栽的洒金桃叶珊瑚放入房间内,做油漆的指示物。

【学生的体会】

经历"科学研究"

我是上海市杨浦区控江二村小学五(4)班的学生王怡婷,十分高兴能向大家介绍我参加探究型课程学习的体会。

> 探究型课程是一门全新的课程,当老师告诉我们要学习这门新的学科时,我可好奇了!我参加研究的第一个课题是"洒金桃叶珊瑚可作为油漆污染的指示物",该课题荣获"第五届全国生物与环境科学实践活动"一等奖。回忆我的研究经过,至今历历在目。那是在装修多功能电化教室的时候,我和同学们在新装修的教室那儿玩,可当我想和同学说话的时候,突然发现门口的几盆花卉中,有一盆变了颜色。好奇心激发了我们的思考:是不是那刺鼻的油漆味使植物变了色呢?如果是的话,其他植物遇到油漆味是否也会变色呢?这一现象一下子就勾起了我满脑子的问题。我想要揭开这些谜,最好的方法就是实验。于是,我们开展了许多实验。经过我们的努力,在老师的细心帮助下,我们的实验终于取得了成功!我们的心情真是无法形容。我很有成就感,这毕竟是我们第一次经历的一项"科学研究"。
>
> 以前总听大人们说,谁搞科研啦!谁获奖啦!总觉得是很有知识的人才能做到!没想到我们小学生也能做到,有时想想真是不可思议!当然,这其中也包含老师的心血。对此,我感慨万分,一分耕耘,一分收获啊!通过这次活动,我不但发掘了自己的长处,而且同样看到了自己身上的不足,知识面还不够广,视野还不够宽阔。但通过活动,我们学到了许多原本课本上没有的知识,学到了许多科研的方法,最重要的是体会到了,身边的点滴小事都能产生很大的效应,关键要养成仔细观察、认真思考的好习惯。
>
> (2005年10月1日)

【案例分析】

这篇案例摘自小学研究性学习网,编者在严格的筛选后,对被选案例做了一定程度的加工与修改。不难看出,这篇案例内容丰富,条理明晰,组织与实施过程有章可循,学生反馈良好,是一篇值得借鉴的优秀案例。下面我们就该活动的目标确定、主题选择、内容确立、资源开发、实施过程、评价这几个维度进行分析与思考。

一、目标确定

关于课程目标,是在培养目标与教育目的具体化下的表现。课程目标的确定,必须综合儿童、学科、社会三个维度进行筛选。关于研究性学习的目标取向,与传统课程在功能、价值上有较大差异。研究性学习作为全新的课程,以学生感兴趣的问题为着眼点,强调学生亲历探究、亲身实践培养创新意识,获得解决问题的能力、探究能力。其指向主要集中在培养学生探究意识、实践能力、团队协作能力、创新能力,不再仅仅追求对学生系统知识的传授,也反映了新时代教育对人才培养结构的要求与素质教育对人才全面发展的追求。

在《洒金桃叶可作油漆污染的指示物》这篇案例中,其活动目标设置有三点,分别是培养学生对科学知识的兴趣与热情、培养学生人际交往与合作能力、培养学生分析问题与解决问题的能力。总体而言,目标设置符合研究性学习对学生知情意行的发展要求。

第一,本篇案例尤其注重学生自主分析与解决问题的能力,通过多渠道收集资料、整理思路、得出结论，最终实现问题解决。不难看出，学生在活动过程中学习并掌握了一些科学实验的技能和方法，形成科学探究的态度和自主解决问题的能力，在日后处理相关问题时有相关的经验与思考。第二，关于人际交往和合作能力的目标设置情况。研究性学习以开放的空间为学生提供人际交往与沟通的渠道，小组与小组之间、学生与教师之间、学生与家长之间的积极合作与交流，为活动的顺利进行提供了保障，也促进了各小组成员之间平等的交流与合作，养成学生之间交流、分享、乐于合作的精神，对学生的社会性发展是有利的。

值得注意的是，本篇案例中忽视对学生亲身探究的体验和实践的目标设置。因为案例中适用年级为四年级，较低年级学生相比，他们心智、知识、情商更为成熟，可以胜任自主探究和实践的工作。我们在活动过程中也发现了教师对学生的指导以及学生积极主动探究的欲望，这里可以适当进行调整，将"养成对科学知识的兴趣与热情"设置为"培养独立探究的意识与主动实践的能力"不失为更好。

二、主题选择

教师可以从多方面寻找主题。主题的选择可以由学生感兴趣的问题产生，也可以教师从多方面启发学生或者教师让学生从可供选择的课题中选择其一进行探究。如：教材中与研究性学习有关的主题；学生在生活、社区中、校园中发现的引起兴趣的内容；日常生活中不平常的内容；社会热点内容；学生的突发灵感等。

在本篇案例中，涉及的主要领域是应用科学，问题的来源是学生路过刚装修过的电化教室，闻到教室内刺鼻的油漆味并发现有一盆不知名植物的绿叶变成了暗褐色，并逐渐枯萎，这引发了学生们的好奇心。主题确定主要是学生无意的发现而引发的灵感，同时在教师的点拨下，确定了此次研究性学习的主题。

三、内容选择

《国家九年义务教育课程综合实践活动纲要》明确指出："课程的内容选择需要围绕三条线索进行，即学生与自然的关系、学生与社会的关系、学生与自我的关系。"作为一门课程，研究性学习在内容选择上需符合学生的学习规律和认知规律，做到由易到难，循序渐进，逐步提高对学生的要求。研究性学习是从生活中选择和确定专题来研究和解决问题，其学习和研究的内容领域是十分广阔的，主要涉及学生的学校生活、家庭生活和社会生活的各个方面。

在进行研究性学习的内容选择时，需要注意与学生的生活经验相联系。如在选题阶段，小学阶段学生更喜欢趣味性的问题或者是密切联系日常生活的问题。在活动方式上，小学生主要通过观察、实验、访谈、调查等方式进行研究。在研究的深度上，小学生较多地依赖形象思维，多集中在对事物表象分析层面。

同时，研究性学习应注重与现代科技发展相联系。小学生想象力丰富，思维敏捷，在很多方面有强大的创新欲望和探究空间，传统书本知识的传授已经难以满足学生的求知欲，这就要求教师在活动指导中可以开设与科学技术发展有关的活动，如：相关科普讲座、推荐科技书籍、科技馆展览等，以激发兴趣，启迪思维，开阔视野。与此同时，教师要积极鼓励学生大胆地提出问题及解决问题的设想。

在这篇《洒金桃叶可作油漆污染的指示物》案例中,教师所选择的内容是学生无意间发现的植物枯萎而引发何种物质导致这一结果的活动,内容取材于生活之中,贴切学生的现实生活,学生有更大的探究欲望。同时,教师注重在活动中对学生思维的启迪,如:教师循循善诱,一步步引导学生增设对照试验,并适时为同学们解疑聚氨清酯涂料的稀释剂——二甲苯这一物质的特性,这样的内容设置与指导原则在一定程度上促进学生对科学的求知欲与探究欲望,激发学生活动的兴趣,培养学生自主提出问题并分析问题的能力,对其他教师有一定的借鉴意义。

四、资源开发

国家规定了研究性学习课程名称和课时,制定了实施指南,但具体实施的内容和形式则完全由学校来决定,这就需要对研究性学习课程资源有充分的认识和高效的获取途径。在进行研究性学习的资源开发时,需要注意开放性、经济性、共享性原则。

在本篇案例中,既有以教师为主的资源开发模式,又有以学生为主的资源开发模式,"教师就学生的提议展开一堂有关实验方法的单项训练课"就是教师在现有条件下对学生感兴趣的问题进行课程设置,同时"同学们首先寻找小实验玻璃缸五只、古象牌聚氨清酯涂料一瓶、新鲜的植物叶子数片",也是同学们在教师的指导下合理运用生物实验室和化学实验室资源进行活动。

以学生为主的资源开发体现在"他们向周老师寻求帮助。周老师告诉他们,首先要仔细观察植物的外形特征,然后去找寻有关的书籍。周老师又介绍了一些书籍,如《少年儿童百科全书》、《现代家庭养花手册》、《花鸟鱼虫赏玩词典》等",这里可以看出,学生不断想从外界获取有效信息,以寻求老师帮助、查阅书籍等形式获得所需知识,也是资源开发的一种。

五、活动实施

在活动实施阶段,我们主要从活动过程来看,这里从人员组织、活动方法、活动过程中的教师指导等维度进行评析。

(一)人员组织

本篇案例中以教师和学生的共同参与为主。因研究性学习课程在小学阶段的开展以教师指导、学生参与为主,尤其这篇以实验为主的应用科学活动,对小学生而言自主的实施与进行有较大难度。这里教师采用全班参与、共同探讨的组织形式,而没有选择小组合作的组织形式,方便教师指导与管理,也为活动过程的顺利进行提供了保障。

(二)活动方法

这篇案例采用的方法主要是实验法、探究法。从案例不难看出,教师指导学生使用相关实验用具,进行对照实验,进而对结果进行分析,得出"油漆涂刷面积越大,植物变色时间越短;涂料中含二甲苯试剂越多,植物变色时间越短"的结论。

(三)教师指导

这篇案例中教师的指导比较及时且适度。如:学生在选择涂油漆地方时遇到了困难，教师适时问学生："同学们，你们不是要模拟一间教室吗？想一想教室四周有什么？我们该用什么来代替呢？"同学们在老师的启发下恍然大悟，可以用木板来代替。这里可以看出，教师为学生提供交流想法的机会与条件，在头脑中内化关于学生在活动中主体地位的观念，同时也不是放手不管，而是及时启发学生，让学生在思考中获得新的想法，使活动顺利进行下去。同时，学生在刷油漆时，有一名学生提出反对意见"遇多少油漆才能使植物变色"，老师及时夸奖这名学生，并让大家共同想出可行的办法。这里教师的做法可圈可点，鼓励与支持是学生进行活动的动力，也为学生提供榜样，提醒学生日后要多观察、多思考，大胆表达自己的想法，在不知不觉中学生的探究意识和个性得到发展。

总体而言，活动过程条理清晰，活动步骤明确，活动方式有效，教师指导及时，最终也得出想要的结论，不失为一篇好案例。

值得注意的是，教师应在每次活动时制定课时安排，即活动需要多少课时可以完成。对活动安排有合适的计划与步骤，这样才不会浪费时间，浪费资源。

六、活动评价

对一次研究性学习课程进行评价，需明确不单单是对活动目标完成情况、学生认知情况进行评价，更包括过程评价，即学生在活动过程中的表现；学生的感悟与体会，即学生对活动的感想与收获；指导老师的认识与体会，即教师在此次活动中的思考与把握。

（一）活动结论

在这篇案例中，学生在教师的指导下得出结论：油漆涂刷面积越大，植物变色时间越短；涂料中含二甲苯试剂越多，植物变色时间越短。这个结果的得出也进一步印证同学们的想法，科学知识与认知获得了提升。同时，在后来的交流讨论中，又陆续得出四点思考，也值得每个社会成员思考。总体而言，学生的目标达成完好，科学探究意识与能力获得提高。

（二）过程评价

这里的过程评价是教师在进行活动过程中对学生的即兴评价。这篇案例中，教师在评价过程中始终注意言语的鼓励，进行赏识教育。同时学生应在完成一次主题活动后，进行活动的反思与自我评价，明确下一阶段的目标。这里的自评从学习态度、组织合作、工作方式、工作能力多维度进行考量。这篇案例值得注意的是，出现了教师对学生的过程评价，未出现学生的自评。

（三）学生的感悟与收获

这篇案例以王怡婷的感悟为例，写下了对这次研究性学习的认识与收获。字里行间透漏出对科学知识的向往与完成实验的喜悦，也从侧面反映出研究性学习活动在小学的开展是成功的有效的课程。值得注意的是，这篇案例未出现教师的自我认识与体会，需明确，教师的体会与感悟是促进教师专业化发展的重要途径，也为教师在以后教学过程中提供经验与帮助，同时也会丰富研究性学习的宝库。

案例 5-2

蜂窝的启示

实施学校：新黄浦实验学校
学生年级：五年级

【活动主题】

宁波市至诚学校一位教师发明了六边形的课桌，现已在该校全面推广，取代了传统的长方形课桌。这一消息的出现，引发了学生想了解六边形课桌结构的兴趣。这种六边形课桌造型美观大方，且方便小组间同学的交流。以六边形课桌为研究性学习的主题开展活动迎合学生的取向，学生们一致认为需要进行更为深入的了解和认识。

结合我校校本课程开发，师生们经过共同商议，选择了"蜂窝的启示"作为活动主题。其原因有以下几点：第一，发明者设计这种新课桌的构思，受到了仿生学理论的启发，也就是大自然中普遍存在的——蜂窝。蜂窝在日常生活中比较常见，关于蜂窝的资料也是比比皆是，有活动展开的知识经验；第二，以"蜂窝的启示"开展活动，成本较低，活动延续性强，有利于同学们积极主动地参与，同时收集所需要的资料并分析资料，在观察思考中可以养成学生敏锐的观察力、实践能力和创新能力等良好的科学品质。

【活动目标】

1. 以蜂窝的结构、功能为活动媒介，掌握科学探究的学习方法——行动研究法，师生通过"提出问题—收集资料—制定计划—开展活动—解决问题—反思评价"的全过程，以活动的方式激励学生主动探究的兴趣，体验科学探究的乐趣，提高观察能力、解决问题的能力和实践操作的能力。

2. 在活动中体验与他人交流、合作的乐趣，明白科学成果的取得是在与他人合作的基础上得来的，养成良好的交流与合作的意识。

3. 通过观察与思考，了解蜂窝的结构以及功能，并有推移到其他事物中的想法，养成良好创新意识、创新思维和创新能力。

【活动过程】

一、产生问题

在一次"小小新闻发布会"上，主持人张天宇同学发布了一条消息："宁波市至诚学校一位教师发明了六边形的课桌，现已在该校全面推广，取代了传统的长方形课桌。"听到这条消息，大家纷纷议论了起来。有的说："六边形的课桌美观。"有的说："六边形的课桌可以方便我们小组讨论。"还有的说："我们什么时候也可以用上六边形的课桌?"

大家正议论着,主持人张天宇又补充道:"你们知道发明者是从什么得到启示的吗?他设计这种新课桌的构思,受到了仿生学理论的启发。大自然中,六边形的蜂窝结构巧夺天工,他从中得到启示,发明了六边形的课桌。目前设计者收到了国家知识产权局授予的专利证书。"哦,原来是从蜂窝的形状得到的启示。这一下,同学们又一次议论开了。

二、提出假设

"机灵鬼"周波尼大声说:"我们的教室也可以设计成蜂窝的形状。"

"这个主意好","小博士"张纯祺接着他的话题说道,"六边形的教室不仅美观牢固,还可以随意组合,如果是观摩课,听课的老师可以从不同的角度进行观摩。另外,我们可以在六面墙壁上进行创意布置。"

"智多星"张文俊接着发言:"我们用的教科书、本子、橡皮、卷笔刀都可以设计成六边形的。"

三、设计方案

老师听了同学们的议论,看出大家对这个问题很感兴趣,就说道:"既然同学们对蜂窝的形状很感兴趣,那么今天老师就布置一个作业,你来当一名小小设计师,仿照蜂窝的形状来设计仿生物,下星期的新闻发布会上,请大家交流设计图和设计思想。""耶!"同学们已跃跃欲试。

第二个星期的"小小新闻发布会"上,同学们纷纷上台展示设计图,交流自己的设计思想。同学们交流的内容除了上一次提到的六边形的教室、教科书、本子、橡皮、卷笔刀这些与学习有关的事物外,设计的内容已从校内延伸到校外,从身边延伸到社会,思路开阔,交流的内容也丰富了:六边形的窗户、六边形的花坛、六边形的建筑、六边形的人工湖、六边形的餐桌……

老师发现了同学们感兴趣的问题,及时地加以引导,"当一回小设计师"的活动,充分发挥了学生的想象力、创造力。在学生交流的基础上,老师引导学生进一步探究蜂窝的特点,引导学生从不同角度、不同方向、不同层次来进行探究。

四、研究过程

老师首先肯定了同学们的设计图和设计思想,然后说道:"蜂窝,是蜜蜂或大黄蜂筑的巢,腹面有整齐有序的六角小孔,给人以遐想。那么,蜂窝除了六边形的特点外,还有哪些特点呢?"这时,同学们你看我,我看你,一时答不上来。过了一会儿,班里的"读书大王"洪振涛站起来说:"我在一本书中读到,科学家通过对蜂窝的观察研究,发现蜂窝的六角结构如同有机化学的苯环结构,是最稳定的一种结构。""还有哪位同学知道蜂窝的其他特点?"教室里又是一阵沉默。

忽然,一位同学举手说:"老师,我可以利用双休日到图书馆去查阅一下有关资料。下个星期再来交流。"又有一位同学站起来说:"我家有电脑,我可以上网下载关于蜂窝的资料,上网查阅资料既快又内容丰富。"老师听了两位同学的建议后,因势利导,让同学们进行小组讨论:我们可以用哪些方法来搜集资料?通过讨论,同学们又想到了许多搜集资料的方法和途径:访问生物教师、请爸爸妈妈作指导、做做小实验、到实地去考察……老师给大家明确了任务:"接下来我们要做的工作就是进行搜集大行动!同学们可以利用各类资源、各种方法和途径进行搜集活动。"

同学们自由结合,成立了探究小组,纷纷到图书馆、老师推荐的网站进行搜集,该项准备活动经历了两个星期,同学们搜集到不少关于蜂窝的资料。课上,同学们对此进行了交流。

"仿生学家对蜂窝的结构颇为重视,并已经制造出了工程蜂窝结构材料。这种材料重量轻,强度和刚度大,隔热和隔音性能好,现已被广泛地用在飞机、火箭和建筑结构上。"

"江苏省高邮市最近研制成功大孔系列混凝土砌块,并获得国家实用新型专利。该砌块按仿生学原理模仿蜂巢结构设计,以水泥、砂、碎石和煤渣等为原材料,采用离心脱水工艺,将细石混凝土放入钢模内置于离心生产线上加速旋转而成。经扬州市建工局质检站检测,产品强度高于粘土砖,与同体积粘土砖相比质量减轻1/3,成本价比粘土砖便宜20%,并具有保温、隔热、防潮和可替代模板的功能,是理想的替代粘土砖的产品。"

"蜂窝状结构起源于仿生学,科学家通过对蜂窝的观察研究,发现蜂窝的六角结构如同有机化学的苯环结构,是最稳定的一种结构。经反复实验,终于制造出了蜂窝状复合材料。这种材料最早应用于航空、航天等高科技领域,火箭的防护层就是蜂窝状。之后逐步推广,其原材料可以使用铂箔、塑料、牛皮纸等。蜂窝状结构制成的材料具有重量轻、强度高、韧性好、不易变形、抗压、抗冲击、防震、隔热、隔音等特点,随着其优点被公众所认识和接受,其应用的领域将越来越广泛。"

"我国是继美国、日本、荷兰之后,第四个能生产蜂窝复合纸板的国家。在国际上,这种新型材料已越来越受到重视。从材料力学的角度来讲,纸质的强度并不高,但其直立之后的立面强度要比其他方面的强度高75倍。如再对纸质进行固化处理,则可使每层纸的立面硬度增大数百倍,将这些纸制成特制的蜂窝状结构的纸板,可使千万张竖立起来的牛皮纸擎起巨大的负荷重量,为我们人类服务。"

"露蜂房腹面有整齐有序的六角形小孔,背面有一个或几个黑色突出的硬柱。体轻,似纸质,略有弹性,捏之不碎。蜂窝移动电话是20世纪80年代发展起来的一种移动电话。"

"蜂窝移动电话的服务区域(例如一个城市)被划分成若干个相邻的小区,每个小区有无线基站。基站负责将本小区内移动电话的呼叫传送到移动电话业务交换中心(移动电话局),并在移动电话局的控制下实现移动用户间通话的转接,以及移动用户与市话用户通话的转接。由于通常用正六边形来等效一个小区,而一个个相邻的正六边形小区酷似蜂窝,因此人们把如此划分服务区的移动电话系统称为蜂窝移动电话系统。"

听了同学们的交流,老师说道:"大家搜集到的信息很多,内容很丰富,涉及的面很广。我们可以从刚才交流的信息中加以筛选、提炼,概括地说说蜂窝的特点。"同学们你一言我一语地发表自己的看法。

"蜂窝是六边形的,像雪花的形状,很美丽。"

"蜂窝是苯环结构,非常稳定。"

"蜂窝体轻,略有弹性,具有抗压、抗冲击、防震的特点。"

"蜂窝有保温和隔音的特点。"

"蜂窝韧性好。"

"蜂窝还有防潮的特点。"

听了同学们的交流,老师追问道:"那么蜂窝为什么具有保温和隔音的特点?为什么韧性好?为什么还具有防潮的特点呢?"这一下,又激起了同学们的探究兴趣,大家决定进一步深入地研究下去,继续查找材料,通过做访问调查、做实验来探个究竟。

答案找到了,因为蜂窝是六面结构,体积较大,有一定的空间能储存空气,所以能保温;蜂窝是多孔结构的,可以帮助音场扩散,具有隔音效果;因为它是六边形的结构,加上它是蜂蜡做的,具有一定的黏性,韧性好,非常坚固;蜂窝的材料是用蜂蜡做的,多孔结构,所以能防潮。

在同学们再一次交流的基础上,老师又做了进一步的引导:"蜂窝具有这么多的特点,你可以根据一个或几个特点来设计仿生物,使之更好地为人类服务。"学生以探究小组为单位,尝试小小仿生物学家的工作,充分发挥想象力,各抒己见,投入小发明的活动中,共同完成表格见表5-2。

表5-2 仿生物统计表

根据蜂窝的什么特点	设计什么仿生物

又到了揭晓"谜底"的时候了,九个小组分别派出队员进行交流。两位同学自告奋勇地担任了记录员,老师和同学们兴致勃勃地听取了汇报。

马森鑫首先发言:"我家住在武宁路旁,马路上很喧闹,附近的轻轨也已开通,而我需要一个安静的学习和生活环境。我从蜂窝隔音和保温效果好的特点,想到可以设计一种蜂窝形隔音保温门窗,既有保温的性能,又可以减少噪声的影响,一举两得。"同学们听了频频点头。

刘荃丰同学代表第二小组发言:"我们小组的组员根据蜂窝防潮的特点,想发明一种蜂窝结构的家具,它具有防潮、防霉、防蛀的功效,是一种理想的家具。我们还根据蜂窝抗冲击力强的特点,想到可以设计一种新型的拳击袋、拳击手套。另外蜂窝有保暖、韧性好的特点。可以设计一种保暖衣裤,相信会受到大众的青睐。"听了刘荃丰的汇报,同学们都报以热烈的掌声。

王浩森平时爱看兵器方面的书籍,他的设想当然也离不开这个方面。他走上台振振有词地说道:"根据蜂窝重量轻,抗冲击力强,抗压和防震的特点,我设计了轻型坦克前装甲、贴式穿甲弹、新型的扫雷器和扫雷舰。"有同学反对说:"21世纪是和平的年代,我们不应该把重点放在改进兵器上。"这时,王浩森在一边幽默地唱道:"敌人胆敢来侵犯,打得他呀海底沉。""是不是用你设计的新型武器啊?""那还用说!"教室里传出了一阵欢快的笑声,交流还在继续进行着。

五、活动评价

学生学习科学的方法最好就是从事科学。科学不仅仅是一堆事实和理论,它更是一个过程、一种思考和探索我们所生存的这个世界的方式。探究课在教学过程中设计了一种类似科学研究的情境和途径,为学生提供了学习、思考、查找、发现、探究和发展的时间和空间,强调发现并获得知识的过程,让学生通过主动的探索,发现和体验生活,使学生的潜能得到发展。

"蜂窝的启示",从学生感兴趣的问题引出了一段探究历程。在探究过程中,学生学会了发现,学会了观察,学会了思考,学会了搜集和整理信息,同时也学会了与同学合作。在"小小设计师""搜集大行动""小小发明家"的探究活动过程中,学生的创新精神和实践能力得到了进一步的培养,为学生的可持续发展提供了有利的条件,而这些正是素质教育的核心内容。

【案例分析】

下面,我们对《蜂窝的启示》这个研究性学习活动案例进行评析,主要从目标确定、主题选择、内容确立、实施过程和评价这五个维度研究。

一、目标确定

在上一篇案例中,我们已经解释了研究性学习的目标确定种种原则。科学的理论为确立研究性学习目标提供了依据,新型人性论的知识观、人本主义心理学观、多元智能理论的研究与发展都为研究性学习目标的确定提供理论依据。在确定研究性学习目标时,需明确而具体,能很好地指导、激励和检验研究性学习的效果,促进学生的认知、情感和社会性发生质的变化;而在具体实施中,因研究性学习在我国尚属姗姗起步阶段,很多问题亟待解决,对于研究性学习目标存在着定位不清、认识模糊、把握不住等问题。

《蜂窝的启示》这篇案例中,目标从三个维度进行定位,第一,掌握科学探究的学习方法——行动研究法,师生通过"提出问题—收集资料—制定计划—开展活动—解决问题—反思评价"的全过程,以活动的方式激励学生主动探究的兴趣,体验科学探究的乐趣,提高观察能力、解决问题的能力和实践操作的能力。目标设置合理,符合五年级学生认知水平,也是研究性学习对学生在能力方面的要求。第二,在活动中体验与他人交流、合作的乐趣,明白科学成果的取得是在与他人合作的基础上得来的,养成良好的交流与合作的意识。这一目标考虑学生的情感发展,为学生提供与他人交流合作的机会,促进学生合作意识的养成。第三,通过观察与思考,了解蜂窝的结构以及功能,并有推移到其他事物中的想法,养成良好创新意识、创新思维,培养创新能力。

综合来看,这篇案例中的目标设置考虑学生的认知发展,促进学生了解所需的科学文化知识,养成收集资料、分析问题的能力,符合小学生身心发展要求。

二、主题选择

针对目前研究性学习在小学阶段的开展现状来看,其主题设计仍然延续传统教学方式,教师掌握主题确定的主动权,学生较难参与进来;主题选择过于单一,未能突出学生的兴趣与需要,这些问题表明我们目前的研究性学习主题选择仍然与教育部《基础教育课程改革纲要(试行)》中的内容有较大差距。

在进行研究性学习的主题选择时,教师必须实现由传统教育方式向素质教育的过渡,考虑学生的现实需要和兴趣特征,围绕培养学生的创新精神与实践能力进行主题选择;同时注重选择的多样性与灵活性,从自然、社会和生活中选择和确定专题进行研究,充分利用图书馆、实验室、多媒体等各种资源,开展以学生为主体的探究式研究活动,并在研究中指导学生自主获得知识与技能,综合运用相关知识解决实际问题的能力。

这篇研究性学习的案例中,教师选择了学生感兴趣的问题:"宁波市至诚学校一位教师发明了六边形的课桌,现已在该校全面推广,取代了传统的长方形课桌。"这一消息引发学生的兴趣,学生纷纷想进行相关的研究了解如何发明的六边形课桌。该主题确定充分考虑学生的兴趣与需要,教师不再是权力的所有者,充分考虑学生的主体地位,同时,在进行选择课题时,以"蜂窝的启示"为出发点,成本较低,活动延续性强,有利于同学们积极主动地参与,在观察思考中可以养成学生敏锐的观察力、实践能力和创新能力等良好的科学品质,总体而言,主题选择以生物科学知识为主,有一定的启发性和实用性。

三、内容确定

关于研究性学习的内容探讨,《国家九年义务教育课程综合实践活动指导纲要》中只提到研究性学习的开放性、探究性、实践性特点,以及应注意因地制宜、发掘资源,逐渐积累、形成序列和适应差异形成特色等问题。在进行研究性学习时,其内容不是具体的知识系统或某个学科领域,而是通过课程研究积累的知识,直接获得经验、方法和经过内化所积累的体验、方法、能力的总和。在确定研究性学习的内容时,需要综合社会、学生、学科等三方面因素进行考虑,其选择的内容应使学生成为社会中一名合格公民所必备的基础知识和技能,促进学生学习生存所需的技能和相关社会交往能力。内容需要贴近社会现实需要,符合学生现有阶段的年龄特点,同时也与学校教育的特色相结合,激发学生的学习兴趣,促进学生的社会性的发展,成长为符合社会发展的优秀人才。

这篇《蜂窝的启示》研究性学习案例,内容选择符合学生的认知发展和年龄阶段特征。众所周知,通过学生感兴趣的问题更易于活动的深入思考与研究。"蜂窝"在日常生活中比较常见，但是学生却忽视对其的思考，不知道蜂窝在生活、科技、军事上的巨大作用。从寻常点出发找出其不寻常的地方，学生的探究欲望与实践能力都能得到发展。总体而言，这篇案例内容丰富有趣，活动安排有章可循，不失为一篇好的案例。

四、资源开发

根据研究性学习课程资源多样化的特点，其课程资源的开发应遵循着开放性、经济性、共享性、因地制宜的原则。

这篇案例中结合本校特色与实际情况，以学生自主的资源开发为中心，通过查阅书籍、询问老师、开展新闻发布会、走访邻里乡亲、实地考察等形式，保障了活动的顺利进行。随着时代的发展和学生实际情况的变化，研究性学习课程的内容和要求也相应发生变化，在进行活动中应根据实际需要及时进行调整，这也是其开放性的体现。

教师在询问学生"蜂窝的其他特点"时，一位同学举手说："老师，我可以利用双休日到图书馆去查阅一下有关资料，下个星期再来交流。"又有一位同学站起来说："我家有电脑，我可以上网下载关于蜂窝的资料，上网查阅资料既快又内容丰富。"这里的上网查阅资料的形式简单便捷且数据在筛选后较为可靠，最主要的是符合资源开发的经济性原则，采用最小的经费开支取得最佳的学习效果。

老师听了两位同学的建议后，因势利导，让同学们进行小组讨论：我们可以用哪些方法来搜集资料？通过讨论，同学们又想到了许多搜集资料的方法和途径：访问生物教师、请爸爸妈妈作指导、做做小实验、到实地去考察……同学们可以利用各类资源、各种方法和途径进行搜集活动。搜集信息是探究活动的重要环节，也是加工信息、处理信息的前提。因此，老师引导学生讨论出搜集信息的方法和途径，然后让学生分头行动，进行搜集，这里体现了资源开发的共享性原则，教师与学生的合作共享，分享资源与想法，提高了资源的利用效率，还促进了学生之间情感的交流与共鸣，为活动的顺利开展提供了必要的保障。

五、活动实施

在活动实施阶段，我们可以通过制作活动流程（见图5-2）来对这篇案例的活动过程、人员组织、活动方法等进行多维度的评析。

准备：
- 搜集资料：看书、上网、询问老师或有经验的人
- 布置作业：当一名小小设计师——仿照蜂窝的形状来设计仿生物。
- 作业展示："小小新闻发布会"上，同学们纷纷上台展示设计图，交流自己的设计思想。
- 教师介绍"行动研究法"：强调可以根据活动的开展，不断调整和完善活动计划，对活动过程中自然生成的问题逐个进行讨论。

查阅资料，了解蜂窝的特点 → 形成研究小组，进行搜集行动 → 搜集关于蜂窝的资料

实践活动	1. 仿生学家对蜂窝的结构颇为重视,并已经制造出了工程蜂窝结构材料。 2. 江苏省高邮市最近研制成功大孔系列混凝土砌块,并获得国家实用新型专利。 3. 发现蜂窝的六角结构如同有机化学的苯环结构,是最稳定的一种结构。

成果展示	1. 完成关于"设计小发明"的活动。 2. 九个小组进行经验交流大会。 3. 在校内进行蜂窝结构与功能的时间活动成果展览。

图5-2 活动流程图

从活动流程中不难看出,教师采用了行动研究法,让学生在收集资料、完善活动计划的过程中自主探究,自主解决问题进而完成研究性学习的活动。在人员组织上,教师随机分配几个小组,到图书馆、老师推荐的网站进行搜集并在课堂上进行交流。不难看出,教师在整个活动中始终明确自己的角色定位,在为学生提供及时指导的同时,不剥夺学生自主收集资料、实践探究的权利,如:同学们听了大家心里的想法以后并进行的两次议论,是发现问题、提出问题的过程。这个过程中,老师给了充分的时间和空间,让学生在议论中产生问题。老师让学生交流搜集到的有关材料,并进行筛选和提炼,从而概括出蜂窝的特点,这是学生进行思维加工的过程,培养了学生的综合思维能力。在设计"小发明家"的活动,着力于培养学生的创新意识、创新思维和创新能力,学生从中学会了科学的思考方法,体验了小发明家的发明过程。

六、活动评价

在对这篇案例《蜂窝的启示》进行评价时,可以从活动结论、活动过程和教师感悟进行评价。

1. 活动结论

《蜂窝的启示》由学生感兴趣的问题确定研究主题,在教师的指导下由学生收集资料、交流讨论的过程中完成。最终发现:蜂窝的六面结构,使蜂窝具有保温隔音的效果,用蜂蜡做的多孔结构韧性好且能防潮。通过对蜂窝的研究得出了科学的结论,促进了学生认知,情感等多方面的提升。

2. 过程评价

研究性学习与传统课程不同,不再注重学生知识的传授,更注重学生在活动过程中主动探究、动手实践的能力。在本篇研究性学习案例中,教师通过言语暗示与及时指导,为学生活动的顺利开展提供保障。教师的启发式教学帮助学生拓展思维,为学生提供多种可供选择的方式完善活动,不失为一篇好的案例。

3. 教师自评

教师的自评是指教师在活动中和活动结束后对活动的实施进行的总结与反思。在这篇案例中,教师写下了对学生活动探索的看法以及科学的最好实施方法,字里行间流露出对探究性学习的赞许和肯定。在活动的探究过程中,不仅提升了学生的实践能力,而且看到了他们的创新精神,这些正是素质教育的核心内容。

案例 5-3

对白色污染的认识

适用年级:小学五年级
涉及领域:综合
学校名称:宝山区第三中心小学

【活动主题】

"世界地球日"的团队主题活动的准备讨论会上,队员们从保护绿化、增加森林面积、挽救濒危野生动物、维持生态环境等方面发表了看法,但发现目前一种被称为"白色污染"的现象对环境的危害越来越大,且平时生活中确实发现这种现象的存在。这方面信息与学生的生活关系密切,学生是有能力进行这方面的信息收集的。教师建议大家着手寻找有关"白色污染"方面的信息资料,确定了开展"对白色污染的认识"的研究性学习活动。

【活动目标】

1. 情感目标:体会到白色污染对环境的危害,激发学生热爱环境、保护地球家园的情感,萌发建设美丽家园的愿望,并在学生过程中培养合作精神与发展意识,养成良好的个性。

2. 能力目标:通过上网查阅资料、查阅书籍等形式,学会统计并整理信息,提交书面报告;在社会实践调查中,提高学生语言交流能力和动手实践能力,发展运用综合知识和创新能力。

3. 知识目标:通过上网查阅资料,外出调查访问等形式,全面了解白色污染的危害以及我国的现状。

【活动过程】

一、准备阶段

世界地球日即将来临,学校"晓晓少年科技信息学院"准备举办一次有关的主题活动,要求每个中队寻找一些有关地球环境方面的资料,准备参加信息交流。可有关方面的内容实在太多了,到底该从何处着手呢?五(2)中队的队员为此开了一次讨论会。队员们分别从保护绿化、增加森林面积、挽救濒危野生动物、维持生态环境等方面发表看法。正当大家激烈讨论时,小林打断了大家的讨论,他说有一次他看报纸,发现目前一种被称为"白色污染"的现象对环境的危害越来越大,而且,在平时的生活中他也确实发现了这种现象的存在。听了小林的话,我觉得这方面信息与学生的生活关系密切,学生是有能力进行这方面的信息搜集的。于是我建议大家着手寻找有关"白色污染"方面的信息资料。

为了较好地发挥每个队员在活动中的积极性,我要求队员们自愿组合成以4~5人为单位的活动小组。可是,谁来号召呢?教师建议大家自我推荐,结果一下从座位上站起来12个人。接着,教师提出中队其他队员可以自愿选择召集人。结果,有一个小组有8个人,两个小组有7个人,四个小组有5个人,两个小组有2个人,最后一个小组里只有召集人自己。显然,这样的组合不利于活动的开展。于是,教师又提出要求希望7人小组的成员中各出来2个人到两人小组(以自愿的方式),8人小组中出来3个人到那个独立的召集人那儿。这样,小组分好了。接下来是选组长,临时召集人几乎都担任了组长,只有一个小组进行了重新选举,即原先只有1个人的召集人,后来他担任了副组长,理由是他的胆子没有另一个同学大。

二、信息搜集

选好小组后,教师建议大家可以制定一个活动步骤。结果很多小组都决定利用星期日分头去书报亭、图书馆等处寻找。可是,第一次行动,大家收获甚微。星期一,各小队带去学校的资料少得可怜。这可怎么办呢?教师了解到中队中有些队员的家长是单位干部,便启发队员思考能否取得家长的帮助。这下马上有队员提出他父亲的办公室里订阅很多报纸,他可以让他父亲从厂里借些回来。这个想法得到了大家的赞同。这时一位"小网虫"提出,查阅书报速度太慢,如果能上网查阅,不仅速度快而且信息量大。可是队员家中有电脑并能上网的并不多。经过征询,几位家中有电脑的队员主动承担了这项光荣而艰巨的任务。

两天过去了,不少队员有了收获,可也有好几位队员两手空空。他们说:"我们不知道社会上存在'白色污染'的现状及生活中人们对'白色污染'的认识。""那么,你们可以通过怎样的方式去收集这方面的信息呢?"经老师这么一问,队员小陈说:"可以搞社会调查呀!""那怎么搞呢?"队员小王又提出了疑问。小陈说:"我们可以到商场、新村的小摊、饭店去采访。""对呀,你们如果有条件的还可以拍一些照片。"我也补充了一句。大家觉得这样做挺好的。于是,下午一放学,这几位队员就伙同小队成员开始了行动。

第三天,有两个小队拿出了社会调查的资料,一个小队带来了他们从新村的小河边、花园里拍摄到的照片。

三、信息整理

(一) 资料的收集与展示

星期一，队员们带来了一大堆资料，光报纸就有十几种。如《文汇报》《劳动报》《服务导报》、《新民晚报》、《小主人报》、《深圳商报》等。而大量的信息是从网上下载的，如中文雅虎网、新浪网、中国环境网、脉搏网、搜狐网、保定网等。下午的活动课上各组进行汇报，台上的队员介绍了四条信息后大家就觉得听得很累，因为这些资料太散了，那么，队员们手头的这么多信息怎么办？

(二) 资料的分类与汇总

教师建议大家看看这些信息大概可以分成几类，要求先把每一条信息的主要内容用几个字概括一下，然后观察这些信息有何特点，相互间有何联系。经过教师的启发，队员们把这个小队的信息分成了四大类，即："什么是"白色污染"、"白色污染的形成原因"、"白色污染的危害"、"国内外治理白色污染的现状与对策"。对照这样的分类，其他小队也纷纷进行了整理归类。根据信息交流的要求，各小组参加交流的时间不得超过五分钟，这可如何是好？队员小杨提出可否把搜集的信息进行进一步的整理，即把关键的内容摘录下来。经过大家的讨论，这个建议被采纳了。于是，各小队都派出了语文概括能力最强的担任此任务。

(三) 教师指导设计摘录卡片

第二天，教师发现他们的摘录都不规范，即没有标明出处、时间、摘录人。于是，在教师的指导下队员们设计了一张摘录卡片，重新整理这个任务就落到了另外几个队员的身上。第二天，经过重新整理过的信息看上去果然有了条理性。

四、信息交流

(一) 信息交流前的准备工作

下一步该准备信息交流了，各小队长负责文字交流。其余的如调查访问的情况及照片介绍，则必须由当时负责的队员事先准备好文字说明，并准备上台交流。这个要求对大部分五年级的队员来说应该不成问题，可对小王来说却成了难题了。平时不声不响的他只要老师一点到他的名字他就紧张，别说上台交流了。可他手里的照片分明是很有说服力的，再说他也挡不住队员们的再三央求，勉强同意了。接受了任务后的小王整天心事重重的。原来他担心自己讲不好给小队丢脸。于是老师详细地问了他拍照的经过以及他对这张照片上的内容的看法，并让他按照前面所讲的写成文字。小王回到家认真地完成了文字说明，第二天还主动交给老师过目。

(二) 信息交流中思想的碰撞

该进行交流了，按要求上台交流的队员必须交代清楚信息摘录的日期、出处及摘录人的姓名。明确要求后，各小队的代表上台了。先进行交流的内容是"什么是白色污染"。交流的队员话音刚落，队员小袁提出了疑问："那些没有被抛弃的塑料制品算不算？"队员小唐也提出了疑问。

"当然不算,因为只有当那些塑料制品被抛弃后对环境造成危害了,人们才称它们是'白色污染'。"台上的队员胸有成竹地回答。

"请问白色的铅画纸算不算?"

"不能算,因为铅画纸是用木材等原料制成的,它用完了以后在大自然中会自己腐烂。"台上台下气氛热烈。

"很多饮料瓶是白色的,像百事可乐罐等是用铜、铁等制成的,它们是不是'白色污染'?"

台上的队员迟疑了一下回答:"也算的。"老师见队员们没有异议,就给大家进行了纠正:"像百事可乐罐等大都是铝制品或铁皮制品,从概念上讲它们与塑料是毫无关系的。因此,这不是'白色污染'。"台上的队员见大家不再提问,就请出了第二个小组。

(三) 小组分别上台汇报

第二个小队参加交流的是小丁和小林,他们的内容是"白色污染"形成的原因。他们从大量的资料中得出"白色污染"的形成与人们大量地使用塑料制品而又管理不当有关。大家对他们搜集的一条1997年的信息提出了它的价值问题。小丁辩解说,他们之所以把1997年的信息拿到现在来交流,是因为当时社会上的"白色污染"现象至今依然存在,他们认为用这条信息来和今天的情况做比较是有价值的。小丁说得好像有道理,但大家还是不太同意。这时教师告诉大家,用来说明问题的信息必须具有一定的时效性,因为现在的社会进步非常快,可以说是日新月异,每天都会有大量的信息产生。即便是大家前一阶段搜集的信息过了这些天也可能已经过时了。因此,在搜集信息的时候,大家一定要注意信息来源的及时性、可靠性。另外,教师还提醒大家,在回答队员提问的时候要用搜集到的可靠信息,不可随意地用"我认为""我觉得"等字眼来解释。这样不够确切,因为信息资料的搜集是进行深入研究的依据,所以必须保证它的准确性。

小王说他们去问过那些小摊贩对"白色污染"的看法,得到的回答是大家都在用为什么他们不用。小王得出结论:"白色污染"的形成与人们的偷懒行为及外来人员对"白色污染"的认识不足有关。他还叙述了拍照受阻,后又经过讨论决定假装购物巧妙过关的经过,迎来了大家善意的笑声。小王的介绍很成功,因为老师和队员们都向他投去了赞许的目光,大家看到小王又脸红了,不同的是这次他的脸上挂着微笑。

(四) "白色污染"的治理办法讨论

"白色污染"对社会的影响很大,到底有没有什么对付它的办法呢?以小葛为队长的第四小队派小何上台交流。可大家仔细听后发现他交流的内容有些混乱,开始介绍的是关于国内外治理"白色污染"的现状与对策,但后面却夹杂着一些"白色污染"的危害和形成原因。对于大家的意见,小葛代表他们小队表示接受。其实,这一小队出现的问题在前几个小队都存在。

（五）居民对白色污染的认识

为了对小葛小队的信息进行补充，队员小张拿出了一盒磁带，关于居民对"白色污染"的认识的调查。小张调查了同一幢楼的两位居民。这两位居民很支持小朋友的活动，所以小张没有碰到任何困难。下面的队员对这份调查提出了疑问，"只调查了两位居民，有没有代表性呢？"小张承认他做的只是同一幢楼的小范围的调查。"那么一幢楼里不可能只住两户居民，而且你所调查的居民只能代表同一层次的人。这些人对'白色污染'是有所认识的，但是，你有没有想过去调查一些老年人或外来人呢？"显然，队员们对小张的调查持否定态度。

这时，队员小李拿着一张统计图走上讲台，给大家展示了他们小队采访一幢楼房十几位居民对"白色污染"的认识情况。结果表明，文化层次较高的居民对"白色污染"认识较多，学历不满初中的居民对"白色污染"知道甚少，而老年人和文化层次再低一些的人，他们对"白色污染"几乎不了解。由此他们得出结论，要治理"白色污染"还得从做好居民的宣传教育工作做起。

为了让信息资料具有说服力，可以通过社会调查采集信息。同样为了让调查结果更有说服力，必须扩大调查范围。因为，调查的范围越大，获取的结果越准确。

（六）白色污染的危害

那么"白色污染"到底有哪些危害呢？小秦小队最后做了交流。从他们交流的信息看，发现信息量还不够大，因为其他队员分别从"白色污染"对动植物生长的影响，"白色污染"对视觉、对河道产生的影响进行了补充。同样小秦小队的成员也给大家展示了一组照片，用以说明"白色污染"对我们这个城市造成的危害。从照片资料大家看到，在河道上飘浮的废弃塑料袋、一次性饭盒及被扔在花坛里、草坪上"白色污染物"已严重影响了城市的环境卫生，如不加整治，将有损于城市的形象。

信息交流会进行了将近40分钟，队员们热情高涨，都感到收获很大。大家掌握了搜集信息的途径，知道了搜集信息必须注意的事项，懂得了整理信息的方法以及碰到困难的解决方法。从这次活动我们发现了队员们主动学习的热情，真心希望他们能把这种热情用到今后的学习、生活、工作中。

【交流展示】

一、学生的体会

前不久，我们中队在张老师的指导下，进行了对"白色污染"的认识课题研究活动。我们分别通过上网、留意新闻、剪报、采访、拍照、摄像等途径进行了信息的搜集与整理。通过大量的信息搜集我们对"白色污染"这一污染环境的现象有了较为全面的了解。

我们认识到"白色污染"就如一个无形的杀手，正默默地向生活在地球上的人们发出威胁。我们在网上查到的资料表明：一个巨大的垃圾处理场中有47.8%的"白色污染"物,这些污染物具有降解慢的特性,降解期长达200年,多惊人的数字啊!

为了了解我们周围居民对"白色污染"的认识,我们去了学校附近的商场、集贸市场、小饭店等地方采访。在采访中,我们发现,有些人认为"白色污染"离自己很远,更谈不上危害,但事实却不是这样的。在我们的生活周围,到处都是"白色污染"源,如一次性饭盒、各色各样的塑料袋、泡沫塑料填充物、塑料包装纸等。当人们在使用它们时,感觉到的是方便、实用,但当人们用完把它们扔进垃圾筒或随地乱扔时,它们便成了破坏环境的"元凶"。在我们采访的人群中,不少外来人口和一些退休、下岗工人不但不了解所谓的"白色污染",而且,对我们的活动不予理睬。这种现象真让我们感到无奈。

目前,全世界都在进行治理"白色污染"的研究,我们国内一些大城市也开始了对"白色污染"的宣战。但我们中国是一个人口大国,而且像上海这样的大都市中还有不少人对"白色污染"无动于衷,更何况那些穷乡僻壤的人们?所以,我们觉得要杜绝"白色污染"的泛滥,除了国家环保部门应该专门立法外,各地还应该像打击犯罪分子那样在规定的期限内停止生产、使用"白色污染物"。

作为一个小公民,我们迫切地希望我们生活的环境能够天蓝、水清、地绿,希望我们有关部门能够花大力气加强对市民的环保意识的教育宣传,尤其是对禁止使用"白色污染物"做出具体的规定,使大家都对"白色污染"的危害有清醒的认识,教育市民能够恢复以往的传统,从告别塑料袋、拿起布袋子做起,使我们的地球永葆年轻。

二、家长的体会

走进21世纪的中国需要有21世纪的人才,如何培养21世纪的人才,不光是国家研究的问题,也是我们每一位家长特别关心的问题。

如何使我们的孩子聪明呢?家长的做法有很多种:买各种各样的参考书,让孩子去看去做,熟能生巧,成绩自然会提高;去找一个好的学校;请一个家庭教师;或者到外面参加补习班,等等。但家长花了这么大的心血,收效如何呢?答案恐怕是各种各样的,有的进步不大,有的文化知识有所提高,但孩子素质又有多少提高呢?家长很茫然。让我们的孩子天真活泼,学习轻松,使其身心健康地发展,是我们每一位家长非常期待的。

宝山区第三中心小学的师生们在这方面给我们家长提出的问题进行了回答,他们进行的"对'白色污染'的认识"探究性课题使我这个做家长的对学生素质教育问题有了新的认识,在如何引导和培养学生成为社会的有用之才方面起了积极的作用。

记得那一次孩子放学回家对我说,要做什么探究性研究,我不以为然。看到他上网查阅资料,我一看关于"白色污染"方面的,心想这有什么好研究的,不如将时间用在学习上。所以,对孩子这项"工程"我只是一问一答,敷衍了事。自从那次家长会,听了大队辅导员张老师和班主任陈老师对学校开展这项活动的介绍后,我才对学校进行的这项活动有了新的认识。宝山区第三中心小学是上海市二期课改试点学校之一,搞探究性课题也是学校对学生进行素质教育的重要一部分,需要老师和学生共同来做。从那天起,除了完成例行检查孩子的作业外,我还认认真真同孩子一起搞起课题来,上网查资料、互相交谈看法。当然,只是起教练与"啦啦队"的作用。

关于那些一次性饭盒、塑料包装袋等,听起来很熟悉,但真要说起来,也不容易,我就对儿子说,上网查找,专家一定有很深的研究。本来找不到的资料在我的指点下找到了,而且很丰富。看到孩子那种既认真又得意的样子,他外婆也会过来瞧上一瞧。当然,也有不顺心的事。一次,儿子对我说,要我去马路上采访一些小摊主,还说我是课题组成员之一,我一口拒绝,看到他失望的神情,我静下心来,对他说:"不是我不愿意,而是你自己完全能办得到的事,要我去干什么呢?是不是要我帮你壮胆。"在我正反面的鼓励下,他约了同学,终于完成了任务,我当然大加赞赏。

三、教师的体会

（一）探究使我们转变教学的理念

许多同学和家长相当重视语文、数学、英语三门课程的学习,而现实使得学生意识到人的能力的重要性,因为一个人最终要走向社会,而社会上存在着的种种问题不是你仅用在课堂上学到的一些基础知识就能解决的。有许多问题是要走进社会才能发现的,而探究型课程正是我们增进能力、走向社会的桥梁。

（二）探究使学生的个性张扬

尽管学校设置了探究型活动课,然而,更多的实践研究是需要同学到课外去进行的。如要对某一现象进行深入的了解,同学们还得去图书馆、书店、网络上查找资料或进行调查访问。由于学习紧张,因此要完成这些任务就必须挤出时间来进行,这样就培养了学生合理安排及使用时间的能力。大量地利用课余时间开展探究活动,这与以往的教育活动有很大的区别。因为这是一个开放的活动,在这个过程中,学生可以较自由地根据自己的能力选择活动的方式,这从某种程度上讲非常有利于学生个性的培养。而且,在小组学习的过程中,学生间的互动对他们的个性培养也起到了一定的促进作用,他们总是想方设法通过自己的努力把事情做得更好。

（三）探究使学生具备了耐挫能力

实地调查的学习形式不光是组织内部需要合作,还需要同社会各个层面的人进行交流。在探究的过程中学生遇到过失败,甚至被人误解和批评。记得有一次,一位同学来到了一家饭店,想摄下其中一位营业员正用一次性饭盒给顾客盛饭的镜头时,被饭店的老板抢下了照相机,他们认为同学的这一举动损害了他们的声誉,尽管同学据理力争,但还是无济于事。这一经历使同学也积累了一些经验。俗话说"吃一堑,长一智",在以后的取样、采访时大家就会想出各种招数做好充分的准备。

(四)探究使师生关系、生生关系更融洽

在整个探究的过程中,老师的角色已有了变化,我们不再充当知识的传播者,而是与学生共同参与活动的合作者。由于老师深入学生的活动,老师对学生加深了了解,也使学生增加了对老师的亲近感。师生合作的过程是一个师生间互相学习的过程,老师对工作认真负责的态度影响了学生,而学生对高科技信息手段的运用也使老师学到不少。由于探究性活动是一种全新的活动,所以,老师在活动中的指导作用还是很重要的,但这种指导不是命令式的,而是一种建议,一种商量,应该说这样的合作是相当愉快的。

探究性活动要求学生以小组的形式开展,这就要求学生之间能各尽所能通力合作,这对一贯以"我"为中心的学生来说是一种特别的教育。通过活动他们对集体这个概念有了感性的认识,他们知道每一个人的努力都与小组的荣誉有关。因此,大家只要一有空就凑在一起商量讨论,俨然一种搞研究的"学者"样子。

(五)探究使学生增强了社会责任感

无论是哪一种内容的探究性活动,学生都必须从校园走向社会,他们从对课本知识的学习转到对社会现象的关注,这不仅是一种学习观念的转变,更是一种社会责任感的培养。学生通过社会调查访问,对生活中发生的事情多了一份关心,多了一份思考,我想,这将有助于培养他们一种高度的社会责任感,为他们将来热心服务社会打下一个坚实的基础。

【案例分析】

一、目标确定

《对白色污染的认识》从认知、情感、能力三个维度确定活动目标,符合目前对活动目标确定的基本原则。其目标分解如下:

情意目标是体会到白色污染对环境的危害,激发学生对热爱环境、保护地球家园的情感,萌发建设美丽家园的愿望,并在学生过程中培养合作精神与发展意识,养成良好的个性。

能力目标是通过上网查阅资料、查阅书籍等形式,学会统计并整理信息,提交书面报告;在社会实践调查中,提高学生语言交流能力和动手实践能力,发展运用综合知识和创新能力。

知识目标是通过上网查阅资料、外出调查访问等形式,全面了解白色污染的危害以及我国的现状。

总体而言,其目标可以归纳为三点,第一,获得亲历参与科学探究的体验,对于小学阶段的学生而言,这种体验主要是对于自己身边生活中的自然现象、社会现象进行观察、发现和思考,案例中学生们通过亲自参与不太复杂的探究活动,激发起对科学和社会问题探究的兴趣,培养热爱探究、交流合作、自主参与的意识。第二,学会收集资料、分析问题、解决问题的能力。小学阶段的学生基本具有解决简单问题的能力,在处理信

息的方式发展仍不完善，案例中教师在活动中积极引导，为学生讲述收集信息和处理信息的规范，目标达成良好。第三，学会交流合作与主动分享的意识。案例中教师将学生分组并进行分工，为小组之间的合作与交流提供机会，组员在活动中的意见碰撞与摩擦都会成为考验，也是教师目标设置的闪光点。

值得注意的是，研究性学习与传统的学科课程不同，作为一门生成性课程，在课程实施之前一般只确定该研究主题总的目标要求，详细的目标是在学生的探究过程中，在学生与所学知识的交互作用的过程中逐渐确定并完善的。因此，对它的详细、具体的目标的研究就相对少见，在案例中把握研究性学习的目标就变得弥足重要，也能为教师研究性学习目标的确定提供可借鉴的经验与思考。

二、主题选择

研究性学习的主题选择的基本原则是开放性，其主题研究的视角较为广泛，有较大的灵活性；主体性，必须明确学生是学习的主体地位，在进行活动时，需为学生提供广阔的空间以方便学生自主参与、主动实践和合作探究，发挥学生的个性特征，激发学生的学习兴趣；综合性，研究性学习作为一门综合课程，其内容有利于学生多渠道获取知识或跨学科知识的综合运用，应体现时空开放的组织形式，以课内课外、校内校外相结合的学习方式进行组织教学。

这篇案例中，在主题选择阶段，由"世界地球日"的团队主题活动的准备讨论会引发同学们对保护地球的交流与思考，最终从众多主题中确定"白色污染"为研究性学习活动的主题。其主题的选择贴近学生的日常生活，且"白色污染"已成为社会广泛关注的重点，从社会热点中选择合适的主题进行活动，也进一步培养学生关注社会、关爱地球的责任意识。

三、内容确定

研究性学习作为新课程的一个重要组成部分，其内容的性质、组织和设计的原则和策略，已引起了广泛的关注。研究性学习的内容是以问题的形式呈现，问题产生可以是来自学生，也可以由教师提出。再实施和组织研究性学习时，学校和教师可以根据学生的身心特点提出相关的问题以帮助学生拓展思路，可以从人与自然、人与社会、环境保护、当地经济文化发展状况、当地民俗风情等选择合适的内容进行探究。其学习活动过程是学生、教师共同学习、合作探究的过程，由于研究性学习的开放性等特殊的课程特点，不可能推行统一的课程内容和模式，这也对学校及教师的组织与实施提供了更大的挑战。

这篇《对白色污染的认识》以社会热点问题入手，其问题解决的迫切性与学生对问题流露出的兴趣与渴望成为活动开展的导火索，同时以学生的日常生活感兴趣的问题入手，且内容的难易程度符合学生现有年龄阶段特征。在整个活动中，教师尤其注重学生收集资料、处理信息的能力，活动的交流与讨论阶段也能公正对待全体学生，且有敏锐的观察力和同理心，值得大家借鉴与学习。

四、资源开发

在进行研究性学习的资源开发时,教师要充分考虑现有的可利用的校内和校外资源,并在活动开展前对资源进行有效评估,更经济、更合理地保障资源的有效利用。在实施阶段,教师应注重资源开发的合理性,选择合适的最有利的资源进行活动,同时根据现实需要创造新的资源以便活动的实施与评估。

最为重要的一点是,研究性学习课程资源开发要以学科或社会热点问题为载体,从学生的兴趣和需要为入手点,关注人类的生存与发展和学科热点问题,引导学生从生活实际出发,善于发现和总结问题,从自然现象到社会生活,关注身边小事和现实世界,将资源开发与现代科技相联系,为研究性学习的资源开发提供新的思路与领域。

在这篇研究性学习《对白色污染的认识》的案例中,教师充分利用图书馆、计算机网络等校内资源,发挥了教师在资源开发中的重要价值。同时在校外资源开发时,重视社区资源、社会调查以及家长资源得充分挖掘,确保活动过程中资源的有效利用和处置,为活动的顺利开展提供有效途径。

五、活动实施

在活动实施阶段,主要从活动过程中采取的方法、人员组织、教师指导等维度进行评价。

1. 活动方法

这篇案例《对白色污染的认识》中,采取的主要活动方式有:社会调查法,行动研究法。通过对商场、新村的小摊、饭店采访预调查,了解目前人们对白色污染的认识与看法。教师要求学生利用一切可以利用的资源进行资料收集与信息整理,这个过程是行动研究的主要体现。

2. 人员组织

在这篇案例中,统一的主题确定后,教师根据实际情况将学生分组,每组根据主题的限定范围进行资料的收集,确定研究的主题与任务。在确定任务后,小组内成员进行活动的设计与分工,教师在这一阶段注意训练学生的发现与解决问题的能力,并根据实际情况给予必要的指导。

3. 教师指导

研究性学习中教师的角色是观察者、协调者与指导者,整个活动的过程应提供给学生独立探究、自主参与的机会,同时在学生有困难时,给予学生必要的启发与指导。这篇《对白色污染的认识》案例中,教师尤其重视学生自主发现问题与解决问题的能力,只有当学生有问题时,教师才会根据现实需要进行相应的指导。

六、活动评价

1. 活动结论

在这篇案例《对白色污染的认识》中,得出的结论有:"白色污染"的成因与人们大量地使用塑料制品而又管理不当有关。"白色污染"危害动植物健康与城市卫生。"白色污染"的治理要从做好居民的宣传教育工作做起。学生们通过活动探究、调查采访等形式得出的结论符合科学研究的基本逻辑与结论。

2. 过程的评价

研究性学习尤其重视整个活动过程的评价。在这篇《对白色污染的认识》案例中，教师有针对性的指导与处理细节的方式值得借鉴。腼腆的小王在队员们的催促下要进行上台汇报，教师及时发现这一情况，详细地问了他拍照的经过以及他对这张照片上的内容的看法，并让他按照前面所讲的写成文字，充分照顾到每一位学生，争取让每一位学生都能在活动过程中有新的体会与认识。

3. 学生的自评

在这篇案例中，学生的自我感悟与认识是活动是否有意义的主要指标之一。在活动中，学生深刻认识到"白色污染"的危害，迫切希望采取措施改变这一现状，萌生出关爱地球、保护好自然家园的真实诉求。可以看出，活动的开展是比较完善有价值的，培养了学生的责任意识与主人翁精神。

4. 教师的评价

教师作为活动的观察者、支持者与引导者，其对活动的看法与思考促进教师智慧的生成与研究性学习的经验完善。在这篇案例中，探究促使教师改变原有的教学理念，真正融入学生中与学生一同参与，共同进步，促进师生关系的融洽与和谐。同时，也培养学生的个性、直面挫折的勇气和自主探究的能力。

值得借鉴的是，这篇案例中家长的体会与感悟也进一步证实了活动开展的成功。家长深刻认识到当代社会对学生提出的要求与人才培养的需要，加入到研究性学习中来，为孩子的发展提供更为积极的支持与帮助。

当然，研究性学习在小学阶段的实施尚处于起步阶段，许多问题仍亟待实践的提出与解决，不少理论与课题仍需要不断深化与提升。比如，学生的子课题立项过于宽泛，有些学生一味追求结果而过分功利化，忽视研究性学习的真实探究；教师的配置仍不尽完善，教师的专业化发展难以支撑教学，等等。这些都需要我们进一步克服。

思考题

1. 是否还存在更多的研究性学习中问题探究的形式？
2. 教师对于研究性学习的角色认同存在哪些问题？
3. 还有哪些研究性学习的活动评价方式？

第六章
社区服务与社会实践及其案例评析

本章重点

- 社区服务与社会实践的内涵、目标和价值
- 社区服务与社会实践的主题选择与设计
- 社区服务与社会实践活动的实施步骤及评价
- 社区服务与社会实践活动案例解读

第一节 社区服务与社会实践

一、社区服务与社会实践的内涵

(一) 社区与社区服务

1. 社区

所谓社区,是指由聚居在一定地域范围内的若干社会群体或社会组织所组成的生活上相互关联的社会共同体,社区是宏观社会的一个缩影。包括一定数量的人口、一定范围的地域、一定规模的设施、一定特征的文化、一定类型的组织。

社区蕴藏着巨大的资源优势,具有经济、文化、社会、心理支撑和影响等多种功能。对于综合实践活动课程而言,除了上述广义理解之外,社区还可以简单地理解为一种区域性或地区性的小型社会,尤其是学校周边所处的、师生共同生活在其中、进行教育教学活动的区域。

2. 社区服务

社区服务是指政府、社区居委会以及数字社区等其他各方面力量倡导和扶植下,为提高社区居民生活质量,增进社区公共福利,以基层社区为主体,以社区成员的自主互助为基础,动员各种社区资源,开展具有福利性质的社会服务如为社区成员提供的公共服务和其他物质、文化、生活等。

综合实践活动课程中的社区服务,指的是学生在教师的指导下走出教室,参与社区和社会实践活动,以获得直接经验,发展实践能力。学生在教师的指导下,为社区群众进行生活服务与家政服务;学校或社区管理服务;积极参加社区的各种公益活动,包括各种义务服务,具有服务性和体验性特点。服务性是指通过各种各样形式,为弱势群体提供具有价值的活动,如照顾孤寡老人、给低收入家庭提供一点帮助、为残疾人提供服务。体验性是指学生在教师指导下通过亲身实践、参与活动,从而获得一定的感受和体悟。如通过走进弱势群体的家中,了解弱势群体所面临的生活、工作上的艰辛和难处,从而建立关爱弱势群体的情感倾向。

(二) 社会实践

社会实践是指学生按照教育目的和培养目标,参与社会政治、经济、文化生活的所有教育活动。综合实践活动课程中的社会实践所指的是,学生在教师的指导下以社会成员身份参与社会生活和实践,开展服务性、公益性、体验性等活动。

综合实践活动课程的社会实践活动具有教育性和实践性的特点。教育性指的是,综合实践活动课程中的社会实践与其他社会实践活动的区别,在于它是一种教育性的活动,即学生在参与社会生活的活动中不断加深对社会、生活的理解。同时,将课堂上所学的理论知识运用到实践中,提高学生的问题解决能力和社会实践能力。实践性指的是,学校通过开展各种各样的社会实践活动,充分调动了的积极性,使学生以参与者的身份进入社会的政治、经济、文化生活中,而不是社会的旁观者。

二、社区服务与社会实践的目标

(一) 社区服务与社会实践总目标

作为综合实践活动课程的四大领域之一的社区服务与社会实践,服从于社区服务与社会实践总目标。同时关注学生的社会适应能力、公民意识、社会责任感以及创新精神的养成:

(1) 拓展知识,增长经验,增进社会适应能力与创新精神。

(2) 融入生活,获得感受,形成健康、进取的生活态度。

(3) 主动参与实践,增强公民意识和社会责任感。

(4) 自觉服务社会,对他人、社会富有爱心。

(5) 亲近、关爱自然,懂得与自然和谐相处。

(6) 促进自我了解,肯定自我价值,发展兴趣与专长。

(二) 3~6年级社区服务与社会实践学段目标

(1) 开阔眼界,初步获得社会经验与能力。

(2) 学会交往与合作,遵守社会规范与公德。

(3) 热心公益活动,关心他人与社会。

(4) 关爱自然,逐步形成环境保护的意识与能力。

(5) 珍视生命,陶冶性情,热爱生活。

(6) 初步了解自我,发展兴趣,展示才能。

三、社区服务和社会实践的价值

研究和实践证明社区服务与社会实践课程内容的学习,对学生的公民责任感的社会意识与观念、综合实践能力和创造能力、问题解决能力的形成以及学生个性和社会性发展等诸方面都有积极的价值和意义。

(一) 对公民教育的价值

1. 建构社区意识和社会意识

西方社区服务和社会实践是综合实践课程发展的主要原因,因为深感现代社会人和学生对生活的社会的疏离以及社会责任感的极度缺失,西方社会试图通过开展社区服务和社会实践来提升和发展学生社会意识,主要有社会关怀意识和社会参与意识。学生通过服务和实践,在接触社区、服务社会、走进社会、体验探究社会中的一系列活动中,了解社区和社会的现状和发展需要,认识社区对于个体生活发展的重要意义。认识人与人之间的相互依存和联系的关系,认识个体作为公民应有的社会责任感。

2. 培育服务精神和素质

杜威认为服务精神是社会的基本精神,是民主社会的基本特征之一。在一个社区和社会中是否具有服务精神,是衡量这个社区和社会文明程度的标尺。服务精神对于塑造未来社会价值,社会共同体以及个体的生活方式都具有重要意义。奉献和服务是现代社会所提倡的理念,学生通过社区服务和社会实践,养成服务社会、服务他人的意识。

3. 发展社会参与和服务

在学生社区服务和社会实践活动的过程之中,不仅能够增强社会参与意识,而且在解决问题的过程中发展动手实践能力和问题解决能力。种种研究表明,未参加社会服务与社会实践活动的学生相比,参与过的学生更具有社会参与意识和动手实践能力。

(二) 对课堂教学和学习的价值

受"服务学习"浪潮的推动,社区服务与综合实践活动具有明显的课程与教学的倾向性,基于此层面,社区服务与社会实践和教学联系更加紧密也更注重整合的可能性。社区服务与社会实践活动对课堂教学和学生学习的价值表现在以下几个方面:

一是丰富课程资源。社区服务与社会实践拓展了学生的学习环境,打通了学校与社会隔离的情况,拓宽了学生学习的渠道,使学习方式生活化。

二是激发学生学习兴趣。通过开展社区服务与社会实践活动,学生将所学的知识应用于生活实践,形成和发展能力,学生获得了学习的乐趣,激发学习热情,明确学习的个体价值与社会价值。

三是开启教学新空间。社区服务与社会实践活动为师生提供丰富鲜活的教学情境,在社会生活情境中,学生将知识外化为能力,运用知识去解决问题,综合实践能力和创造能力都获得极大的发展和提高。同时,学生在服务性实践活动中所获得的经历、体验、感悟有助于学科知识的深化与理解。

四是强化道德体验。对学校德育而言,开展社区服务与社会实践的过程中,可以在此过程中借机对学生进行传统美德教育,理论授受与实践相结合,强化学生道德体验。

(三)对学生个性发展的价值

社区服务与社会实践为学生提供了异于课堂学习的新空间,同时也为学生个性的发展、性格的养成提供了契机。通过社区服务与社会实践活动,使得每个学生参与服务性、实践性的活动,从中获得独特的体验和感受,进而更好地发现自我、展现自我、升华自我。

(四)对学生职业规划的价值

学生在参与社区服务与社会实践活动的过程中,能够对社会有深刻的了解,对社会中各种各样的职业有一定的了解,在活动中能够展现自己的兴趣、能力和爱好等。社区服务与社会实践对于学生未来职业选择和发展方向上有一定的指导价值。

第二节 社区服务与社会实践的主题内容

一、社区服务与社会实践的活动主题

(一)了解社区和社会的活动

社区/社会参观活动。学生在教师的带领下,深入实际的社区、社会机构或社会部门,对社区运作进行实地参观,促进学生对社会的了解。

社区/社会考察活动。考察活动的内容涉及本地区的人文历史的遗产、遗址,现实社会生活、社会生产方式。比如考察某一社区的名胜古迹、自然地理、现代化商业设施等,考察某地的经济发展现状,环境问题现状等。

社区/社会调查活动。根据学生的自主兴趣和在教师指导衡量下的社会问题,在现实的社区中展开调查研究,有时可引导学生将社会调查与研究性学习相结合。

(二)社会服务活动

为弱势群体进行生活服务、家政服务。比如导盲服务活动以及帮助其他残障人士的家政服务活动等。为特殊人群所进行的生活服务一般以小组分工合作的形式展开进行,且要定期举行。

社区管理服务。学生参与社区的管理活动,成为社区的小主人来进行社区管理。社区管理设计的部门非常复杂,主要包括社区图书馆、社区公园、社区健身房、社区绿化带、社区活动中心等。

(三)社会实践活动

公益活动,学校和教师应该有计划地组织学生,集体参与社区的公益性活动。

经济活动,学生直接参与的商业性活动,如学生生活用品小商店,丰富学生的生活经验,增强学生的社会实践能力。

政治生活,组织学生开展社区宣传墙或宣传栏进行国家的政策宣传等活动。

二、社区服务与社会实践的主题选择因素

为保证活动的连续性、有效性、完整性,一般还是以主题的形式选择和确定活动内容。选择和确定主题是实施社区服务与社会实践的首要环节,如果主题选择不当,则可能影响后续活动过程的持续性和活动结果的有效性。主题的选择可以在课程基本内容"服务社区、走进社会、珍惜环境,关爱他人和善待自我"的范畴内,围绕着人类的基本活动与社会运作的基本方式进行。社区服务与社会实践活动主题选择和确定要注意以下几点:

(一)尊重学生的自主性和兴趣性

传统上,我国学校开展的社区服务和志愿者活动,大多以"学雷锋"活动为典型,大都局限于清扫和访问的活动,在活动中,小学生基本上处于被动参与的状态,承担着服从和执行的角色,很少能够主动参与内容的选择、组织和策划,学生参与的积极性和热情不高,活动主题也比较单一。小学生社区服务与社会实践的开展,必须要超越传统的传统实践活动模式,以提升学生的公民意识和发展社会责任感的为目的和导向。

(二)本土化和生活化取向

社区是社会的浓缩,服务和研究社区是服务和研究社会的起点,通常社区能够大致反映和表现社会普遍存在的许多现象和问题。所谓本土化取向就是选择的主题,应大致在学校或家庭附近的社区范围内就地取材。活动主题的选择应与学生的生活息息相关,使学生更易感知、了解和体验社区。

(三)预先考虑实施的可行性

选择和确定主题时,学校和教师应该预先对社区有一个基本的实地了解,针对内容主题的选择,提前到社区中进行实地考察,社区服务要适应社区的真实需要,社会实践要保证实践场所的现实性和安全性,保证小学生能够真正参与实践活动。

(四)结合学科知识和教育目的

服务与实践的内容选择,应有意识地和小学生的学科课程结合起来,内容的选择应该有利于学生综合能力的运用,所学课程是解决服务于实践中的问题,应有利于促进学

生进行深刻的思考和体验社会,形成健康积极的情感态度和价值观。

三、社区服务与社会实践活动的设计要点

(一)注意学生的年龄特征和履历经验

根据不同年龄阶段学生的特点,使得各学校各年级的学生在社区服务与社会实践活动课程的目标和内容能够保持循序渐进、逐级深入、避免多年一成不变的内容、活动方式。促进不同学段、不同年龄的学生体悟到社区服务与社会实践的挑战性和创新性。

(二)引导学生运用所学知识去进行社区服务与社会实践活动

社区服务与社会实践不是一种概念、理论,教师在设计社区服务与社会实践活动时要注意引导学生从生活实际出发,用自身已具备的知识和能力去参与活动,引导学生用自身已具备的知识和能力来为社区服务。

(三)引导学生进行体验和反思,促进学生情感升华

教师要有意识地引导学生情感方面的体验、感悟、思考,在活动准备时可向学生提出明确的情感体验内容,在社区服务与社会实践活动结束之后,可以通过日记、心得体会的形式进行体验和反思,也可展开形式多种多样的班级交流活动,让学生形成良好的情感、态度与价值观。

(四)严密组织活动,高度保障学生的安全

由于社区服务与社会实践活动场所的开放性与开阔性,不确定性与不可控因素很多,所以在活动准备之前,学校、教师要从多方面综合考虑以保证学生的人身安全。首先在活动准备和设计阶段要高度重视每个环节,建立安全保障体系。同时要对学生进行安全教育,教会学生处理常见的安全问题的基本技能和方法,强化学生安全意识。最后要提前制定一些安全预案,以防万一。

第三节　社区服务与社会实践活动的实施

一、社区服务与社会实践活动的实施

(一)实施准备

在活动实施之前要做好准备工作,以保证活动实施的顺利进行。准备工作包括教师和家庭、社区的联系和协调工作,为学生进入活动现场提供必要的帮助,教师和社区工作人员等要向学生介绍服务场所的情况、活动规则和注意事项,并为学生提供必要的技能培训,指导学生准备和携带必要的活动工具,让学生清楚自己在活动中的角色和责

任,对安全工作做好充分的估计。

(二) 实施过程

第一,提前准备。全面考察、了解活动所需要的人力物力等条件,确定参观访问服务实践等活动的开始时间和地点。与参观访问的对象取得联系,共同商议活动如何进行。

第二,拟订方案。由师生及其他有关人员共同拟定实施方案或计划,方案内容包括:主题时间、地点、参加人员、具体步骤、组织形式、活动方式和必要的活动设备以及活动的评价形式。

第三,实践活动。师生走出课堂走进活动场地进行实践活动,教师既要充分发挥学生的主体性,又要及时了解学生活动的进展情况,做好组织和引导工作,还要注意与家庭社区保持密切联系活动。如果没有家长、社区的大力支持,是很难取得预期成效的。

第四,交流总结。学生自己把在活动中的收获汇集,整理成各种形式,并通过多种表达方式交流和评价,教师则关注每个学生在原有水平上的发展,及时准确地给予肯定和鼓励。

二、社区服务与社会实践活动的评价

为了考察、鼓励和监督社区服务与社会实践的开展和过程,需要对其进行评价。社区服务与社会实践的评价主要是为了激发学生参与活动的兴趣和积极性,而不是为了给学生进行等级分类扩展或定性结论。评价需要对活动的结果进行评价,但更强调的是对过程进行评价,重视和强调在学生中的主动性和积极性。

(一) 评价内容

一是对活动主题的评价。主要是评价服务项目和主题是否符合社区的真实需要,是否与学生建立知识和能力基础相适应,是否考虑到了学生的兴趣爱好等。

二是对活动方案的评价。主要是评价方案的合理性和科学性,以及计划是否周密详细。

三是对实施过程的评价。包括对服务的准备情况的评价,对活动资源的保障和安全保障的评价,对学生在活动过程的表现以及教师和社区人员指导状况的评价。

四是对活动结果的评价。主要是评价活动的结果和成果是否符合活动的预期目标,是否有意外的收获,成果和作品的质量如何。

以上都是从活动本身的角度来评价内容,另外可从人员的角度来评价,比如说对学生的评价,对指导教师的评价以及其他相关指导人员的评价等,最主要的是对学生的评价。

(二) 评价形式

自评和他评相结合。具体方式有:自我阐述与评定、其他同学的评说。

日常观察与活动成果的展示相结合,具体方式有:观察记录、活动表演、调查报告、成果展示等。

教师评价与家长、社区有关人的评价相结合。具体方式有:档案袋评语、活动记录、他人评说。

美国中小学的服务性学习①

服务性学习,近年来成为美国学校改革运动的焦点话题。一般认为,服务性学习是一种教育哲学、一种教学策略或者是一种学生学习经验的补充。教育研究者和实践工作者主张,只有当社区服务适应学校课程目标时,服务性学习才有可能发生,并具有一定的价值。密执安州立大学教育学院教授阿登·姆恩(Arden Moon)认为,服务性学习是将服务与内容结构予以统合实施的一种课程计划。

一、"服务性学习"的一般理解

人们经常将服务性学习和社区服务混为一谈。对此,阿登·姆恩教授指出,服务性学习不同于社区性服务,因为社区服务性不涉及正规学术性需要和任务。

例如:华盛顿一所小学的校训为:"为他人服务是一项终身的承诺。"服务活动渗透小学教育教学的方方面面。小学低年级主要学习帮助他人、倾听他人、鼓舞他人的美德;中年级学习如何帮助和辅导同学;高年级则各自在校外参与有关社区活动,如做图书馆的小帮手、进行安全巡逻的指导工作等。华盛顿所有的小学都实施服务性工作计划,各校、各年级以至各班都制定各自的服务活动计划。

根据教育改革服务性学习联合会(Alliance Service-learning in Education Reform)的观点,服务性学习由以下几个部分组成:(1) 预备——学生在他们的社区中发现问题,并制定适应社区需要的发展计划;(2) 合作——来自于社区团体的学生与当地社区形成伙伴关系,共同解决社区问题;(3) 服务——学生实施有助于社区的服务性计划;(4) 课程统合——学生为解决社区问题而运用在学校里掌握的知识;(5) 反思——学生花费一定单元的时间对所从事的社区服务性工作进行思考、讨论,并进行写作。

二、"服务性学习"的基本价值

服务性学习的支持者和反对者一致认为,当今的美国中小学生正日渐脱离社区,他们丧失了公民责任心。反对者一方面认为服务性学习远离基础教育使命,另一方面赞同服务性学习,认为其有助于学生重构公民责任。

服务性工作课程的核心在于:创造、活动和服务。美国学校的国际研究有关报告提供了一个优秀服务性工作课程。凯勒组织她的学生们参与了一系列活动,例如学生们与一个学习困难的成人家庭建立联系,一般每两周活动一次,学习有关的生活技能,并和这个家庭建立了友谊;学生们一年花5~7周时间清理人行道、种植

---

① 堪启标.美国中小学的服务性学习[J].现代中小学教学,2001(11).

花草,注意维持一些特殊地带的环境;学生们每周两次去老人院,陪老人们散步、玩扑克等,在特定假日还为老人捎带精美礼物;学生们加入一个为残疾儿童服务的组织,帮助残疾儿童浇花、喂养小动物等,在他们的服务期间,残疾儿童也和他们一起参与活动。

学生参与服务性工作,诸如建筑改造、健康看护、环境保护、邻里联系等,能够使学生服务社区,通过服务经历进行反思性思维,学习功课,并为将来的学科学习提供驱动力。

学生参与服务性工作,能够完成学科任务,为公共健康、社会工作、城镇计划和其他职业提供训练领域。研究表明,服务性学习能够发展学生真实的知识、实践技能以及终身的社会责任心和公民价值观。

服务性工作学习,可以洞察社会特征,解决社会问题。计划可以帮助人们评价需要、优先设置、形成计划、补偿方案,甚至创造性变革。计划能够在社区水准上提供技术性支持,特别是在传统的未被人们所知的领地。

姆恩指出,"我们的文化缺乏对年轻人进行公民相互依赖和个人责任心的养成性教育。服务性学习为中小学生开启了跨学科课程学习的大门,并给他们学习生活技能(如团队工作)提供了机会。"全美服务性学习工作场执行主席罗伯特·斯克米在明尼苏达州立大学演讲说:"在年轻人当中,许多人把成功仅仅定位在获取资产的多少上,而服务性学习比资产获得更具有成功的意义。"服务性学习对于学生个人和社会的发展、学术成就、公民责任心的发展以及职业拓展具有积极的影响。学生通过服务性学习,可以实现自我价值,他们对于社会的疾病和需要具有更深刻的理解,从而对社会文化更容易接受。

三、"服务性学习"的历史及发展走向

服务性学习源于教育家杜威的"做中学"的思想。杜威相信,如果学生运用他们所学的学术课程知识以服务和发展他们的社区,他们将会成为很好的公民。明尼苏达州1983年成立州青年领导理事会,萌发了服务性学习的思想。1987年,这个非营利性理事会促使州通过了地方性政策,允许学区征募少量的税收用于青少年的发展和青少年的社区服务活动。在某种程度上,明尼苏达州的学校成为服务性学习政策和计划的先驱。

1999年,全美教育统计中心(National Center of Education Statistics)调查指出,1984年仅有9%的中小学涉及服务性学习,但在1999年32%的公立中小学已经开始实施服务性学习计划。参与服务性学习计划的中小学生从1984年的2%上升到1999年25%。另外,研究表明,接近50%的公立高中学校普遍为学生提供服务性学习,特别是在课堂教学中将学生的学习与社区服务紧密联系在一起。据最近数字统计,将近900万中小学生参与了服务性学习计划。

现在,成百上千的学区把社区服务性学习作为学生毕业的要求之一。例如:在

芝加哥、田纳西州、加利福尼亚州等的公立学校体系都设有社区服务毕业要求。亚特兰大的学生要求必须完成75小时的志愿者服务才允许毕业。马里兰州现在要求所有的高中生在毕业前从事75小时的社区服务，或者参加由州提供的另外的学区活动计划。在其他一些地方，如佛蒙特州、纽约、哥伦比亚学区、宾夕法尼亚州、明尼苏达州等地也迅速发展服务性工作计划。

"服务性工作学习"能够促进社区发展，使班级充满活力，尤为重要的是为中小学生提供丰富的教育阅历。服务性工作学习使得学生积极参与服务计划，既达到服务社区的目的又为学生形成更高的学术成就目标。在服务性工作中，学生会分析和探测社区附近的沼泽地，了解社区的演变历程。他们会与无家可归者紧密联系，还会与上一代人密切交往。除了参与服务性工作本身以外，学生们通过这种计划能够发展多种能力，获得真正的学习经验，这也是当前普通课程改革的努力方向。正是意识到"服务性工作计划"的内在价值，美国决策者、立法者以及教育者全方位推进了地方、州和国家层次的计划。1990年的《全国和社区服务法案》和1993年克林顿总统的《全美服务希望法案》则是以法律形式确立服务性工作的地位，昭示了服务性工作计划的发展趋势。

第四节　社区服务与社会实践案例评析

案例6-1

苍霞的变迁①

福州市台江区第四中心小学　许秋芳

【活动背景】

苍霞社区位于福州市台江区，那里，原本是一个由木板搭建的棚户区，居住条件十分简陋。近年来，由于省市各级政府投入大量资金对该区进行了改造，让那里发生了翻天覆地的变化，也引起了福州市民的关注，因为它离我们学校很近，走路只有十分钟的路程，再加上我们班有几位同学的家就住在里面，因此孩子们更是关注。

---

① 张俊锋.综合实践活动课程导论[M].福州：福建教育出版社，2007.

苍霞的变迁经常成为孩子们交谈的话题,于是在实施综合实践活动课程是从下面同学们选择了"苍霞的变迁"这个课题。

【活动目标】

1. 通过走进苍霞,了解城墙的变迁过程,领略家乡的巨大变化,激发热爱家乡、热爱祖国的思想感情,鼓励为家乡建设出谋划策。

2. 学会利用多种途径获取信息培养,收集处理信息的能力,能大胆地对事物做出判断,并提出自己的观点。

3. 在活动中学会与人交流合作分享。

【活动过程】

一、实地参观

星期四下午是我们集中活动的时间,我带上相机,领着孩子们兴致勃勃地来到三县洲大桥,站在桥上远望苍霞新城,"好美啊!"大家不约而同地称赞道,只见新城里一座座高楼拔地而起,整齐地立在一条10米左右宽的三捷河道两边。那一片红白相间的外墙,别墅式的楼顶,成为人们到福州的第一印象。它,代表了福州的形象。我们站在三县洲大桥上,拍摄了许多照片,同学们止不住地称赞苍霞的美景。

这时有人建议在这么远还看不够瘾,我们还不如走进苍霞去看看,肯定会更美,于是,我们的队伍又浩浩荡荡地转移阵地了。一进大门,孩子们就迫不及待地跑进健身公园,里面的健身器材可真多,漫步机、荡秋千、滑滑梯、扭腰机,有适合各种年龄的人健身的各种器具,看着这些孩子们跃跃欲试,终于忍不住上前玩个痛快。我赶紧提醒他们注意安全,时间有限,要爱护器材,别忘了我们来的目的。回校后,孩子们纷纷在日记中写下参观苍霞新城的感受,他们说苍霞新城真是个美丽的大公园。

二、寻找过去的足迹

都说苍霞变化很大,"到底有什么变化呢?"于是我带着孩子们开始分头去寻找有关的资料来了解从前的过去,有的去图书馆查阅书籍,有的去网上查,有的去访问原来居住在苍霞的老人……各种能用的办法都用上了,林凡等同学找来了旧报纸上苍霞的照片,林静把小时候在苍霞拍来的相片也带来了,张烨腾等同学从网上下载的许多资料,刘文强、陈城霞则从老人的描述中收获了不少……通过调查,孩子们了解到,苍霞原来是福州市最典型面积最大的棚户区,位于福州市台江区中部,南临江滨大道,北依下杭路东起之前南路西至白马河一条12米宽的三结合到从棚户区北部穿过。苍霞棚屋区占地面积218.65亩。总人口9 511人,户数3 302户,居民大多数住在结构棚屋,而且都已超过使用年限,居住条件十分恶劣。据说,遇到风雨,房外下大雨,屋里下小雨,因此只要下雨过后一定能看见许多人在修房子,这里的房子都是相连的,只许一辆车进出,要是再来第二辆,至少堵车半个小时,所以人们是不敢开车进来的。

三、比较探因

又一次碰头,同学们把拍摄的照片、画的图画、写的文章,通过各种途径得来的有关资料一一展示出来,比较之下深深地感受到苍霞的巨大变化,他们还想到,这其实也是家乡福州在前进的一个印证。苍霞为什么会有这么大的变化呢?一个问题在孩子们心中产生,大家七嘴八舌地议论起来,有的说这有的说那,最终达成协议还是去群众中调查。再次分头行动,有人去询问拆迁办的同志,有人去访问苍霞物业管理处的人员,有的则去访问苍霞新城中的居民,经过多方验证,他们得出这样的结论:这是党的改革开放的政策好,国家富强,人民的生活水平提高了。程伟说是市政府对群众的关心才有了这项工程。刘艳说,他调查了好多人都说现在工作好找,赚钱容易,所以大家就盖了新房子。各种各样的答案应有尽有,真不可低估他们呀!

四、发现遗憾

当我们怀着激动的心情再次走进苍霞新城,在感受家乡巨大的变化的同时,也发现了苍霞新城中的许多遗憾。于是大家又分头行动了,找出心目中的许多不足之处,并进行了归纳整理,大致有以下几点:

第一,高楼是漂亮,但是楼距太小,房子结构也是不太理想,消防通道太小,消防设施没有配齐。

第二,每栋楼的外观相似,楼号的标志不明显,极易导致老人上错楼梯,带来许多不便。

第三,居民素质较差,经常有人从楼上扔下垃圾,卫生状况较差。

第四,穿过苍霞新城的河道上垃圾很多,河水又脏又脏又臭,河边的围栏太低,很危险。

第五,保安不讲道理,经常与居民发生吵架,甚至发生过保安打人的事件。

第六,新城门口变成菜市场,又吵又闹,既不卫生也不雅观,影响市容。

第七,健身公园缺乏安全防范措施,人们在那里活动存在许多不安全因素,尤其是老人和小孩。

五、提出建议

既然发现了问题,就应该想办法解决,孩子们又碰头了,大家在商量着该怎么办,几天后一封封给苍霞新城物业管理处的信和倡议书诞生了。孩子们建议:

第一,做好环保宣传工作,让大家时刻保持环境卫生,共建美好的家园,还可做些标语,宣传牌子,提醒居民。

第二,对乱扔垃圾的人及时提醒,必要时给予重罚。

第三,建造一个市场,把新城门口清理干净。

第四,投入资金,把河道的围栏增高,在健身器材下面铺些沙子。

第五,把楼号写在显眼的位置。

……

当他们把信寄出去后,把倡议书贴出去时,我和他们一样,也享受到了成功的喜悦,我欣喜地看到他们长大了。

【成果展示】

1. 设计调查表经过一段时间的实践活动,该停下来总结一下了,孩子们设计了一份苍霞新城调查表(见表6-1)。

表6-1 苍霞新城调查表

苍霞新城调查表			
调查的时间		调查的方法	
调查的地点		调查人	
现在的苍霞			
过去的苍霞			
变化的原因			
存在的不足			
整改的建议			

课题组的每位同学各完成一份调查表后再进行交流,共享丰收的喜悦。

2. 交流收获。参加活动的孩子发言真是精彩极了!他们从各种角度讲了自己在活动中的收获,是我们在活动前想都没想到的:刘文强说,他学到了许多书本上没有的知识,养成爱动脑筋,爱问的习惯;邱娟说,她学会了许多收集资料、处理信息的方法,看书读报、上网、访问等;晶莹说,她懂得了怎样与同学们分工合作,尝到了合作的快乐;刘倩从此养成认真观察事物,发现问题自己想办法解决的习惯,做作业也比以前认真多了;林焱说,她懂得了怎样与别人进行交流,怎样把一件事情、一个想法表达得清楚、具体;张烨腾不仅在活动中体验到被夸奖的乐趣,更明白了以后要时时早、事事早的道理;林静学会了与同学团结友爱,还知道遇到挫折,不能气馁;陈炜不但自己养成了讲卫生不乱扔垃圾的习惯,看到别人乱扔垃圾,还会上前阻拦……

【后记】

这次活动是我们首次实施综合实践活动课程,参加的人数也不多,但是大家的兴致可高了。为了拍摄活动过程收集资料,林焱同学放弃了去北京的机会,把省下的钱用来买照相机;姚胡泓看到拆迁工地上的水龙头没关,几次往返于工地,直到水不再长流为止……瞧,孩子们的环保意识增强了不少,更可贵的是他们提出了许多宝贵的整改意见。他们的意见多好啊!如今孩子们的担心竟然真的发生了,今年国庆期间,不就有小学生从苍霞河道边下水游泳而发生溺水身亡的事故吗?如果当时物业处的管理者采用孩子的建议,把护栏加高,也许事故就不会发生。可是当我们把信寄出去后,却如石沉大海,一点回音也没有,是老师的失误,没有及时与苍霞物业管理处做好联系工作。

【点评】

　　这是以社会考察为主的体验性学习活动,许秋芳老师带领孩子以参观考察、访问为基本活动形式,通过接触苍霞、了解苍霞,丰富了孩子们的社会阅历、生活积累和文化积累,较好地实现了综合实践活动课程目标。而且特别值得一提的是,孩子们在活动中不仅认识苍霞,而且还能以强烈的社会责任心,关注苍霞社区的方方面面建设,是难能可贵的!

【案例分析】

一、目标确定

　　课程目标是在培养目标与教育目的具体化下的表现。课程目标的确定,必须综合学生、学科、社会三个维度进行筛选。关于社区服务与社会实践活动的目标取向,与传统课程在功能、价值上有较大差异,社区服务与社会实践作为实践性的课程,强调学生亲历探究、亲身实践,能够学会交往与合作,遵守社会规范与公德,在公益活动中关心他人与社会,珍视生命,热爱生活,能够初步了解自我,发展兴趣,培养解决问题的能力和创新意识、探究能力。

　　在"苍霞的变迁"这篇案例中,其活动目标有三点,分别是让学生了解家乡的巨大变化;激发热爱家乡、祖国之情;培养学生信息搜集处理的方法与能力。总而言之,活动目标设置符合小学生知情意行全面发展的要求。

　　本篇案例尤其注重学生搜集和处理信息的能力,通过老照片与新照片对比、拜访社区居民并与之交流、走访观察如今的苍霞新貌等多渠道搜集信息资料。社区服务与社会实践活动以开放性、实践性的活动为学生提供人际交往与沟通的渠道,在信息搜集与处理的过程中,学生不仅能够学会如何更好地与他人交流沟通,而且能够了解其生活的社区,了解社会,开阔眼界,初步获得生活经验与能力。另外,本案例特别注重在活动中培养学生学会与人交流、合作、分享,以帮助学生更好地融入社会,从而社会性获得发展,与此同时形成健康进取的生活态度,这点值得广大教育者学习。

二、主题选择

　　社区服务与社会实践活动的主题选择要注意以下几点:第一,尊重学生的自主性;第二,注意本土化和生活化取向;第三,预先考虑实施的可行性;第四,结合学科知识和教育教学目的。因此,教师在生成社区服务与社会实践活动课程时,可以结合以上几点开展活动。

　　"苍霞的变迁"是一个非常具有时代感的小学综合实践活动,问题来源是自改革开放以来,社会生活发生了翻天覆地的变化,特别是沿海城市的发展更是令人瞩目。福州市台江区第四中心小学的许多学生从小就生活在苍霞社区,学生感受到了家乡日新月异的巨大变化,对苍霞的变迁也非常感兴趣,课下经常讨论。于是许秋芳老师带领学生了开展了"苍霞的变迁"为主题的社区服务与社会实践活动,本篇案例的主题选择充分尊重了学生的自主性，同时也符合本土化和生活化取向原则，实施起来也相对较容易，但是得做好全面的安全教育工作。

"苍霞的变迁"来源于小学生日常生活，学生自身生活在变化发展的社区中，开展"苍霞的变迁"综合实践活动，兴趣也比较浓厚，能够积极地参与活动中。开展"苍霞的变迁"社会实践活动，通过小学生的亲身参与，增进了小学生自身与社区的紧密联系，在协同性的实践过程中，将学生与集体、周围的社会联系起来，从社会需要的层面激发学生学习的兴趣和欲望，有助于学生形成积极向上的生活体验和生活态度，有利于培养学生的主动精神和服务意识，有利于增强学生的社会责任感。

三、内容选择

《国家九年义务教育课程综合实践活动纲要》明确指出，课程的内容选择需要围绕三条线索进行，即学生与自然的关系、学生与社会的关系、学生与自我的关系。作为实践性强的社区服务与社会实践课程面向的是广阔的社会和学生的整个生活世界，内容具有开放性，主要有五方面即服务社区、走进社会、珍惜环境、关爱他人、善待自己。

在进行社区服务与社会实践的内容选择时，需要注意与学生的履历经验相联系。如在选题阶段，小学阶段学生更喜欢的是密切联系日常生活的问题。在活动方式上，小学生主要通过观察、走访、访谈等方式进行研究；在研究的深度上，培养小学生独立思考、实践的能力，能够独立搜集和处理信息。

在这篇"苍霞的变迁"案例中，许秋芳老师所选择的内容是每天都在悄然发生变化的苍霞社区，是部分班级学生生活在其中并且在课后讨论的苍霞新城。社区服务与社会实践活动内容取材于生活之中，在活动开展阶段学生的积极性和参与度也会更高。

四、资源开发

综合实践活动课程虽然由国家规定了课程名称、课时、实施要求，但是具体实施以及实施内容、形式、过程则完全由学校自主决定。作为四大领域之一的社区服务与社会实践亦是如此，因此首先要对社区服务与社会实践活动资源有充分的认识和高效获取途径。在进行社区服务与社会实践资源开发时要遵循开放性、经济性和共享性原则：

本篇案例在资源开发上，以社区资源为主要开发对象，师生在苍霞社区的生活、社交并且在社区中接受教育，苍霞社区的人文社会环境与师生的关系十分密切。通过"苍霞的变迁"这一综合实践活动对社区资源的开发，师生共同走出学校走进开放性的社区，不仅开拓了教师和学生的思路，丰富了课程开展的形式和内容，也激发学生的兴趣，开阔学生视野，加深学生对生活的理解。通过对社区资源的利用和研究使学生对社会有初步的认识，增进学生与邻里的交往，培养学生团结友爱，乐于助人的优良品质。

五、活动实施

在活动实施阶段主要从活动过程的人员组织、活动方法、活动过程中的教师指导等维度进行评析。

1. 人员组织

在实施过程中，"苍霞的变迁"综合实践活动主要以师生共同实地参观为主，通过对

苍霞新城的走访、参观,在参观结束之后搜集资料、对长期居住在苍霞的老人进行访谈,了解苍霞的过去与新貌。在实地参观考察的过程中,我们发现教师没有对全班学生进行分组,而是采用了集体参观的形式,事先也没有规划好参观的目的,所以在参观时许秋芳老师是不是应当提醒学生别忘了来的目的。另外,在活动实施之前许秋芳老师也没和苍霞社区的物业管理人员做好交流沟通工作,以致参观结束后学生们针对社区目前存在的种种问题所提出的建议没有到达物业管理处。

2. 活动方法

本篇案例主要采用参观法、访谈法、对比法,实地参观苍霞新城,感受近年来苍霞的变化,通过对苍霞居民的交流、访谈,加之班级学生拍摄的苍霞社区新貌的照片与小时候拍摄的照片以及旧报纸上苍霞的图片进行一一对比,深深感受家乡的巨大变化。

3. 教师指导

我们欣喜地发现,在整个实施过程中,学生充分发挥了主体性,能够敏锐地发现苍霞新城目前存在的一些问题与潜在隐患,并且能够提出一些可行性的意见与建议,学生信息搜集能力、交流沟通能力、问题解决能力得到了很大的发展。遗憾的是,教师在整个综合实践实施的过程中,没有充分发挥主导作用,整个过程中对学生也缺乏必要的指导与评价。值得注意的是,在社区服务与社会实践活动过程中,教师不应该放手不管,而应该给予学生必要及时的指导。

六、活动评价

对社区服务与社会实践活动的评价不仅要对活动结果进行评价,还要对活动过程、学生活动中的体会与感悟进行评价,还有师生、生生之间的互评。

1. 过程评价

过程评价是教师在进行活动过程中对学生的即兴评价。本案例中,虽然学生们在活动中的表现出乎老师的意料,但是在整个活动过程中老师未对学生的表现做出适时的评价,学生在过程中没有得到老师的反馈,同时也没有生生在活动过程中的互评。活动过程中的评价有利于下一阶段任务的开展。

2. 学生的感悟与收获

在本案例中,在活动中安排了一个交流收获的环节,班级学生都讲述了自己在参加本次活动的心得与体会,孩子们收获很多、受益良多,字里行间透露了本次社区服务与社会实践活动是成功的。值得注意的是,这篇案例未出现教师的自我认识与体会,教师的体会与感悟是促进教师专业化发展的重要途径,也为今后社区服务与社会实践活动提供经验与帮助。

3. 师生、生生互评

在师生、生生互评方面,同样存在遗憾,虽然在"苍霞的变迁"中学生们收获不少,养成了爱动脑筋、勤于思考的好习惯,提高了信息搜集能力,增强了环保意识,问题解决能力也得到很大的提高。活动最后虽然教师和学生之间进行了交流,但是缺乏教师对他们的评价,以及学生之间的互评,学生的变化发展教师虽感受到,但没有及时准确地给予学生肯定和鼓励,这一点是需要教师改进的。

案例 6-2

小公民环保政策宣传[①]

小公民环保政策宣传属于公民教育社区服务活动。公民教育社区服务活动是指学生作为公民,在教师的指导下,走出教室,进入实际的社区情境,开展力所能及的社区服务活动,满足社区的实际需要,养成服务精神。同时,学生在服务中运用所学知识和技能服务社会,并在活动中获得新知识、新技能,实现自身的成长。通过活动使学生理解民主的意义,增长公民知识,形成公民技能和养成公民品质,成为负责任的新公民。

公民教育社区服务活动课程作为一种新的公民教育课程形式,是一种实践性课程,与单独开设的公民教育课程具有同等重要的地位。它通过精心的组织和实施,不但能以服务项目的形式整合公民教育的内容,而且可以通过服务活动渗透公民教育的理念,促进学生公民知识的掌握、公民技能的形成和公民品质的养成。

2008年6月1日,国务院办公厅颁布的"限塑令"开始正式实施,但效果不尽如人意,许多问题依然如故。究其原因,一方面,许多人对政策细则不了解,致使该法规形同虚设;另一方面,人们长期形成的习惯积重难返,加之执法不力,在农贸市场等地方,此法得不到贯彻。由此看来,"限塑"任重道远。扬州工人子弟小学是江苏省"绿色学校",该校长期开展环保教育,具有进行"限塑"政策宣传综合实践活动的良好基础。此外,学校所在社区居委会也正在宣传"限塑令",为主题活动提供了有力的社会支持。开展环保政策宣传,引导学生从身边的事做起,培养学生的服务意识、责任意识和公民参与意识,并逐步将活动扩大到家庭、社区乃至整个社会,是公民教育的一个重要课题。

【活动设计】

一、活动准备

(一) 教师准备

1. 引导学生对问题进行分类整理,从不同方面了解"限塑令"的相关内容。
2. 指导学生根据自己不同兴趣进行分组,并选举小组组长。
3. 指导学生撰写宣传单和申请报告。
4. 指导学生学习相关行政办事程序,协调社区和环保局相关人员。
5. 筹措活动经费和所需物资。

---

① 潘洪建.小学生综合实践活动[M].镇江:江苏大学出版社,2010.

（二）学生准备

1. 根据学生的兴趣特长，成立相应的活动小组。
2. 学会写调查报告、访问记录、申请报告、活动日记等。
3. 学会使用相关的信息技术。
4. 在老师的指导下，了解国家法律、法规及行政办事程序。

（三）社区人员准备

1. 菜市场管理人员为学生开展活动提供支持和帮助。
2. 小区管委会为学生宣传活动提供场地和其他活动条件。
3. 社区政策宣传员协助学生了解政策法规细则，提供政策资料。
4. 工商管理部门和环保部门为学生了解宣传申请程序提供法律、法规资料和帮助。

二、活动目标设计

（一）基础性目标

1. 了解社区的一般性知识。
2. 了解个人行为与社会的关系，学会做负责任的小公民。

（二）发展性目标

1. 公民知识目标：上网搜集资料，了解国家法律、法规、社会公共政策方面的基本知识。
2. 公民技能目标：培养社会参与、理性决定及实践能力；培养表达、沟通及合作的能力；培养探究的兴趣以及研究、创造和处理信息的能力；培养批判思考、价值判断及解决问题的能力。
3. 公民态度、价值观目标：通过活动体验，培养对社区及整个社会的认同和关怀；培养民主素质、法制观念以及负责的态度；增强服务意识，形成积极健康的情感体验和充实进取的生活态度；培养了解自我与自我实现的能力，发展积极、自信与开放的态度。

三、活动过程设计

（一）活动介绍

通过讲解，让学生了解公民的含义及环保对当今社会经济、政治的意义。

（二）活动主题产生

给学生介绍"限塑令"的内容以及实施的情况，联系实际，采用"头脑风暴法"，师生共同归纳几个不同的活动主题。

（三）各小组活动方案设计

指导各小组制订小组活动方案，教师要充分发挥学生的主动性，让学生自己制订活动方案，不能由教师取代。

（四）活动实施

各小组根据制订的方案活动，在活动中要做活动记录并自我反思。

(五)成果汇报与评价

各小组可在教师的指导下,采取对话、倡议书、图表等形式汇报动的成果。评价包括对活动方案、小组、学生、指导教师的评价。

【活动实施过程】

一、主题的产生

一次早读,班级卫生委员向全班传达了中央电视台"新闻三十分"节目报道的"限塑令"执行情况:该项法令在大型商场和超市都执行得很好,但在农贸市场、社区的零售点执行情况却很不理想。同学们议论纷纷:"限塑令的详细内容是什么呢?""废弃的塑料袋对环境有什么危害?"……他们有太多的问题想要搞清楚。这时,一位同学站起来大声说道:"社区中废弃的塑料袋到处都是,我们社区居委会正计划如何深入宣传该项政策呢!"卫生委员思索片刻,对大家说:"那我们就联系社区开展一次环保政策宣传吧!""好!"全班同学异口同声地回答,活动主题就这样确定下来。

二、活动实施

第一阶段:准备阶段

(一)确定各小组活动主题

根据"环保政策宣传"的主题,在教师的指导下,同学们自愿成立6个小组:

1. 信息搜集组:搜集相关政策和塑料袋的危害等信息。
2. 调查访问组:调查居民是否了解这项政策,小区塑料袋的实际危害。
3. 宣传单设计组:根据以上两组搜集资料设计宣传单。
4. 宣传申请起草组:了解宣传活动申请的程序,并起草宣传单。
5. 宣传组:负责联系居委会,散发传单和讲解政策。
6. 环保袋设计组:设计和制作环保袋。

(二)以小组为单位制定活动方案

孩子们在活动策划时很快进入角色,围绕自己组的活动任务,策划行动计划,并由小组长撰写计划书。

环保袋设计制作组计划书

活动内容:了解"限塑令"内容,组员设计制作环保袋。

活动预期目标:

1. 学会运用所学美术知识设计环保袋。
2. 在家长或美术老师的指导下制作环保袋。
3. 环保袋的样式要多。

活动形式:手工制作。

活动安排:

1. 找旧挂历纸、报纸等制作材料。
2. 邀请美术老师加入活动。

3. 设计环保袋图样并制作。

4. 装饰环保袋。

队长、队员、指导教师名单(略)

第二阶段:实施阶段

利用节假日时间,学生开展为期一个月的活动,活动以学生为主,教师、班主任、家长协助指导,具体活动实施情况如下(以两组为例):

(一)调查访问小组活动实施状况

活动时间:2008年7月10日。

活动地点:小区和窦庄菜场。

活动实施阶段:

学生先上网搜集资料,列出信息点,设计调查问卷,随后进入小区菜场发放问卷(发放问卷50份,回收41份,有效问卷30份),调查结果如下:

1. 您在日常生活中是否经常使用塑料袋?

经常使用(19);偶尔使用(8);几乎不用(3)。

2. 您如何处理使用过的塑料袋?

直接丢掉(4);当垃圾袋再用(19);多次循环使用(7)。

3. 您是否了解塑料袋造成的环境危害?

非常了解(11);了解一些(15);不清楚(4)。

4. 您觉得塑料购物袋多少钱一个比较合适?

0.20元以下(25);0.20元至0.50元(4);0.50元至1元(1)。

5. 您现在是否已经准备了环保布袋等塑料袋替代品?

已经准备了(22);没准备,打算准备(6);不想准备(2)。

6. 环保倡议:告别污染、从我做起,我承诺,我能!

承诺(29);放弃(1)。

(二)环保袋设计、制作小组活动实施状况

1. 图样设计阶段。

活动时间:2008年7月4日下午1:30。

活动地点:王冬妍同学家。

活动目的:在家长和美术老师的指导下,让同学运用所学美术知识设计环保袋图样。

活动过程:环保袋设计、制作小组共有8人,成员之间分工协作。该阶段主要准备布、纸等材料,设计图样,然后进行裁剪。

2. 环保袋粘贴和装饰。

活动时间:2008年7月14日上午9:00。

活动地点:王冬妍同学家。

活动目的:将裁剪好的材料粘贴起来,并进行装饰。

活动过程:

(1) 把裁剪好的材料该粘贴的地方用双面胶粘贴起来。

(2) 在环保袋的上半部分的中间打两个一样大小的孔。

(3) 寻找两根带子穿孔。

(4) 对环保袋进行装饰。

第三阶段:总结阶段

2008年7月25日上午在学校的阶梯教室里,学校校长、活动指导老师以及各个小组成员聚集在一起,开办了一个丰富多彩的成果展示会。学生通过积极主动参与活动方案的设计,完成了小组活动任务;运用书本知识于社会实践,对环境保护问题有了比较深入的认识;在环保宣传、环保产品设计与制作过程中获得丰富的体验;在活动中搜集、积累了大量资料,收获颇多。因此,他们在成果展示会上非常兴奋,表现欲望很强,积极、大胆地进行展示,内容丰富多彩,形式生动活泼,整个成果展示会持续了4个多小时。每一个小组都争相展示自己的作品。

(一) 资料搜集整理

信息搜集组:网上下载资料6份。

调查访问组:收回调查表41份。

宣传单、宣传画设计组:宣传单3份,宣传画10份。

宣传申请起草组:宣传申请表1份,搜集宣传申请程序资料4份。

(二) 活动成果展示

小组活动成果汇报实录(以宣传小组为例):

师:在这次活动中,宣传小组无论是准备工作还是具体实施都做得不错,你们有信心展示给大家吗?

生:有!(嘹亮而兴奋)

生:我们小组的活动主题是"环保政策宣传"。在信息小组和调查访问小组搜集的资料基础之上,宣传单设计小组给我们设计了宣传单。在此,我们组对他们表示衷心的感谢!

生:我们小组成员的一位家长在窦庄菜场工作,利用这一有利条件,我们经过该家长与菜场管理部门取得了联系,并取得了他们的同意。

生:我们小组有6个人,7月25日上午我们来到了窦庄菜场,虽然中午的天气很热,但同学们都很高兴。

师:你们是如何开展活动的?

生:我们先在菜场的一楼和二楼观察了一下,发现今天菜场里的人不多,顾客的手里提着五颜六色的塑料袋。

生:经过小组成员协商后,大家一致同意在一楼的入口处进行宣传,因为那儿的人比较集中,便于宣传。

师:你们是怎么宣传的?

生:我们首先向顾客发放宣传单,然后向他们讲解,有的人很配合,而有的人不耐烦,这让我们很不理解。

生:我遇到一个顾客,他连看都不看就把宣传单扔在地上。

师:你们是怎么做的?

生:我把地上的宣传单捡起来,周围的顾客都称赞我。

师:除了散发宣传单,你们还做了哪些事?

生:我们小组还把环保袋设计小组制作的环保袋赠送给顾客。

生:顾客都夸我们做得好,同时我们发现不同年龄的人喜欢不同的颜色。

生:在做完以上的两项工作后我们就离开了菜场,大家都非常开心,虽然活动中遇到了一些困难,许多人不配合我们的活动。

师:你们活动后的感想是什么?

生:国家政策法令的执行需要我们每一个人的参与,作为在校的学生更应该积极参与。这次活动非常有意义,不仅宣传了限塑令,还让我们自己得到了锻炼,学会与人合作,与人交流,初步了解社区生活。

……

(三) 宣传活动成果

申请小组制作的广告宣传活动申请表(略),宣传单、宣传画小组设计的宣传单与宣传画(略)。

(四) 信息搜集小组成果

环保倡议书

塑料袋的确给我们生活带来了方便,但是这一时的方便却带来长久的危害。人们日常购物用的塑料袋大多是用塑料制成的,虽然看上去不起眼,但由于使用数量大,造成的资源浪费、环境污染十分惊人。据中国塑料再生利用专业委员会介绍,我们每天买菜要用掉10亿个塑料袋,其他各种塑料袋的用量每天在20亿个以上。废塑料袋随垃圾填埋不仅会占用大量土地,而且被占用的土地长期得不到恢复,影响土地的可持续利用。进入生活垃圾中的废塑料制品如果将其直接填埋,200年的时间也不降解。

国务院办公厅发出通知,要求各地限制和禁止生产、销售与使用塑料购物袋,并规定自2008年6月1日起所有超市、商场及集贸市场零售商品销售过程中必须实行塑料袋有偿使用制度。我认为这个"限袋"、"禁袋"、"有偿使用"太及时、太好了。用"限袋"、"禁袋"、"有偿使用"来促使人们自觉形成保护环境的意识。这表明了我们国家在对水污染高度重视的同时,对环境污染也引起了高度重视。

作为新世纪的少年儿童,我们应当积极地参与到这项活动中,从我做起,从现在做起,不使用塑料袋,倡导使用环保袋,大力开展宣传,带动家人和周围的群众投身到这项活动中,让大家正确认识国家出台"限塑令"的真正目的和意义以及废弃塑料袋对环境带来的不可估量的污染。让大家拒绝或减少使用塑料袋,减少塑料垃圾对环境的污染,节约石油资源。小手拉大手,让我们为祖国环保、为祖国的美好明天出一份力!

工人子弟小学五(1)班全体同学

(五) 学生的活动收获

环保袋设计制作小组个人活动记录及感想

今天,太阳火辣辣地照着大地,我顶着烈日去王冬妍家参加活动。我到她家后,等了一会同学就开始活动了,这次活动的内容是做环保袋。王冬妍拿出纸,我们几个就各自忙开了。我先把纸对折,用双面胶粘好,接下来就是做底了,我不会,便向大家求助,哪知大家都不会做,谁也不敢轻易动手,生怕剪坏了。大家围聚在一起讨论着,王冬妍拿尺在纸上来回比画着,李馨月在纸上折了一道又一道印子……功夫不负有心人,大家的讨论、努力没有白费,我们成功了!于是,大家一起动手,又做了起来。最后的方法是,在这张纸对折后粘成长方形的两个宽中选择一个作为底,在这个宽的最左侧和最右侧各量出一个宽2.5厘米,长6厘米的长方形,沿外面的宽剪开,接着按刚才剪的槽立起来,底再拿双面胶一粘就OK了。活动结束,我们就回家了,我期待着下一次活动的到来。

我觉得我们组的活动开展得不错。组长很负责任,指挥周到,大多数同学能按时参加活动。在活动中,同学们遇到困难时,能动脑筋,想办法,会和其他同学共同努力,解决难题。这让我们知道团结很重要,也让我们知道遇到困难要善于动脑筋。我们做环保袋是为了更好地保护我们的母亲——地球妈妈,让我们懂得环保是不能少的,这个活动非常有意义!(盛琦轩)

【活动评价】

一、对活动方案的评价

该活动方案能利用国家颁布"限塑令"的有利时机,适时地设计与生活密切联系的方案。同时,能充分地利用工人子弟学校的特色和学生的兴趣,能考虑到社区的真实需要,很好地把学校社区和家庭联系起来。不足之处是:有些地方计划得不够完备,如没有让居住较近的同学组成小组,方便学生更深入地开展活动;由于指导教师不是活动班级的任课老师,对各小组的指导不能完全到位。

二、对小组的评价

从活动过程的角度入手,针对此次活动中体现出的情感态度、合作交流、学习技能等方面进行细化。根据细化的条目,分别给出相应的A、B、C、D等级评定(见表6-2)。从此表中可以看出,不同的评价内容所指向的纬度是不同的,整个评价表更看重的是活动过程中彼此间的合作,强调活动设计的创新,多样化的思维,关注到学生综合素质的发展。

表6-2 小组评价表

评价项目	评价内容	评价等级			
		A	B	C	D
情感态度	积极参加活动				
	主动提出设想				
	不怕困难辛苦				
合作交流	主动配合同学				
	乐于帮助同学				
	倾听同学意见建设				
	积极参与班组活动				
学习技能	活动计划构思新颖				
	搜集信息方法多样化				
	实践方式方法多样化				
活动过程	积极动脑、动口、动手				
	能与同伴交往合作				
	活动方式富有创意				
	具有强烈的社会和环境意识				
成果展示	表演				
	作品展览				
	成果方式多样新颖				
	设计				
收获体会					

三、对学生的评价

(一) 学生自评与互评

活动后,让参加活动的学生对自己进行自评,反思自己在活动中的表现,发现自己的优点和缺点,同时展开互评。通过自评与互评,促使学生学会在反思中成长、进步。具体可参照表6-3所示。

表6-3 学生评价表

评价主体		评价内容	评价内容(以描述性评价为主,也可在相应栏目下画"√")
学生评价	自评	是否参加活动主题的选定	
		是否对活动主题感兴趣	
		通过哪些途径和方式搜集资料	
		活动中遇到的最大困难是什么	
		是否对活动结果满意	
		你认为自己与他人的交往能力提高了吗	
		你认为小组中合作怎么样	
	互评	小组成员间是否合作愉快	
		小组怎样克服活动困难的	
		小组活动存在什么问题或不足,今后怎么加以改进	

（二）指导教师对学生的评价

指导教师参加活动的筹划、实施与指导,对整个活动全程充分了解,他们对学生活动的评价最有发言权。指导老师的评价可参照表6-4所示。

表6-4 教师指导评价

评价主体	评价内容	评价内容(以描述性评价为主,也可在相应栏目下画"√")
指导者评价	学生是否能积极参加活动主题的选定	
	对主题活动的兴趣是否长久	
	小组成员是否明确分工与有效合作	
	学生获取资料信息的途径和方式有哪些	
	学生活动成果是否达到了预设的活动目标	
	学生是否有独创的表现	
	学生是否能利用学科知识服务社区	
	学生是否有社会责任意识	

（三）社区人员对学生的评价

在社区服务活动中,社区人员协助并指导学生开展活动,在活动中社区人员与孩子们接触,了解他们在活动中的表现,是学生评价的重要主体(见表6-5)。此外,社区人员还可以对学校开展的活动提出自己的宝贵意见,促进学校的综合实践活动的开展。

表 6-5 社区人员评价表

评价主体	评价内容	评价内容(以描述性评价为主,也可在相应栏目下画"√")
指导人员评价	学生的服务是否满足社区需要	
	如何看待活动结果(包括情绪体验、成长变化、各种作品等)	
	如何看待学校开展的本次活动,有何建议	
	学校与社区合作程度如何(好、较好、差)	
	被服务对象的评价(好、较好、一般、差)	

四、指导教师体会

从案例的构想到主题活动的结束,历时两个多月,我们深深体会到组织一次主题活动的不易,同时也被活动中的人和事所感动。对开展社区服务活动有了深切的体会。

首先,工人子弟学校对活动给予了大力支持,各部门给予了大力协助。五(1)班班主任,在期末考试时间很紧张的情况下,抽出时间安排主题活动的开题,并利用学校的课程资源为活动的开展服务。在主题活动的结题阶段,校长能联系班主任安排活动汇报的相关细节。该项活动如果离开学校的支持根本不可能完成。

其次,孩子们在活动初期的热情以及活动中的表现积极。活动主要安排在暑期,天气炎热,但同学们还是坚持参加活动。在活动中,他们克服了许多困难,能利用所学的知识技能,通过合作的方式进行环保政策宣传活动,服务于社区;同时他们克服了对社会的陌生心理,通过活动锻炼了自己。

再次,活动的实施过程和结果为今后开展活动积累了经验。通过本次活动,学生不仅综合运用了科学知识,提高了动手、动脑的能力,加强了同学之间的合作,而且还增强了环保意识,培养了社会责任感和公民意识。

五、专家点评

在当今时代,环境保护问题和能源短缺问题日益成为全球关注的焦点和世界性的难题。"小公民环保政策宣传"活动是一个比较系统、完整的关于小学生参与社区环保政策宣传活动的综合实践活动案例。该案例能适时利用国家"限塑令"颁布的有利时机,从人与自然、社会及他人和自我的关系等维度出发构建活动的设计方案、实施过程和活动评价;能较好地将环境保护、服务社区和学生公民意识的培养等方面结合起来。

学生通过活动可以运用所学的学科知识和技能服务社区,同时在活动中获得新的实践知识和技能,其中包括公民知识、技能和价值观。本次活动提高了学生对于人与自然、社会及他人和自我关系的认识,进而培养了学生的社会责任感和公民意识。无论是活动设计、活动实施,还是活动评价,都不是单纯考虑或关注某一个活动主体或某一个问题,而是注意把探究的主题放在社会生活、教育、精神文明建设的大背景中综合考虑和研究。在活动设计、实施和评价环节,学校全面组织了学生、教师和社区人员的共同参与。活动内容和形式丰富多样,既有调查和访谈,又有设计与制作,还有宣传和倡议等活动。活动资料搜集齐全,尤其是活动实施阶段的资料都源自学生在自主、合作的活动中的真实体验。活动较好地整合了学生、自然、社会、学校、教师等多方面资源,使学生得到了全面的锻炼。活动通过组织学生参与活动方案设计、完成小组活动任务,开展活动评价,运用书本知识于社会实践,使学生对环境保护问题有了比较全面和深刻的认识,在环保宣传、环保产品设计与制作过程中直接体验和感悟我国的环境问题,从而形成公民环境保护意识、社会责任感和道德行为习惯,并养成把自我融入自然、社会、集体之中,发挥集体的智慧和力量,服务社区和社会,做一个合格公民的思想。(点评人:天津师范大学司成勇博士)

【案例评析】

下面我们将从目标确定、主题选择、内容确定、资源开发、活动实施、活动评价等方面来对这篇案例进行评析:

一、目标确定

"小公民环保政策宣传"是从基础性和发展性两方面来确立活动的目标,此番设置颇有新意,既关注了学生发展的基础性,又注重学生更深程度的发展。其目标分解如下:

基础性目标是让学生了解社区的一般性知识,了解个人行为与社会行为的关系,学会做负责人的小公民。基础性目标设置能够更好地发展学生的社会性,遵守社会规范与公德,促进学生更好地融入社会。

发展性目标的设置是从公民知识目标、技能目标、态度价值观目标设置的,即从新课程的三维目标出发的但是又不完全拘泥于三维目标的方方面面。知识目标是让学生了解国家法律、法规、社会公共政策方面的基本知识;技能目标注重培养学生社会参与、理性决定及实践能力、表达、沟通及合作的能力、探究的兴趣以及研究、创造和处理信息的能力、培养批判思考价值判断及解决问题的能力。发展性目标的设置更侧重学生能力的发展,通过活动体验,培养学生对社区及整个社会的认同和关怀;培养民主素质、法制观念以及负责的态度;增强服务意识,形成积极健康的情感体验和充实进取的生活态度;培养了解自我与自我实现的能力,发展积极、自信与开放的态度,这是本篇案例目标设置的闪光点。

二、主题选择

诚如司成勇博士所言,当今社会环境保护问题和能源短缺问题日益成为全球关注的焦点和世界性的难题,我们生活的环境日益遭受严重污染,大气污染、水污染、土壤污染等问题亦是如此,学生与自然的关系维度是小学综合实践内容的重要方面。"小公民环保政策宣传"综合实践活动紧密联系国家环境保护政策"限塑令",从社会热点中选择合适的主题进行活动,通过该活动向周边社区群众宣传环境保护政策,减少塑料袋的使用,降低白色污染。同时培养学生的服务意识、环保意识和公民参与意识,增强社会责任感。

在主题选择上,"小公民环保政策宣传"综合实践活动紧扣社会热点问题采用"头脑风暴法"确定了活动主题。时代经济的发展,环境保护越来越成为焦点问题。党和国家充分重视,利用"限塑令"的颁布以期降低白色污染。塑料袋与学生的生活息息相关,在日常生活中随处可见,学生对此的关注度与兴趣也比较高,易于综合实践活动的开展。

三、内容确定

在确定社区服务与社会实践活动内容时,应从学生的经验兴趣、生活中的热点话题、学生学科知识的延展等方面着手,并且要依据学生的年龄特征、履历经验和知识水平。"小公民环保政策宣传"紧凑时代热点话题"白色污染",塑料袋在日常生活中随处可见,学生对此非常熟悉,易于整个综合实践活动的开展。国家对"白色污染"的重视和其在生活中运用的普遍性以及问题解决的迫切性,是此次活动开展的不竭动力。

四、资源开发

在本篇案例中,充分发挥学生资源开发的主动性和自主性,以学生自主开发资源为中心,主要是通过学生自己搜集塑料袋污染危害的信息、向社区居民宣传塑料袋的危害、自己设计并制作环保袋等活动来开发活动资源。同时美术老师在设计并制作环保袋的环节中,为学生提供一定的指导,确保活动过程中资源的有效利用和处置,确保活动顺利有效地进行。

五、活动实施

在活动实施阶段,主要从活动准备、人员组织、活动方法方法、教师指导等维度进行评价。

1. 活动准备

不难发现,本篇案例活动准备非常充分,分别考虑到了教师、学生、社区工作人员三个方面。教师在活动开展之前给学生科普"限塑令"的相关内容,对全班学生进行分组合作,指导学生如何撰写宣传单和申请报告等。同时指导学生学习相关行政办事程序,协调社区和环保相关人员。这一点做得非常到位,事先与社区等沟通才能确保活动顺利开展;学生则根据兴趣成立相应的活动小组,能够学会活动记录,了解相关法律法规;社区人员提前为学生开展活动提供场地支持和帮助。

2. 活动方法

在"小公民环保政策宣传"这篇案例中,采取的主要活动方法有:社会调查法、行动研究法。活动主要通过对社区居民的问卷调查,了解他们日常生活中塑料袋的使用情况、对塑料袋造成的白色污染的了解情况、国家限塑令的了解情况以及是否能相应国家限塑令的号召,减少塑料袋的使用降低白色污染。在了解上述情况之后,向社区居民发放传单向其宣传塑料袋的危害,学生们动手制作环保袋分发给社区居民让大家拒绝或减少使用塑料袋,减少塑料垃圾对环境的污染,节约石油资源。整个过程是行动研究的主要体现。

3. 人员组织

在本案例中，由于活动准备充分，在统一确立主题以后，教师根据学生的兴趣并且按自愿的原则将学生分为信息搜集组、调查访问组、宣传单设计组、宣传申请起草组、环保袋设计组设计，各组各司其职，分工合作，各自有活动的任务。在整个活动过程中，由小组长统整组员们很快进入角色，保证了活动顺利高效地开展，这一点值得我们学习。

4. 教师指导

社区服务与社会实践活动中，教师是引导者、协调者，发挥主导作用，学生则在整个活动中发挥主体作用。在实施过程中，"小公民环保政策宣传"活动涉及两方面的活动，一是环保袋的制作，二是"限塑令"颁布后，社区居民对于塑料袋的使用情况和塑料袋污染的走访调查。通过教师的指导，学生分工合作成立了宣传活动小组，分工进行宣传。教师也做好了充分的准备，与社区工作人员做好沟通保证实践活动的顺利开展。因为是暑假里开展的，因此在实施过程中，学生充分发挥了主动性，教师对活动本身的指导不是很多，只是协助指导，把活动的自主性充分留给学生。

六、活动评价

在实施评价方面，"小公民环保政策宣传"活动非常值得我们学习，评价主体的多元性，评价方式的多样性、评价内容的多层次。评价主体有教师、学生，通过教师指导评价、学生自我评价以及小组评价，学生可以获得多方位的认识发展与提高。从情感态度、合作交流、学习技能、活动过程、成果展示、收获体会来对整个过程中学生的表现进行评价，而不是对结果的简答评价。注重学生在活动的内心感受与体会，通过自评与他评方式的相结合，促进了学生与他人、学生与自我关系的发展。

首先是对活动方案进行评价，本案例从优点和不足之处两方面进行评价分析，即全面又中肯，这一点对我们评价其他活动方案有很大帮助。接着是对合作小组进行分析，设计了一个量表分别从情感态度、合作交流、技能方面、活动过程、成果展示和收获体会等方面按 A、B、C、D 等级进行评价，而不是简单地评价好坏，这样评价的好处就在于不会损伤学生的积极性和自尊心。其次是学生的自评与互评，同样是设计了量表，这份量表里的亮点就在于每一项都鼓励学生以描述性评价为主，使得评价不显得单薄。指导教师的评价亦是如此，评价的内容更注重活动过程中学生的表现。本案例还增加了社区工作人员对学生的评价，其出发点主要是希望从社区这个第三方来客观地评价本次活动的成果，这一点还是比较新颖的，以往很多案例都没有涉及，值得我们去思考。另外，本案例在评价中不仅关注了学生参与活动后的体会与感受，而且也关注了指导教师的体会。教师在活动过后的体会与思考不仅有利于教师专业成长，也为下次综合实践活动积累了经验。

总而言之，"小公民环保政策宣传"这篇案例在选题、内容确立、人员组织、活动过程以及活动评价等方面，都不失为一篇优秀的社区服务与社会实践案例，值得我们去认真研读与学习。

案例 6-3

"走访社区菜场"活动案例

黄利锋　周惠琴　张家港市万红小学

【活动背景】

社区服务与社会实践是学生在教师的指导下,走出教室,参与社区和社会实践活动,以获取直接经验,发展实践能力,增强社会责任感为主旨的学习领域。社区菜场临近校园,与学校只隔一条街道,建筑结构成封闭形状,学生在菜场内能够比较有序地开展实践活动,在一定程度上避免了学生外出活动所带来的安全隐患。社区菜场蕴藏着丰富的活动资源。我对社区菜场了解吗?菜场内有哪些特色小吃?我会买菜吗?我有自己的拿手菜吗?我会设计一份营养全面、搭配合理的菜单吗?相信学生只要经历了这个活动,自身的生活自理能力和人际交往水平会有较大的提高。

【活动时长及活动目标】

本次活动需要持续8课时左右,活动准备1课时,走访菜场1课时,整理制作和分享小吃名片2课时,拿手菜品尝2课时,整理活动资料和小组汇报2课时。

活动的总目标:

1. 到社区菜场实地考察,对菜场的基本情况有一定的了解,如菜场的框架、摊贩的位置和物品的种类等。

2. 深入了解菜场内某种小吃,从小吃的名称、来历、特色、原料和工艺等方面开展采访,提高自身交往能力。

3. 提高信息技术应用技能,利用网络进行学习,收集、整理信息,发布个人博客,制作专题PPT。

4. 能够与同学分享自己制作的菜肴,在交流中提高家务劳动能力。

5. 学习掌握营养健康知识,会初步设计一份菜单。

【活动准备】

首先,教师要先向学校领导提出活动申请,学校同意后才能开展活动。其次,教师还要和社区管理人员事先沟通,允许学生进入菜场调查采访,并为学生介绍社区菜场的基本情况。最后,还要在学校网站学生博客平台上建立一个"走进社区菜场"专题博客,发布和整理学生的活动成果和活动记录。有条件的学生可以准备好数码相机,把自己看到的和小组内活动拍摄下来,作为活动记录。

【活动过程】

一、走访社区菜场

(一)师生共同讨论,确定可研究的课题

1. 社区菜场的基本情况与功能。

2. 可以通过观察菜场布局,采访工作人员开展研究。
3. 菜农的个体研究。很多菜农都是中老年人,他们为什么还要出来卖菜呢?
4. 小吃店的经营状况。
5. 水果知多少。
6. 品种多样的水产食品。
7. 蔬菜价格的研究。
8. 菜场购物的技巧。
9. 搭配合理的饮食。

(二) 小组方案设计

学生4~5人一组,成立研究小组。活动方案设计(见表6-5)。

表6-6 小组活动方案

班级		组长		小组成员	
研究主题					
我们准备怎么做					

方法引导:如何参与小组讨论。小组讨论是我们与伙伴合作的一种互动方式,有效的小组讨论有助于集思广益,发挥众人的才智。那么我们该如何参与小组讨论活动呢?首先要和同伴明确讨论主题,其次要认真思考,做好发言准备,大胆讲出自己的想法。另外,在别人发言时,不要抢话,要尊重他人,要学会认真倾听。

(三) 方案交流

各个小组完成方案设计后,进行全班交流,同学之间可相互提建议,进一步完善方案。

(四) 开展活动

各小组可以利用采访表(见表6-7)来进行。

表6-7 社区菜场采访表

时间		地点		被采访人		记录人	
采访问题				采访记录			
1. 平时哪一种食品比较好卖							
2. 你觉得哪些食品适合小朋友吃							
……							

方法引导:采访中要注意的问题:① 态度要有礼貌。② 交谈要讲究技巧,话题偏离时不打断别人的谈话,但又能引入主题。③ 小组要分工,做好采访记录。

二、制作菜场小吃名片

(一) 导入

随着张家港市经济的飞速发展,外来人口越来越多,给我们带来了全国各地的小吃,今天我们一起来做一张各地小吃名片。

(二) 设计

方法引导:在设计简易调查表之前,先要明确调查的目的是什么,调查的对象是哪些人,调查的项目能否达到调查的目的,调查后的数据是否容易整理等。在明确这些要求后,再设计调查表(见表6-8)。

表6-8 社区菜场小吃名片记录表

班级		小组成员	
全称			
特色			
工艺			
原料			

(三) 调查

学生分组到菜场进行调查活动。

方法引导:我们在调查时,要学会倾听。首先,学会尊重,用认真的态度倾听对方说话。其次,学会发问,可以提些诸如"你的意思是……""你能说得明白一些吗?"的问题,这些提问能帮助你获取更多信息,并理解问题的各个方面。另外,还要学会回应,真诚地关注对方的谈话内容,表示接纳、期待、共享和对方谈话的快乐。

三、我的口味我做主

(一) 导入

介绍开展这项活动的用意,鼓励大家多多展示自己的风采。

(二) 交流

请有自己拿手好菜的同学上台向大家介绍自己的厨艺。

(三) 指导

邀请学校大厨为同学们讲解做菜的基本常识。在聆听讲座前制作内容记录卡(见表6-9),及时记录自己的收获。

表6-9 讲座内容记录卡

时间		地点	
主讲人		讲座题目	
内容记录			
我的收获			

(四) 准备

每位同学准备一样菜,可以和家人一起来完成。

首先需要列出一日购物清单(见表6-10),估算大约需要多少费用,请父母审核,再进行实地购物。

表6-10 购物清单计划表

时间		经办人		预算	
商品名称		购物地点		价格	

建议:购物清单的主要内容可以是当天家庭用餐的食品种类。

购买食品小提示(略)

(五) 展示

六(1)班在劳技教室开展了"我的口味我做主"美食品尝活动。本次活动作为"走进社区菜场"系列活动之一,要求同学们在父母的指导下完成一份最拿手的菜和大家一起分享。为了便于分享与交流,我为每位同学的美食设计了两份表格,分别是"美食档案"和"美食留言簿",首先是本人对自己做的菜从名称、特色、原料、工艺四个方面来进行设计,再请品尝过的同学在美食留言簿上发表评论,提出品尝感受。同学们的积极性很高,大部分同学取得父母的支持带来了亲手制作的菜肴。同学们带的菜分别有酥肉、西红柿炒蛋、红烧麻辣豆腐、莴苣炒鸡蛋、青椒土豆丝、蒜苗炒蚕豆、青椒炒肉丝、红烧糖醋鱼、蛋炒饭、三色菜等等,种类非常丰富,品尝活动场面热闹。

【活动成果的交流与总结】

1. 预期的成果形式有活动图片、活动体验、小吃名片、个人厨艺展示等。

2. 请你对照本次活动评价表(见表6-11),对照表中的条目评价活动中你在哪些方面有所提高。

表6-11 活动评价表

评价项目	达成情况	
具有问题意识	从菜场考察中发现问题	
	从走访摊主中提出问题	
	根据菜场存在问题,提出建议	
	能正确表述问题	

(续表)

评价项目	达成情况	
调查与访问能力	在同伴的配合下,对菜场摊主或管理人员进行采访	
	在社区考察中,调查数据正确	
	根据调查访问结果,提出建议	
	外出活动有自我保护意识	
动手操作能力	能做一份家常菜	
	会用数码相机,上传图片,参与网络交流	
规划设计能力	通过讨论,学会撰写活动方案	
	反思在活动过程中的得与失	
总结与反思能力	能自信勇敢地分享自己的实践感悟	
	能多方面听取建议,修改完善方案	
在整个实践活动中你的体验是什么?		

备注:☆☆☆☆表示优秀,☆☆☆表示良好,☆☆合格,☆有待努力。

【活动评析】

　　本次活动主题选自学生周围的社区菜场,贴近生活,操作容易,活动性强,符合学生的年龄特征,因此学生参与的积极性很高,在后续活动中也取得了家长的支持。通过这一系列的活动,学生对社区菜场结构、蔬菜的种类、购物技巧、家常菜的搭配等有了初步的了解,特别是有些从未经历过做菜的学生,在同伴的激励下,在双休日会主动去菜场买菜,为辛劳的家人送上一份自己的心意。当然,让学生能够具有一定的家务能力,还需要家长在平时的坚持,转变观念,家校合力共同促进孩子全面健康发展。这次活动从形式看,学生经历了观察、采访、调查、操作等具体活动,但在思维层面的活动还有待提高,表现为观察不仔细、记录不多、采访时提的问题模糊不清。这主要是原因老师的指导不够细致,从而导致学生在具体活动中不知所措,在下次活动中一定要注意改进。学生在活动前的准备需要2课时,第一课时学生分组初步制定活动方案,第二课时在各组交流的基础上,老师要根据各组的活动主题进行个性化的指导,如要收集资料,建议学生做一张资料卡,上面写好时间、地点、摘录人和概要摘录。在采访之前,让学生在课堂上进行模拟演练,及时指出他们的不足并加以改进。加强对小组长的培训指导,也是提高学生实践活动效率的关键。

【案例评析】

下面,我们对"走访菜市场"这个社区服务与社会实践活动案例进行评析,主要从目标确定、主题选择、内容确立、实施过程和评价这五个维度入手:

一、目标确定

在目标设定上,"走访菜市场"的目标非常明确、具体,可观察、可考量,而且便于学生实现。到社区菜场实地考察,对菜场的基本情况有一定的了解,了解菜场的框架、摊贩的位置和物品的种类等,能够增强学生的观察能力;通过深入了解菜场内某种小吃,从小吃的名称、来历、特色、原料和工艺等方面开展采访,能够提高学生自身的交往能力,丰富学生的人文素养;能够与同学分享自己制作的菜肴,在交流中提高家务劳动能力;通过小组分工合作,能够增强学生的团作协作意识和能力。目标设置合理,符合小学生认知发展,并且尤其重视学生的实践能力。

二、主题选择

从主题选择上来看,"走访菜市场"是一个非常具有生活气息的综合实践活动,饮食健康是学生生活和学习的基本前提,瓜果蔬菜与学生的生活息息相关,通过走访调查社区菜市场,使学生了解菜市场的布局、结构、特色小吃的来源、做法以及背后蕴含的文化意义等。

黄利峰、周惠琴老师在遵循学生活动兴趣的基础上,根据社区菜场方便的地理位置(社区菜场临近校园与学校只隔一条街道),预先考虑到了综合实践活动的可行性,排除了活动过程中可能存在的安全隐患问题,选择了生活化、本土化的走访社区菜市场活动,符合因地制宜、立足于学校的原则。通过走访、调查,了解菜场布局,蔬菜水果的种类、价格,合理膳食搭配,以及菜场购物的技巧,增进学生对自然、自我的了解。在走访中了解菜农的辛苦工作,增强学生的同情心、同理心和社会责任感。最后通过菜肴成果展示,提高学生的动手实践能力。

三、资源开发

在综合实践活动的资源开发上,"走访菜市场"以社区资源为主要开发的对象。本案例根据实际学校的地理位置,因为社区菜场距离学校十分近,建筑结构成封闭形状,学生在菜场内能够比较有序地开展实践活动,在一定程度上避免了学生外出活动所带来的安全隐患。社区菜场蕴藏着丰富的活动资源。师生共同走出学校走进社区,通过师生在社区菜场的走访、观察、与菜场管理人员的沟通,能够激发学生的兴趣,开阔学生视野、加深学生对生活理解。

四、实施过程

在活动实施阶段,主要从活动准备、人员组织、活动方法方法、教师指导等维度进行评价。

1. 活动准备

本篇案例的活动准备也相当充分,开展活动之前首先向学校领导报备,学校同意后才能开展。同时还考虑到了要事先与社区管理人员协调沟通,能够在活动实施过程中向学生介绍社区菜场的基本情况。同时还与时俱进,准备在学校网站的学生博客平台建立专题博客发布和整理学生的活动成果和活动记录。

2. 活动方法

在"走访菜市场"这篇案例中,采取的主要活动方法有:观察法、调查法、访谈法。主要通过观察社区菜场的布局,采访菜场工作人员、了解菜农辛勤劳动,观察菜场内的经营情况。在走访菜市场的过程中,学生开阔了眼界,能够关心他人和社会,关怀生命、关爱他人。并且能掌握日常生活中菜场购物的技巧,能够合理搭配饮食,最后注重发展学生的动手实践能力。

3. 人员组织

在"走访菜市场"案例中,活动前期成立了4~5人的研究小组,以学生的自主观察、访谈为主,在活动开始之前引导学生参与小组讨论,明确活动的主题,以便接下来的活动能够及时开展。同时在人员组织的过程中,教师还教给学生一些基本的礼仪。

4. 教师指导

社区服务与社会实践活动中,教师是引导者、协调者,发挥主导作用,学生则在整个活动发挥主体作用。从活动实施过程来看,"走访菜市场"社区服务与社会实践活动主要通过对社区菜场的实地参观,了解菜场的结构与布局,蔬菜种类与价格,菜场受欢迎的名小吃等等。在实施之前,黄利峰、周惠琴老师详细制定了活动课时安排,因此整个活动过程进行得非常顺利。同时对班级学生进行小组分工合作,强化了此次实践活动的目的性和计划性,避免全班学生没有主题、没有目的地在菜场中闲逛。另外非常值得我们学习的是,黄利峰、周惠琴老师在学生实地参观、采访之前,会给予学生方法上的指导,例如文明礼貌的态度、与人沟通的技巧、活动过程中学会记录等。这些方法指导看似琐碎,但非常实用,对于提高学生的沟通表达能力、信息搜集能力等非常有帮助。

五、活动评价

在评价实施方面,在活动成果展示之后,黄利锋、周惠琴老师通过设计了一个量表,从具有问题意识、调查与访问能力、动手操作能力、规划设计能力、总结与反思能力等方面来对学生在活动过程中的表现进行评价,通过学生的自评,用星级程度来表示自身在某方面做得很好、哪方面有所欠缺亟须改进。这种评价方式充分关照了学生的主体性,促进了学生在活动后多维度的自我评估与认识,超越了传统评价方式的局限,值得我们学习。美中不足的是,缺乏师生互评和生生互评。

思考题

1. 如何确定社区服务与社会实践的主题与活动内容?
2. 评价一个社区服务与社会实践活动案例应该从哪几方面进行?

第七章
劳动与技术教育及其案例评析

本章重点

- 劳动与技术教育的内涵与课程目标
- 劳动与技术教育的内容与内容选择
- 劳动与技术教育的设计与组织实施
- 劳动与技术教育的评价与案例分析

第一节 劳动与技术教育

综合实践活动课程强调学生通过实践，增强探究和创新意识，学生从小就应该掌握科学研究的方法和发展综合运用知识的能力。综合实践活动中的劳动与技术教育，是培养学生创新精神和实践能力的有效载体，是中小学实施素质教育的重要内容和基本途径。

一、劳动与技术教育的内涵

劳动与技术教育的目标的设计，注重学生的劳动实践和技术实践，以及信息实践的体验性目标。尽管劳动与技术教育教育与研究性学习、社区服务和社会实践相比较，具有一定的知识体系，但在综合实践活动课程中，其基本目标应该侧重于体验性目标，而不是知识性目标。如果追求劳动与技术教育的知识体系的目标，那么它与综合实践活动课程的总体性质和总体价值追求就是相背离的。因此，我们不应该把劳动与技术教育作为一门学科课程来实施。劳动与技术教育，是以学生获得积极的劳动体验，形成良好技术素养为主要目标，以操作性学习为特征的学习领域。它强调学生通过人与物的作用、人与人的互动来从事操作性学习，强调学生动手与动脑相结合，并提倡以项目为载体从事学习性活动。它包括劳动实践、技术实践（包括信息技术的学习和运用）等方面。劳动与技术教育是一个综合性强,与学生生活实际和当地的生产实际、社会实际联系紧密,且以实践为主体的基础性学习领域。一般以当地的经济、社会和技术环境为背景,在现实生活中选择那些对学生发展有益、对未来生活有用、与科技发展有关的内容,综合运用已有的语文、数学、科学、社会、艺术等学科的基本知识,同时融合经济、环境、法律、伦理、心理与健康等方面的教育视野,以学生的亲历实践、手脑并用为特征,设计和实施劳动与技术教育活动。

二、劳动与技术教育的目标

小学3~6年级劳动与技术教育的课程目标是:

1. 了解生产劳动领域,理解劳动意义,形成正确的劳动观点和热爱劳动的思想感情

(1) 通过技术实践活动,丰富自己的劳动体验,形成对劳动的初步认识。

(2) 培养认真负责、遵守纪律、团体协作、爱护公物以及爱惜劳动成果的品质,形成良好的劳动习惯。

2. 注重生活中的技能学习,学会生活自理,形成积极的生活态度

(1) 掌握生活必备的技术知识与基本技能,学会生活自理。

(2) 建立生活中的主体意识,形成积极的生活态度。

3. 积极参与技术实践,掌握基本的技术知识与技能

(1) 认识日常生活和周围环境中的常见材料,学会使用一些基本的工具。

(2) 了解设计与制作的基本程序和方法,并进行简单的工艺品和技术作品的设计与制作。

(3) 了解作物生长和农副产品的生产与销售的一般过程,掌握简单种植、饲养的一般方法。

(4) 走进信息技术大门,学会运用计算机进行简单的信息处理。

(5) 在使用和改良技术作品、进行技术实践过程中,做出有一定依据的评价。

4. 激发技术学习兴趣,初步形成从事简单技术活动和进行简单技术学习的基本能力

(1) 保持与生俱来的好奇心,关注身边的技术问题,形成亲近技术的情感,具有初步的技术意识。

(2) 了解从事技术活动必须具备的品格与态度,能够安全而有责任心地参加技术活动,初步具有与他人进行技术合作、技术交流的态度与能力。

(3) 通过体验和探究,学会进行简单的技术学习,初步形成科学的精神与态度及其技术创新的意识,具有初步的技术探究和应用技术解决实际问题的能力。

(4) 注意知识的综合运用,拓展技术学习的视野,初步形成与技术相联系的经济意识、质量意识、环保意识、安全意识、伦理意识、审美意识以及关心当地经济建设的意识,发展可迁移的共通能力。

5. 关注职业领域,增进职业了解,形成初步的职业认识
(1) 关心日常生活中成人的职业角色,初步了解社会的职业分工。
(2) 了解职业与技术、与社会的联系,形成初步的职业意识和创业意识。

第二节　劳动与技术教育的内容

一、劳动技术教育的基本内容

劳动技术教育的内容是以项目活动的方式来组织。一般来讲,综合实践活动中的劳动技术教育的内容大致包括以下三个方面:

(一) 劳动实践

围绕学生感兴趣的工农业生产领域,组织学生参与有关的具体劳动实践,从中体验劳动的过程、劳动的意义和价值,获得基本的劳动技能,并养成良好的劳动态度。劳动实践可以与研究性学习、社区服务和社会实践相结合,开展一些力所能及的生产劳动、公益劳动。

劳动实践要求学校组织学生到实际的劳动情境中,如农村、工厂、劳动基地,进行劳动。劳动实践不应完全局限在教室里、学校中进行,而应走出教室,走出学校,走进实际的劳动场所。

(二) 技术实践

劳动技术教育在内容上要具有一定的技术含量,不能停留在简单的体力劳动上,克服以往劳动技术教育的形式主义倾向。要引导学生选择一些具有一定技术要求的劳动,进行技术实践。

运用一定的技术工具或其他手段进行劳动技术实践,提高中小学生劳动实践的技术要求,适应现代科技发展对人的劳动技术素质的要求。

(三) 信息实践

在劳动技术教育内容或主题的选择与确定过程中,要引导学生综合运用现代信息技术,开展信息实践,把信息技术运用于劳动过程中。

这些劳动与技术教育的活动主题或内容可围绕家政劳动、自我服务性劳动、生产劳动、职业指导与职业技能训练等方面来展开。

二、劳动与技术教育的内容选择

所安排的内容分为基础性内容和拓展性内容。基础性内容是对学生进行劳动与技术教育的基础,是必修内容。拓展性内容在广度和深度上均有一定的发展,同时对实施条件也有相对较高的要求,是为部分地区、学校和学生在实现基本目标的基础上达到较高要求而提供的选择性内容。

考虑到我国各地自然状况、经济发展、教育条件的不平衡性,有些内容的安排呈现出开放性特征。在选择和确定这些具体内容时,必须考虑以下几点:

(1) 来源于现实生活,体现一定的地方性特色和区域性特征。

(2) 能激发学生的学习兴趣,它是可感知的、易于操作的,同时又是富有挑战性的,与学生的年龄特征和已有的知识与经验水平相适应。

(3) 有利于观察、设计、操作、评价、交流等学习过程的展开,有利于学生的主动学习。

(4) 蕴含着广泛的各学科知识的联系,有利于劳动与技术教育多方面教育内容的整合,有利于学生多方面的能力迁移和综合实践能力的提高。

(5) 所涉及的材料具有简洁、轻便、易于采集、成本低廉、便于重复使用、安全可靠,有利于教师的集体指导等特点。

三、劳动与技术教育的作用

劳动与技术教育与已有的劳技课程的形态和名称发生了较大的变化。这是顺应时代发展潮流、体现课程综合化趋势、与时俱进的一种改革尝试。

劳动教育是我国基础教育中的一个极其重要的方面,对培养学生劳动观念、磨炼意志品质、树立艰苦创业的精神以及促进学生多方面的发展具有重要作用。但在实践中,有一段时间把学生参加体力劳动当成对学生进行劳动教育的主要方式,过多关注它的德育功能和对人的改造作用,以至于忽视了劳动教育内在的其他方面的教育价值。综合实践活动中的劳动与技术教育应立足于时代的发展,强调劳动教育中学生丰富的情感体验,强调学生劳动观念、劳动态度、劳动习惯的养成,关注学生发展为核心,以劳树德、以劳增智、以劳健体、以劳益美、以劳促创新的多方面的功能实现和劳动教育的多途径实施及多学科渗透。

劳动与技术教育中所内含的,既不是传统意义上的职业技术教育,也不是工科院校开办的高度专门化的专业教育,它是指在基础教育阶段普通学校进行的技术教育。我们的学生生活在科学技术瞬息万变的时代,不断变化的新技术对人类生产和生活的影响将更加广泛、深刻和迅猛。国际社会普遍认为,技术教育是未来社会成员基本素养的教育,是开发人的潜能、促进人的思维发展的教育,是人人都必须接受和经历的教育。它是区别传统教育与现代教育的一个重要标志,是现代教育具有"现代性"的重要支柱。揭开技术的神秘面纱,我们可以看到,技术世界蕴藏着丰富的教育价值。一项完美的技术作品本身就是世界观和方法论的统一,是历史与逻辑的统一,是科学、道德、审美也就是真、善、美的统一,也是人类认识世界和改造世界的统一。因此,技术教育对中小学生的发展有着广泛而又独到的教育价值。

第三节　劳动与技术教育活动设计与组织实施

一、实施中的活动设计

作为综合实践活动中的一个指定领域,劳动与技术教育的实施以学生参与项目活动为主要形式,它的内容和活动形式,可与研究性学习或社区服务与社会实践等领域结合来设计。

活动设计时要从小学生、初中生的生理和心理特点出发,要注意学生的性别差异,增强活动的针对性、安全性和选择性。注意激发学生学习技术的兴趣。以培养学生的创新精神和实践能力为重点,因地制宜地确立活动目标。在保证基本知识、基本技能、基本态度的教育目标实现的基础上,尽可能提供更多自主学习的舞台和自主探索的机会。同时,要把积极的劳动与技术态度和正确的劳动与技术价值观的形成渗透到整个活动中去。

活动设计时需要注意正确处理教师指导和学生学习之间的关系,正确处理学生的基础理论学习与实际操作的关系,正确处理操作过程中的规范意识和创新意识的关系。

活动设计时应根据目标、内容和条件等因素的不同,以及学习环节和阶段的区别,选择不同的活动类型,给学生创设获取各种经历、各种体验、各种感受的机会,使学生劳动与技术的学习过程成为一个生动活泼、多姿多彩、充满乐趣的过程。活动设计时要注意活动类型的选择。劳动与技术教育的活动类型主要有手工制作、模型装配、作品评价、产品推介信息搜集、实地考察、参观访问、讨论与辩论、见习与模拟技术设计、技术试验、技术幻想、技术作品鉴赏等。

在时间安排上,可以采用集中课时或者分散课时,以及课内与课外相结合的方式安排劳动与技术教育活动。要注意劳动与技术活动的整体规划。可以以一节课为时间单位来安排,也可以几节课、甚至更多节课来安排一个活动单元。

劳动与技术教育的活动场所应根据学习需要和现有条件予以选择。可以在普通教室,也可以在技术课专用教室;可以在校内的活动场所和其他劳动场所,也可以在校外实习基地;还可以在工厂、田野等。

二、劳动技术教育的基地和设备

因地制宜地安排与落实劳动与技术教育的专用教室或场所。专用教室的建设应尽可能考虑到功能的整合,考虑到使用现代教育技术手段。专用教室应配备基本的仪器、设备、工具,同时要配备必要的安全防护设施(如医药箱、灭火器、安全用电设施等)。

专用教室既是劳动与技术的学习场所，也是劳动与技术教育成果的展示场所。要充分利用专用教室的墙面园地和陈列橱窗，进行富有劳动与技术教育价值的方案设计，使学生受到潜移默化的影响。

应当多渠道解决劳动与技术教育的设施、设备、仪器、工具的配置问题。设施和设备要登记造册，由专人维护和保养。在使用前，一定要进行安全检查。

有条件的地区可以建立劳动与技术教育"中心"或基地。"中心"或基地的建设应当注重项目结构的优化，注重多方面功能的良好发挥，应当以服务劳动与技术教育事业，促进学生健康发展为宗旨，并不断提高管理水平和教育效益。

三、实施中的教师指导

实施过程中，教师的根本任务是为学生的技术学习和技术探索提供有效的指导和优质的服务。教师在进行学生的学习指导时应注意以下几点：

（1）面向全体学生，尊重学生的个性、自主性、创造性，使所有学生都能成为劳动与技术学习的主人，都能成为活动的受益者。

（2）正确处理好教师的示范、讲述与学生的自主活动之间的关系，在鼓励学生自主学习的同时，突出技术学习中的重点和难点的指导。

（3）充分利用学生内部人际关系及学生群体的作用，引导学生学会技术活动中的分工与合作，引导学生相互交流、观摩与学习。

（4）加强巡视指导，做到个别指导与集体指导相结合。

（5）注意指导过程的科学性和创造性。应通过积累、总结和反思，逐步形成自己的指导风格。

（6）发挥多种教育技术和手段的作用。在一些有条件的地区，把信息技术引入劳动与技术教育，并加强在模拟仿真训练和技术设计方面的运用，以提高指导效果。

（7）根据中小学生的性别差异控制好学生的劳动强度，做好劳动保护。应要求学生严格遵守劳动纪律和安全规程，注意劳动卫生、劳逸结合，确保学生安全。

（8）注意劳动与技术教育资源的利用和开发，在利用现有资源的同时还要注重开发新的资源，尤其要注意各类教育资源的有效整合。

第四节　劳动与技术教育的活动评价

一、评价的理念

（一）发展性

劳动与技术教育的学习评价不在于对学生学习结果和发展水平的区分，而在于用评价指导学生的学习,促进学生的发展。要注意发挥评价的激励和导向功能。凡是参与劳动与技术的学习和实践过程,完成或基本完成所规定的学习任务的,都应当给予肯定。对那些设计与制作成果特别优秀,或有所创新、发明者,应给予特别鼓励。要善于用评价激励学生进一步的学习兴趣,让学生适时体会到劳动与实践带来的成就感和愉悦。

(二) 整体性

劳动与技术教育的评价具有整体性。它涉及劳动态度与劳动习惯、劳动与技术知识的学习与应用、劳动表现、公益劳动的出勤情况、是否热爱集体、爱护公物、珍惜劳动成果等;劳动与技术的操作技能(含技术设计)及要领的掌握情况、完成的速度和质量、工具使用情况等。要特别突出对学生技术实践能力和技术创新意识等的评价。

(三) 全程性

在注意结果评价的同时,还要重视对结果形成的过程性进行评价。既要关注学生学习过程中的设计、操作、评价等方面的评价,也要关注学习过程中学生的学习态度、情感的发展和变化。要善于用评价指导学生的实践活动,评价既要重视结果又要重视过程,要让学生知道自己在学习和实践过程中哪些方面表现好,哪些方面还需要继续改进,自己制作的作品是否符合技术要求,还可以做哪些改良。

(四) 多主体

评价主体应当包括学生本人、教师、家长以及其他有关人员等多个主体。评价方法上,应采用学生个人自评、生生互评、教师评、社会评和家长评的多元化的评价方法。在评价中尤其要发挥学生自我评价的作用,让学生根据所学内容,及时检查自己做到了多少,做得对不对,距离要求还有多大差距,及时进行自我调整,使评价过程成为学生主动接受教育与主动学习的过程。生生互评:我们都知道一节课四十五分钟,时间是非常有限的,在这有限的时间里教师不可能对每个学生的劳动作品和劳动成果进行逐个评价,而此时同学之间互帮互助、启发沟通,比教师一个人面对几十名同学考虑得要更全面、更有效。如学习"制作小盆景"、"打毛衣"、"学缝扣眼"、"捏泥人"等课时,让小组之间、学生之间互相评价,互相参考借鉴,找出优缺点,及时修正和改进。家长参与评价:对于学生在家庭中力所能及的、生活自理方面的劳动,学生在家的劳动实践,则由家长做出评价。例如:学习了"收拾房间"、"炒西红柿"、"蒸包子"、"洗衣服"、"叠衣服"、"蒸卤面条"等课后,可布置家庭性的作业,发放家长评价卡,让家长对学生的实践做出客观公正的评价。在上述基础上,再由教师最后总结,突出重点,明确下一步的努力目标,只有这样才能对学生做出较全面的评价。新课程标准强调参与与互动、自评与他评相结合。劳动课的实践性、技术性也决定了其评价的多主体性,因此应该让学生、家长参与,实行民主化的评价。

二、评价方式

(一) 灵活多样的评价形式

评价方式应当灵活多样,可以采用产品展示、撰写心得体会、考核、专题活动、相互交流、自我评价、作品评定、日常观察等形式。考核分为平时考核、学期考核和学年考核。平时考核可以是单一性考核，着重某个方面或某个项目；学期考核和学年考核是总评性考核，以一学期或一学年各方面的综合情况作为依据，由教师给出评语和评定等级。考核的方式应为书面考核与实践考核相结合。评定等级一般分为优秀、合格、待合格三种。考核的成果作为学生综合评价的依据。

综合实践活动视域中的劳动与技术教育评价旨在促进学生发展，应强调过程评价与结果评价相结合。在我国农村初中已开始实行的劳动与技术学习"合格证书"制度，并与"绿色证书"结合起来，主要通过对学生劳动与技术学习的"毕业作品"进行认定。这个"毕业作品"包括两部分，物化的作品为主件，设计思路为附件。这种评价方法有利于引导学生设计、制作及其评价相结合的技术学习策略的实现，有利于学生多方面的能力发展。

（二）科学合理的评价方法

1. 档案袋评价法

档案袋即成长记录袋，是对学生劳动与技术教育活动过程中的劳动表现、劳动态度与劳动习惯、劳动与技术的技能操作和要领掌握情况、手工制作作品、反思，自己、同伴或教师做出评价的有关材料以及其他相关记录和资料的收集和汇总。档案袋评价，又称成长记录袋评价，它是指收集学生在某一劳动与技术教育学习过程中的作品，以学生的现实表现作为判定学生学习质量依据的评价方式。

档案袋里的材料基本上都是学生的作品，也包括对学生完成作品过程的描述和记录，还包括学生本人、教师、同学和家长对作品的评价。在档案袋评价中，学生是主人，学生是选定自己档案袋内容的主要决策者，但也可以与指导教师或家长、同伴共同讨论、协商，并寻找所需要的材料放入档案袋中。其中作品的收集是有目的的、有计划的，不是随机的。靳玉乐在《新课程改革的理念与创新》中指出："一个完整的档案袋主要有作品产生过程的说明、系列作品以及学生的反思三部分组成，它的意义在于它们为学生提供了一个评价的机会，使学生能够判断自己的进步。这种方法充分体现了对学生成就的评定，是对其进步的连续考察，而不仅仅是对学生的成就做阶段性的总结。"

在进行档案袋评价时要注意以下几点：

第一，评价的目的和任务要明确。首先，用"档案袋"展示的是学生最好的作品，其次，它反映的是学生的进步，即通过形成性评价，证明学生的进步，最后，评价工具，即把"档案袋"作为一种总结性的评价工具。凡是参与劳动与技术的学习和实践过程，完成或基本完成所规定的学习任务的，都应当给予肯定。对那些设计与制作成果特别优秀，或有所创新、发明者，应给予特别鼓励。

第二，评价的结果要加入学生的自我反思。档案袋评价的一个重要目的就是让学生通过对已收集的材料进行自我反思，发现自己的优点与不足，把评价与学习过程内在地统一起来，让学生在评价过程中获得成长。因此，在档案袋收集的过程中应将与他人的分享、交流作为一项重要内容来加以开展，同时要注重学生的自我反思，及时地回顾、对比,发现问题,寻找对策,不断成长和进步。

第三,评价的形式要多样化。档案袋评价要顾及学生的个体差异。如果每个学生的档案袋在内容和形式上完全一致,那就会把本来生动活泼的评价活动变得枯燥乏味,对学生就会失去吸引力,也就很难实现其激励和发展功能了。要善于用评价激励学生进一步的学习兴趣,让学生适时体会到劳动与实践带来的成就感和愉悦。

第四,档案袋评价过程中要有评价结果的交流与分享。档案袋评价结果的交流和分享,是发挥档案袋评价发展性功能的关键环节。正是在不断地交流与分享过程中,学生才体会到了成长发展的快乐、受到赞扬时的自豪和积极奋发的冲劲。

2. 小组评价法

小组评价法是指活动小组共同对其成员在整个劳动与技术教育活动过程中的表现、目标完成情况等方面进行的评价。小组评价使学生之间能够得到充分的沟通与合作。由于小组内每个学生都有自己的经验世界,不同的学生可以对某种问题形成不同的假设和推论。通过合作协商设计某个产品的制作方案、解决在设计过程中出现的问题、小组讨论方案的合理性与可行性、意见交流、辩论等形式,可以促进学生之间的沟通互动。而面对各种不同的观点,学生们要学会理清、表达自己的见解,学会聆听理解别人的想法,学会相互接纳、赞赏、争辩、互助,他们要不断对自己和别人的看法进行反思和评判。通过这种合作和沟通,学生们可以看到问题的不同侧面和解决途径,从而对知识产生新的洞察。

使用小组评价法时应注意以下几点:

一是评价中,教师要认真讲解评价过程并做出具体指导,使学生尽快掌握评价方法。

二是评价时,小组内允许提出不同意见进行讨论,如说出评价的理由、不同意别人意见的依据,然后再由小组全体成员讨论决定。如果还无法达成一致意见,可找教师协商从而解决问题。

三是在评价过程中,教师要把握时机,抓住典型事例及时进行表扬鼓励、肯定。

3. 学生自评法

综合实践活动中的劳动与教育活动的评价应以学生的自我评价为主。让学生自我评价,其承受压力较小,学生可以自由地交换意见,充分地畅谈自己在劳动与技术教育活动中的所获得的成功体验、经验、失败和教训。同时,自我评价也可以使学生享受民主、平等风气的熏陶和自我教育。学生自我评价要注重指导学生自身的学习,促进学生的发展,只要学生参与了劳动与技术教育实践活动,完成或基本完成所规定的任务,都应该给予表扬和鼓励,要把形成性评价和过程性评价结合起来。学生只有真正地参与到评价过程中来,活动的效果才会好,其在评价过程中的主体地位才能得以提升。学生自评法是指学生在原有的自我认识的基础上,依据自身认可的评价指标和推测,对自身整体素质(劳动习惯、劳动态度、技能掌握情况等)或某方面素质在活动过程中的发展所做出的认识和判断。评价的指标和准则既可以由教师提出,也可由师生共同商讨制定,但关键是必须要被学生们所认可和接受。

学生自评法可以使学生充分体验到综合实践活动视域中的劳动与技术教育活动过程中成长的愉悦,发展健全的自我意识,提高学生参与活动的积极性和主动性,并将在劳动与技术教育活动中所学习到的各种知识有效地纳入到自我的认知结构中去。学生自我评价或鉴定,可以让学生将自己在劳动与技术教育活动中的感受、体验书写出来,让他们自己感受自身的进步。

4. 活动观察法

活动观察法是指在评价中,活动相关人员有目的有计划地记录学生的活动(如劳动表现、劳动态度、劳动习惯、劳动与技术操作技能掌握情况等),通过这些信息探求学生某种特质的研究方法。通过观察可以看到学生的全貌及其活动的全过程,简便易行,灵活性大;由于观察资料来源于直接经验,并不局限于事先制定的概念和指标,因此,资料较全面、深入,具有较高的客观性和真实性。评价者能够在现场真实地记录下学生的各种表现,从而进行分析和价值判断,因此,活动观察法是一种评价中可借助的重要方法。

活动观察法通常有以下几个步骤:

第一,明确观察的目的。在运用活动观察法之前,首先要明确观察的目的。

第二,设置详细的观察指标。评价者必须将需要观察的项目加以分类并设计成相应的内容指标,使评价者可以根据上述指标加以科学地评定。为了使评价更准确,评价者应将指标体系予以细化。既要注重形成性评价,也要注重过程性评价。

第三,进入现场进行观察。评价者进入现场进行观察,同时依据观察表所设计的内容指标将学生的各种表现以分值的形式加以记录、评判。

第四,数据分析。观察结束后,评价者应将观察的记录予以整理分析,对被评学生的表现予以综合评定,要以学生的发展为主,对学生的每一个微小的进步都要及时给予表扬和鼓励。使用活动观察法要注意一些问题。首先是观察的时间和空间。观察者和学生在不同的时间和空间里的行为表现是不同的。其次是要提高观察者自身的素质,要做到爱观察、会观察。然后就是要把自然观察和有选择的观察结合起来。所谓自然观察就是观察学生在各种场合下的行为;所谓有选择的观察就是观察学生某一方面的行为。二者结合才能收到较好的观察效果。

5. 成果展示法

成果展示法是综合实践活动视域中的劳动与技术教育活动评价较为突出和经常使用的方法之一。所谓成果展示法,就是指将学生的小制作、小发明、科技小论文、设计图片和书画作品等具体成果公布于众,将具有成果意义的各种奖杯、证书等公开展示,将活动训练的成绩以竞赛、演出等活动形式展出,由成果本身说明通过活动所取得的价值。然后让学生本人、教师、家长以及其他有关人员进行评价,指出作品的优点和不足,但是重在促进学生素质的发展,不能按照学科标准来要求每一个学生,凡是有一点创新点,都应当及时指出并给予表扬和鼓励。在不同的课题之间进行成果展示法,可以开阔学生的视野,扩大其知识面;即使是同一课题的成果展示,也可以让学生在比较中丰富学习方法,相互学习,取长补短。

案例 7-1

扬州剪纸

【活动设计】

一、背景介绍

扬州剪纸是我国民间流传至今的艺术瑰宝之一,无论是追溯扬州剪纸艺术发展历史,还是欣赏当代艺术大师精美的作品,都可以感受扬州人的聪明才智、精湛的技艺、高雅的艺术修养和丰富的民间文化。学习扬州剪纸不仅能培养学生的动手能力,而且有利于引导学生形成正确的审美情趣和审美能力,陶冶情操,发展个性特长,开发创造潜力。

本研究选取的实验对象是扬州市某小学五年级学生。他们有一定剪纸基础,其中有两个还是扬州剪纸大师张慕莉的徒弟。虽然这些学生学过扬州剪纸,但大多停留在剪纸技能训练,对扬州剪纸进行多方位研究与体验还不够,有待拓展、丰富,这便成为本次活动设计的重点所在。

二、活动准备

1. 教师准备

(1) 鼓励学生运用多种方法搜集资料、处理信息。

(2) 指导学生写行动计划书,设计调查问卷,准备剪纸工具、笔记本、照相机等。

(3) 给出学生外出活动的时间、地点、活动内容,并争取家长的支持。

(4) 向学生进行安全教育和文明礼貌教育。

2. 学生准备

(1) 准备纸张、剪纸工具。

(2) 搜集资料、讨论分工。

(3) 学会写自我评价、访问实录以及探究日记。

三、活动目标

1. 掌握剪纸的基本知识和基本技术,感受剪纸的魅力,以提高学生的实践能力和自主探究能力。

2. 培养学生热爱祖国的文化,树立正确对待传统文化的辩证态度,弘扬民族剪纸艺术文化,了解剪纸的发展历史,学会欣赏剪纸作品。

3. 激发学生参与活动的兴趣和创造力,培养学生多渠道获取信息、处理和加工信息的能力、与人交往的能力、查阅资料的能力。

4. 在自主尝试、探究实践中培养学生的自主探究能力、表达能力、创新能力、合作的态度及审美情趣，激发学生的参与热情，在手脑结合中培养学生对剪纸艺术的热爱。

四、活动过程

活动一：走进扬州剪纸

让学生通过向家长请教、上网查询、查阅和搜集相关书籍等途径搜集资料，了解扬州剪纸，组织学生讨论有关扬州剪纸的历史、价值和剪纸的技法与特点。让学生对搜集来的资料进行筛选，选取最有用的信息，并以作业的形式完成各自的任务。

活动二：学习扬州剪纸

教师介绍工具、扬州剪纸基本符号的剪法及注意事项。学生根据教师提供的材料、纸样开始动手剪刻。学生自主探究实践，教师巡视，进行适时指导。

活动三：创作扬州剪纸。

教师介绍剪纸作品的创作步骤。让学生自己设计创作新图案，并说明自己的剪纸作品。

【活动实施过程】

活动导入

1. 示范作品，激发学生对剪纸的兴趣。教师用电脑展示一些漂亮的扬州剪纸（如百菊图、八骏图、飞天舞、年年有余），引起学生对扬州剪纸的兴趣。

2. 教师组织学生交流：(1) 你还见过哪些剪纸作品？(2) 怎样才能制作出这些作品？(3) 扬州剪纸有哪些用途？

活动一：走进扬州剪纸

（一）活动目标

通过参观了解，查询资料等途径，让学生了解有关剪纸的历史、价值和扬州剪纸的技法与特点。

（二）活动过程

1. 分组调查。学生按照自己的兴趣、爱好和特长，自愿组成活动小组，由小组长带领，制定小组活动计划。到书店、图书馆以及上网查阅、查询资料，了解扬州剪纸的历史、特点、价值及制作方法。当孩子们看到各式各样的剪纸时，一种对美和科学知识的追求之情油然而生，无不感叹制作者的匠心。他们把自己内心的感受转换成文字，变成心得体会。

2. 收集资料。小组长带领组员到书店、图书馆查找有关扬州剪纸的历史和剪纸体现的人文精神方面的资料，了解扬州剪纸的制作方法。把搜集的资料，制成剪纸手抄报，并对扬州剪纸的有关知识进行归纳和整理。

3. 交流资料。同学们将搜集的资料同教师一起讨论交流。通过讨论，学生们不仅对扬州剪纸的历史有进一步的了解，而且对自己整理的资料也有了新的认识。

4. 欣赏扬州剪纸。教师引导性地告诉学生如何欣赏扬州剪纸。在剪纸博物馆欣赏剪纸,让学生观察展馆内优秀的剪纸作品(扫描本章首二维码,阅读具体活动过程)。

5. 扬州剪纸走向何方。去剪纸博物馆之前组织小组成员写好调查访问提纲。到博物馆听馆长介绍扬州剪纸的历史与现状。与剪纸博物馆馆长讨论扬州剪纸发展中的有关问题,分析扬州剪纸未来发展前景(扫描本章首二维码,阅读具体活动过程)。

师:大家在业余时间围绕扬州剪纸艺术,开展了研究性学习活动。下面我们交流一下各自的成果。

[扬州剪纸的历史]

生:剪纸是我国一种优美的民间艺术,有着悠久的历史,它根植于人民大众之中,历来为人们所喜闻乐见。扬州是剪纸流行最早的地区之一,隋炀帝三下扬州,广筑离宫别馆,恣意游乐。每到冬天,园苑中花树凋零,池水结冰,炀帝游兴不减,令宫女们仿照民间剪纸,用彩锦剪为花叶,点缀枝条,挂于树上,同时剪成荷花、菱艾、藕芡等物,去掉池中冰块,逐一布置水上,如同春夏之交艳丽景色,赏心悦目。这反映了扬州剪纸的源远流长。

生:明清时,扬州剪纸增强了装饰性,欣赏结合实用,既用于妇女儿童的装饰,作为刺绣的底样,剪制鞋花、枕花、台布花、床单花等;也用于民间风俗"仪饰",如年节图案、喜庆图案、门前花饰、灯彩花、龙船花、斗香花之类。民间剪纸艺人凭着一把剪刀,几张宣纸,百般变化,寓意多端,剪出象征吉祥、如意、福寿、财喜等花样来。直至清末民初,扬州仍有不少艺人依赖剪纸手艺谋生。

生:我想补充一下,新中国成立后,剪纸同其他传统手工艺一样得到了党和政府的重视。1955 年,成立了民间工艺社(现为扬州工艺厂),把民间流散的艺人组织起来,并安排了良好的工作条件,大大激发了他们的创作热情。现在他们品种已有 1 000 多种,销售至几十个国家和地区,为国内外文化艺术交流做出了贡献。著名老艺人张永寿,是扬州剪纸艺术的优秀代表。他从 12 岁起随父学艺,经历了 70 多个艺术春秋,创作了数千幅剪纸。其主要作品有 50 年代的《百花齐放》、70 年代的《百菊图》和 90 年代的《百蝶恋花图》三部剪纸集。《百花齐放》剪纸集出版时,郭沫若同志为之写诗云:"扬州艺人张永寿,剪出百花齐放来。请看剪下出春秋,顿使东风遍九核。"1979 年,张永寿被国家授予中国工艺美术大师称号。日本朋友称誉他为"人间国宝"。

[扬州剪纸的特点]

师:大家还搜集了有关扬州剪纸特点的知识,那么扬州剪纸有哪些特点呢?

生:中国各地民间剪纸,按艺术风格大致可分为两个流派,以蔚县为代表的北方剪纸质朴、淳厚,生活气息浓郁;而以扬州为代表的南方剪纸则以灵秀、唯美、雅致见长。……扬州剪纸的特点可概括为精、秀、灵、雅。

生：线条清秀流畅：扬州剪纸多用镂空的技法，由于镂空，就形成了阳纹的剪纸必须线线相连，阴纹的剪纸必须线线相断，如果把一部分的线条剪断了，就会使整张剪纸支离破碎，形不成画面。由此就产生了千刻不落，万剪不断的结构，这是剪纸艺术的一个重要特点。

生：扬州剪纸线条细腻流畅；整体构图层次分明。扬州剪纸有的是以大块面为主调的，也有是以密密细丝般的线条为主调的；有以挺而刚的线条为主调的，也有以曲而柔的线条为主调的。在主调的变化中求得画面的疏密、曲直、长短、刚柔、枯润、开合等，体现出多样统一的艺术规律。

[扬州剪纸的价值]

师：大家也研究了扬州剪纸的价值，具体有哪些价值呢？

生：扬州剪纸有实用价值。扬州剪纸是在实用中流传发展的，扬州剪纸与人民群众的社会生活息息相关。它的优点是雅俗共赏、物美价廉、人人喜爱、灵活多用、随意及时、言表心志、抒发情感。窗花的原料多是就地取材、价格低廉，制作工艺简单，也不需花费多长时间，一次可剪数十张，产量多、幅可大可小、可精简、不装不裱，既可贴，又便于保存。逢年过节，在一些专业吉庆地点和大街小巷，到处可见喜庆品制作者或吉庆商店出售直接的剪纸作品。重大节日来临，上级领导检查，庆祝吉日……许多单位、机关、团体或个人，都选择张贴剪纸作品来增添喜庆色彩。剪纸作品有很大的欣赏价值，既点缀、美化空间，又显得雅观。

生：扬州剪纸有经济价值。

生：扬州剪纸有审美价值。剪纸艺术是一门美的艺术。当代文豪郭沫若写下这样的赞诗"曾见北国之窗花，其味天真而浑厚。今见南门之剪纸，玲珑剔透得未有。一剪之巧夺神功，美在人间之不朽。"扬州剪纸给人一种美的感受。

生：扬州剪纸还具有情感价值。剪纸艺术是我国的传统的民间工艺，是我国传统文化的瑰宝。扬州剪纸能让大家珍视祖国传统文化，增强对祖国传统文化的热爱，增进爱人民、爱家乡、爱祖国的情感。

4. 教师的指导。教师指导学生将搜集的资料归纳整理后进行评价，学生制作搜集资料情况评价表

活动二：学习扬州剪纸

（一）活动目标

1. 让学生进行简单的剪纸临摹练习，掌握最基本的剪纸方法，培养学生的实践能力和动手操作能力。

2. 在活动中，提高学生对剪纸欣赏美、创造美的能力。

3. 独立或合作完成剪纸作品，培养同学之间相互学习与合作能力。

(二) 活动过程

1. 教师介绍工具、基本剪纸符号的剪法。

师：要想学好剪纸，首先要知道剪纸必备的材料和工具。常用的剪纸材料是纸，有单色纸、彩色纸、金箔纸、银箔纸、绒纸、电光纸、薄纸、厚纸等，特殊情况下，还有用锦帛的。初学者可先用单色纸，剪熟练了，需要创作时，再用贵重一些的好纸。所用的工具也很简单，主要是剪刀，要求锋利有尖。其他如订书机、橡皮、铅笔和尺子等。在此基础上，再逐步添置一些刻纸、烫纸和染色的工具，使自己的剪纸艺术发展更全面。

师：剪纸虽是植根于民间，但其文化底蕴是相当深厚的。要学习它，掌握它，需要具备多方面的素质，如要有敏感的审美情趣，了解一定的绘画知识，懂得艺术造型构图原理，并有熟练的操作刀法等。需要具备这么多的素质，大家是不是觉得很难，有没有信心学呢？

生：老师，放心吧，我们有信心学好。总的来说，我们在剪的时候要先内后外，先简单后复杂，要求线条圆如秋月，尖如麦芒，方如瓷砖，缺如锯齿，线如胡须。

2. 学生根据教师提供的材料、纸样动手剪刻。

3. 学生自主探究实践，并提出在制作过程中新生成的问题，集体讨论解决，解决不了的问题从接下来的剪纸创作这一环节寻找答案。

4. 教师巡视，进行适时指导。

5. 分小组欣赏自己的初步创作，边看边谈论作品以及制作过程所用的剪刻方法。

6. 让学生业余多进行剪纸练习。

活动三：创作扬州剪纸

(一) 活动目标

1. 能创造性地运用剪纸表现现实生活，锻炼学生的动手能力。
2. 能将剪纸艺术与其他艺术方法融合，增强剪纸的艺术表现力。
3. 巩固深化语文、美术等各学科知识，培养学生综合运用学科知识的能力。
4. 使学生获得多种情感体验，培养学生敢于面对挫折、困难的品质，在活动中让学生体验成功的快乐。

(二) 活动过程

1. 教师介绍剪纸作品的创作步骤。

师：剪纸作品的创作步骤有四步，即画稿、将画稿钉在彩纸上、剪刻和贴剪纸。其实，剪纸的创作步骤主要是画稿和剪刻两个工序。画好稿子，是决定一幅剪纸作品好坏的关键。画稿时要多思考、多推敲，反复修改，直到满意为止。定稿之后，不要急于动手剪刻，最好将画稿钉在墙上，站在远处、近处多看看，研究总体效果，多征求别人的意见，发现问题，补充修改。

> 2. 学生们分组进行剪纸创作。
> 3. 每一组选出剪得好的作品,和大家交流,并说出自己的创意。
> 4. 教师对剪得好的学生提出表扬,发放小奖品,同时鼓励其他学生,让学生体验快乐。

【案例评析】

下面,我们对"扬州剪纸"这个劳动与技术活动案例进行评析,主要从目标确定、主题选择、内容确立、实施过程和评价这五个维度入手:

一、目标确定

在目标设定上,"扬州剪纸"的目标非常明确、具体,可观察、可考量,而且便于学生实现,学生实地去民间学习剪纸,让他们对民间传统手艺剪纸有一定的了解,了解剪纸的历史、种类、样式等,这样有利于增强学生的观察能力;通过带领学生亲自感受剪纸的魅力从而对学生的动手能力起到锻炼的作用;通过深入活动与同伴之间的沟通合作,提高个人的交往能力,丰富学生的人文素养;在活动中了解历史,发展中华民族民间传统文化;以小组调查的分工方式可以提高学生的团队协作能力和意识。这项活动的设计符合小学生的认知特点,重在培养学生的实践动手的能力。

二、主题选择

在主题选择上,"扬州剪纸"是一个通过学生劳动实践对我国传统文化有一定认识的综合实践活动,了解中华民族传统文化是学生学习的重要内容,学习扬州剪纸不仅能培养学生的动手能力,而且有利于引导学生形成正确的审美情趣和审美能力,陶冶情操,发展个性特长,开发创造潜力。教师根据现实情况,利用扬州本土文化特色,让学生理解扬州剪纸是我国民间流传至今的艺术瑰宝之一。无论是追溯扬州剪纸艺术发展历史,还是欣赏当代艺术大师精美的作品,都可以感受扬州人的聪明才智、精湛的技艺、高雅的艺术修养和丰富的民间文化。

三、资源开发

在综合实践活动课程的资源开发上,教师选择扬州本土的文化,并且有组织有目的地进行活动,学生可以在固定的地点固定的时间进行活动,地点相对来说较为封闭和安全,在一定程度上避免了学生外出活动所带的安全隐患。剪纸这项活动需要学生和教师两者之间的相互合作,通过劳动锻炼个人的动手能力,同时激发学生的学习兴趣,拓展学生的视野以及加深学生对传统文化的理解。

四、实施阶段

在活动实施阶段,主要从活动准备、活动方法、教师指导等维度进行评价。

1. 活动准备

在"扬州剪纸"这项劳动与技术综合实践活动课程中,教师首先带领学生使用多种方法搜集关于剪纸的相关材料并且处理与之相关的信息,接下来指导学生制定此次实践活动的计划书和设计问卷调查,并且准备剪纸工具、笔记本、照相机等。教师在活动准备阶段还有个重要的事项,即与家长进行沟通协商并且争取家长的支持,让家长充分了解学生的外出活动的时间、地点以及活动内容。同时也要对学生进行安全教育和文明礼貌教育。

教师准备的同时,学生也要准备相关一些事项,例如准备纸张和剪纸工具,搜集资料和讨论分工,以及在活动之后学生学会写自我评价、访问实录以及探究日记。

2. 活动方法

在"扬州剪纸"案例中,主要采取的活动方法有观察法、调查法和访谈法。学生通过观察传统工艺了解中华民族的传统手艺。学习传统工艺需要调查工艺制造的方法以及过程,通过调查开阔学生眼界,让学生了解中华民族传统文化,发扬并且继承传统文化。在学习的过程中,学生之间相互配合合作,锻炼学生的动手实践能力。

3. 教师指导

在劳动与技术综合实践活动课程中,教师是引导者、协调者,发挥着主导作用,学生在综合实践活动中处于主体作用,从活动实施过程来看,"扬州剪纸"这次劳动与技术综合实践活动主要通过对传统手艺剪纸深入了解,培养学生热爱祖国的文化,树立正确对待传统文化的辩证态度,培养学生热爱家乡,热爱家乡文化,弘扬民族剪纸艺术文化,了解剪纸的发展历史,学会欣赏剪纸作品。教师介绍剪纸作品的创作步骤,让学生自己设计创作新图案,并说明自己的剪纸作品。教师在指导的过程中必须有教育机智,能够灵活地根据实际情况做出准确的判断,正确处理突发事件。通过扬州剪纸教育活动,教师也深深体会到要引导学生善于发现生活中的问题,让他们开动自己的脑筋想出解决办法,充分发挥他们在活动中的主动性和创造性,全身心投入到活动中去。实施综合实践活动,需要学校、家庭、社会多方面的合作。

4. 活动评价

本次活动方案选题充分运用地方资源,找准学生的兴趣所在。活动方案思路清晰,目标明确,内容丰富,运用了多种活动方式,有利于激发的研究兴趣,促进学生多方面的发展。通过这次活动,学生收集资料,积极探索、主动体验,丰富他们的精神生活,扩大他们的眼界,培养多方面的能力。同时,这次活动也增强了他们的社会责任感,学生们纷纷表示在今后要继续学习扬州剪纸,为扬州剪纸的传承做出自己的贡献。通过扬州剪纸活动的开展,教师发现那些学习不是太好、平时不起眼的学生有了很大的进步,经过适时的鼓励,他们的信心和兴趣得到了更进一步的增强。当然,教师在这次综合实践活动课程中占有重要地位,不过教师应该不断学习新的知识,提高自己的业务素质,以便更好地指导学生掌握获得知识的方式、方法和扩充知识的广度。更重要的是,教师还应该善于利用各种课程资源,邀请相关人士共同参与这些实践活动,以弥补自身的不足。教师要不断学习,转变观念,提高专业能力,因为这些是决定综合实践活动成效的关键。但是这次活动美中不足的是,缺乏师生互评和生生互评。

案例 7-2

走进家务劳动

【活动设计】

一、课题产生背景

本主题活动的选择,是我们根据两个多月来综合实践活动的实施情况、兼顾原有的劳动教育内容、结合课程标准中规定的综合实践活动的具体内容以及四年级学生的自我服务能力实际现状等多方面的考虑而综合设计的,具体说明如下:

1. 回顾两个多月的综合实践活动实施情况,从学生课题选择的内容来看,绝大部分学生选择的内容与研究性学习有关,其次也有部分内容涉及社会实践,但劳动与技术教育这一块却还是一片空白。

2. 纵观学生的能力发展情况,我们发现学生的家务劳动观念薄弱,很多自己的事都不能自己做,而且常常把成人的帮忙当作是理所当然的事,对家庭缺乏一种责任感意识。

3. 从原有的劳动教育内容来看,学做家务劳动特别是学习一些烹饪方面的简单知识和技能也一直是深受学生喜欢、家长欢迎的内容。

4. 从"充分运用导师资源"角度出发,我们在以往的经验中发现:孩子一般在活动初期对聘请"导师"都很热心,但在活动中却常常忽视"导师"资源,有的甚至似乎忘记了"导师"的存在,而导师们也不知怎样才能发挥自己的作用。"走进家务劳动"课题的选择,一方面是为了强化学生的"导师"意识,另一方面也希望家长能体验一下当"导师"的感受,真正过一把"导师"瘾。

为此,我特地设计了本次以家务劳动为切入口的综合实践活动。我们期望:学生通过本次活动,在家务劳动能力、自我服务意识、家庭责任感、小组合作能力、社会交往能力、语言表达能力、创新能力及运用导师资源等方面能有进一步的发展和提高。

二、主题活动目标

(一) 知识目标:

1. 通过对家务劳动的调查活动,了解在日常劳动中,哪些劳动是属于家务劳动?

2. 学会做一些简单的家务劳动。

3. 学会做一道有自己创意的"农家菜"。

(二) 能力目标:

1. 通过"练一练"、"露一手"活动,培养学生自我服务和家务劳动的意识及能力。

2. 培养学生学会请教、合作交往、收集处理信息、语言表达、发现问题与解决问题的能力。

(三) 情感目标:

1. 通过调查,体会大人劳动的辛苦,激发学生的家庭责任感。

2. 让学生品尝成功的喜悦。

三、活动方案设计

(一) 活动准备

1. 调查统计表。

2. 一些简单的家务劳动工具。

3. 自备"农家菜"的材料。

(二) 课时安排

大约16—18课时

(三) 活动设计

1. 哪些劳动属于家务劳动?

[学生讨论]

(1) 在日常生活劳动中,你认为哪些劳动属于家务劳动?

(2) 你会做哪些家务劳动?

(3) 你计算过妈妈(或他人)一天中花在做家务劳动上的时间有多少?

(4) 假如你们家没有人做家务,请你想一想,一段时间下来,你们家会是什么样子?(请把你的想象画下来)

(5) 你准备怎样来做"走进家务劳动"这个课题?

[制定计划]

(1) 小组讨论。

(2) 制订出切实可行的个人计划。

2. 跟踪调查:妈妈(或他人)一天的家务劳动

(1) 利用课余时间跟踪家里某一人一天的家务劳动。

(2) 计算一周中家务劳动平均每天花费的时间。

(3) 制订一份科学的家务劳动时间表。

(4) 写一份跟踪调查小报告。

3. 校园调查:一周中你做了哪些家务劳动?

(1) 利用课余时间在四年级学生中开展"一周中你做了哪些家务劳动?"的调查。

(2) 根据调查数据,进行分析,发表你的见解。

(3) 小组交流。

4. 练一练:学做家务劳动

(1) 学生利用课余时间,学做几种简单的家务劳动,例如:用洗衣机洗衣服、洗鞋子、洗书包、叠衣服、晾晒衣服、整理床铺、整理房间等。

(2) 交流学做家务的感受。

(3) 活动汇报:"我有一双小小手,自己的事情自己做"。

(4) 谈谈:学做家务的体验与感受。

(5) 实践活动:"今天我当家"。

5. 露一手:"学做一道农家菜"

(1) 学生自己设计一道农家菜。

(2) 每个学生根据自己的设计,亲自制作一道农家菜。

(3) 介绍制作的经历、作品的特点、学习制作的过程等。

(4) 欣赏、评比。

(5) 品尝。

6. 交流收获与感受

(1) 学生整理:在整个过程的中的体会、收获、教训、感受等。

(2) 学生通过各种方式进行展示与交流。

【活动实施与指导过程】

一、活动情景的导入

本课程的导入,是以学生的讨论为切入口,通过引导学生讨论、交流对家务劳动的了解程度,对家长在家务劳动方面花费时间的了解程度等,从而激发学生对走近家长、走进家务劳动的兴趣,并引发学生对"家长一日家务劳动的调查"及"学生一周家务劳动调查"的兴趣。

二、调查活动的引导

本次活动我们设计让学生亲历两次调查活动:① 跟踪调查:妈妈(或家人)的一日家务劳动;② 校园调查:一周中你做了哪些家务劳动？本活动是利用星期天及课间时间进行的,主要目的是想通过调查活动,一方面锻炼学生与人交往的能力,另一方面想通过活动,让学生进一步了解家长的辛劳,培养学生初步的分析能力,让学生从观察中学会反思,并记录下自己的感受。

活动前,师生共同设计好相应的调查表,让学生根据内容进行调查,并随时做好记录,调查完后,每个学生根据自己的调查结果,写出"我的感想"。我们想通过简单的感想,引导学生对自己观察与收集到的信息学会评价与反思,同时也引导学生对家务劳动的关注与对家长劳动成果的珍惜。

三、活动实施与指导

(一) "学做家务劳动"的实施与指导

本活动是以个体独立学习与集体交流、展示等交互进行的,主要实施地点选择学生家庭,并聘请家长为主要实践活动导师,教师的指导主要是通过目标指导—学生实践—信息反馈—学生再实践的途径进行的。

利用"目标指导法"指导学生活动,是我们在这次活动中的一种尝试,教师开始给学生的目标是框架式的,分几个不同层次,学生可根据自己的意愿和能力自主选择期望达到的程度,我们尝试将整个活动的自主权交给学生。学生通过实践后将自己在活动中的发现与收获带到课堂进行交流,从而达到实现资源共享的目的,教师将从学生交流中总结出的一些做法和窍门进行归类后推荐给大家,让学生以这些为依据进行再一次的实践活动,以巩固学到的技能。

为了让学生通过活动增强家务劳动及自我服务的能力,在"学做家务劳动"中,我们通过"用洗衣机洗衣服"、"学会拣菜、洗菜"、"学会做饭、做菜"、"学会整理房间"等活动,让学生在主动请教的基础上,学会做几种简单的家务劳动,如用洗衣机洗衣服、洗自己的鞋子、洗书包、拣几种简单的蔬菜、制作一些简单的饭菜、晾晒衣服、叠衣服、整理床铺、整理房间等。在整个过程中,我们要求学生充分利用导师资源,通过亲身体验,学会做每一件事,力求在成人不在家的时候能够做到自己照顾自己。

(二)"露一手"活动的实施与指导

本活动主要是检查学生在学做家务劳动的学习情况,为了提高活动的趣味性,让学生体验成功的喜悦,我们选择了集体展示与个体展示结合的方式,通过"点"、"面"结合,为学生对自己的学习成果进行全方位的展示提供舞台。

在"学做一道有创意的农家菜"中,为了使学生在学习基本技能的基础上,充分发挥自己的想象能力,使活动更有创意、更有趣味性,我们特地将"学做一道农家菜"改为"学做一道有创意的农家菜"。活动模式采用的是在家里练习,在集体中进行展示。我们通过上课的形式,让学生对自己设计的作品进行现场操作,学生从原材料到作品,都由自己独立并现场操作完成,最后大家通过对作品的色、香、味、创意等进行评价,评选出"露一手"优胜奖。而"今天我当家",我们采取的是利用星期天让学生将自己学会的家务劳动进行全方位的展示形式。活动前,我们将活动设想事先告诉家长,希望得到家长的配合,并请学生与家长共同设计"今天我当家"活动,由学生根据活动设计完成活动任务,让学生在活动中充分体验做家长的辛劳。

活动后一方面请家长对孩子的活动表现进行评价,另一方面让学生结合自己的体验畅谈感受,进一步深化学生的家务劳动意识,激发学生的家庭责任感。

(三)交流活动的实施与指导

经过近两个月的学习与体验,返回的信息表明,学生不仅全部完成了所有的学习内容,更为可贵的是不但所有的孩子都参与了本次活动,而且每个孩子都力争学得最好、最棒,每个孩子对待家务劳动的态度都有了转变,对父母、长辈有了更深的了解,他们普遍有了共识:作为家庭成员,对家务劳动也应该有自己的一份贡献,做家务劳动不但不会影响学习,同时还能锻炼能力,增长才干。

为了进一步强化学生的家务劳动意识,让学生在生活中充分体验成就感。在活动的后期,我们特地举行了班级交流活动,在交流活动中,我们允许学生"八仙过海,各显神通",尝试用各种不同的方式进行交流。例如文字交流;照片、录像交流;家长的评价交流;学生的现身说法;同伴的相互评价等,鼓励大家敞开心怀畅谈自己在活动中的发现、收获和感受,最后鼓励学生合理安排、科学设计,为家长制订一份"科学安排家务劳动时间表",尝试将自己的成果推荐给了家长,由此将活动推向另一个高潮。

四、活动小结

本次活动的评价方式以结合活动特点为特征,采取校内评价与校外评价相结合的形式进行,具体有学生自评、小组互评、家长评价、教师评价等方式。

学生自评主要由学生针对自己参与活动的态度、自我收获等为依据进行评价;小组互评主要由小组成员根据学生在集体活动中的态度与成果进行评价,本次活动主要以"学做有创意的农家菜"及每次的小组交流为依据;家长评价主要以学生在家里学做家务劳动的态度、不会时是否能主动请教及"今天我当家"等为依据;教师评价主要由教师通观学生在活动中的表现与原有的能力态度对比等为依据对学生参与整个活动的情况做出综合性的评价。

【收获与体会】

历经两个月的主题活动——"走进家务劳动",经过大家的共同努力已圆满结束。在这次活动中,学生自我服务和家务劳动的意识及能力增强了,学生的合作交往、收集处理信息、语言表达、发现问题与解决问题的能力增强了,学生通过调查与观察,不但体会了大人劳动的辛苦,同时也唤醒了学生的家庭责任感,使所有的学生都品尝到了劳动与成功的喜悦。

一、活动内容适合学生的能力发展

本次活动的重要环节"学做家务劳动",得到了所有孩子的参与和喜爱,从"学习用洗衣机洗衣服"、"学习拣菜和洗菜"、"学习做菜做饭"、"制作有创意的农家菜"、"学习整理房间"到"今天我当家"。每一项内容孩子都积极参与,力争高质量地完成,在学习过程中,为了能真正学会某一项家务,许多学生失败不气馁,努力克服困难,一次学不会,就学两次、三次,直到学会为止。我班的郭淑霞同学为了学会切黄瓜,坚持回家天天练习,终于在制作农家菜的成果展示活动中,一展身手,以熟练、均匀的刀功成为全年级最佳的"刀功手"。看着她熟练地切菜,听着均匀的刀声,同学、老师都惊讶地睁大了眼睛,张大了嘴巴,发出了阵阵"嘘声"。从各项活动的反馈信息看,学做家务劳动不但受到了学生的喜爱,促进了学生的能力提高,同时也受到了家长的欢迎。由此可见:只有学生喜欢的、适合学生能力需求的活动,才能让学生真正乐意接受,并由此全身心地投入,自觉、主动地去获取知识。

二、家长的支持是活动成功的保证

本次活动的内容是家务劳动,为了发挥学生的主动性,让所有的学生都参与并得到锻炼,我们选择了以家庭为学习与练习的主要场所,并聘请家长为本次活动的主要导师,这样做的目的,一方面是为了强化学生主动请教的意识,另一方面是为了在综合实践活动中真正发挥家长的"导师"作用。从反馈的信息来看,所有的家长都乐意为孩子当导师,所有的孩子在遇到问题时都能主动请教,有的家长基本上每次都能在孩子身旁亲自察看,不断指导,有的还对孩子的劳动成果、态度及时进行评价。孩子回家主动参与家务劳动,打破了原有家庭的平衡节奏。一位家长在反馈表中写道:"孩子参与到家务劳动中,给我们带来了乐趣,做到了快乐教、快乐学、快乐生活。"这不就是我们一直追求的目标——"快乐研究"吗?

三、活动使学生增强了责任感、学会了反思

学生通过"家长一日家务劳动跟踪调查"与"今天我当家"两个活动,从观察(跟踪调查)——体验(亲自操作),虽说是一个简单的过程,但不知不觉中,孩子对家庭的责任感在不断地增强,最可喜的是孩子自己学会了反思:"跟着妈妈一天很辛苦,可妈妈比我更辛苦。她一会儿干这个,一会儿干那个,没多长时间头上就满头大汗了,这时,我才知道大人劳动多辛苦。""妈妈做了那么多家务都不觉得累,妈妈,我想对您说:'您辛苦了'!""奶奶真辛苦啊!一天一大半时间都用在家务劳动中。以后我再也不对奶奶发脾气了,因为奶奶要做太多太多的家务,还要照顾我,我再对奶奶发脾气,她会更累,我要帮奶奶减轻负担。""我深切地体会到:我的妈妈每天真是太辛苦了!我是家中的一分子,理应为家里尽一份责任,做家务不但能锻炼自理能力,还能增强家人之间的感情。"瞧!这难道就是我们平时眼中那些"小皇帝"们说的话吗?难怪有的家长在反馈表中说:"通过这次活动,仿佛孩子一下子长大了。"

四、目标指导法的尝试

在本次综合实践活动的指导中,我们尝试用目标指导的方法引导学生通过亲自实践去探究、去求知,学会做一些力所能及的家务劳动,并激发学生的创新意识,真正实现综合实践活动的价值追求。为了激发学生学习的主动性与创造性,在制订活动目标时,我们将每项活动目标都确定为几个不同的层次,让学生自己选择愿意达到的程度,打破平时先教"怎样做",再让学生"跟着做"或"模仿做"的习惯。力求让学生通过自己的观察、请教等主动获取知识,并在每次活动后都进行小组及班级的交流,在交流中,学生不但交流自己的收获与发现,也交流从家长那里学到的小窍门,交流自己的成功与失败,自己在学习过程中的酸甜苦辣。目标指导法的应用,不但使学生学会了请教、学会了探索,也激发了学生的创新意识和自觉学习的意识。从学生的交流中我们发现:虽然目标指导法设立了目标达到的不同层次,但每个孩子都在向最高的目标努力,目标指导法的应用,也让家长真正过了把"导师瘾"。

五、在日常生活中为学生创造"创新"舞台

为了提高学生学习的兴趣,同时让学生体验生活中的"创新",在学习制作凉拌菜时,我们将它设计成"一道有创意的农家菜",要求学生在学习农家菜基本制作的基础上,充分发挥自己的想象能力,争取在造型、色彩搭配、菜名等方面将自己的"创

意"融入其中,做出自己的"特色"。经过学生的努力,展示出了一道道有创意的农家菜,如:炸鸡翼、凉瓜炒牛肉、排骨炆土豆……瞧,这些平时我们经常见到的普通菜肴经过同学们的精心制作,不但赋予了一种全新的概念,而且仿佛突然间提升了"身价",这对于学生来说,不就是一次生活中的"创新"吗?

六、灵活应用,加深体验,增强责任感

在学生初步学会了一些基本的家务劳动后,一方面为了巩固学生所学的技能,同时给学生创造一次展示自我的机会,另一方面为了让学生通过体验活动对家长平时为家庭所做的奉献精神有所了解,以增强学生的家庭责任感,我们特地设计了"今天我当家"的活动。孩子们通过一天的亲身体验,深深体会了做家长的不易,做家长的辛劳,这些都反映在学生的日记中:

——我觉得"今天我当家"这个活动不但是对我们学习的家务劳动进行一次综合性的检验,而且也让我们真正体验了一次当家的乐趣,体验了一次做父母的辛苦,使我们每个人对家庭都增加了一份从没有过的责任心。(梁嘉仪)

——真是不做不知道,一做才知道,平时看大人们做事很轻松,轮到自己做起来才知道原来也不容易。(冯家亮)

——当我把最后一碟香喷喷的菜端上桌时,父母回来了。他们看着我做的饭菜,欣慰地笑了,还夸奖我呢!我高兴得一蹦三尺高。"哎哟!"原来我已经累得腰酸背疼了。我情不自禁地感叹:"当家真累呀!父母每天都这样,真辛苦哪!"(梁焕仪)

——我长大了!我长大了!我以后一定要做个好孩子,我一定要烧一顿可口的饭菜让爸爸妈妈品尝,我一定要让他们知道:我也是家庭的一员,我也要为家庭做贡献。(冯梓瑜)

——今天,我累得腰酸背疼,但我很开心,因为,我明白了老师的用意。(郭俊雄)

七、关于家长的评价

在活动即将结束的时候,我请家长对本次活动进行了评价,家长们不但对活动表示赞赏、支持,对孩子的表现表示满意,而且有一部分家长还提出了一些好的建议,特别是针对活动的后续延伸,个别家长提出:活动不能走过场,要实实在在地培养孩子的劳动习惯,让孩子真正成为社会有用的人。家长的愿望就是我们的工作目标,如何在综合实践活动中延续学生的活动兴趣,使学生的可持续发展能力真正得以发展,这也将是我们需要考虑的问题。

【活动反思】

本活动的设计不但能从综合实践活动实施后反映出的弱势面出发,而且能兼顾到学生成长的弱势面,结合学生自理能力的培养,从实际出发进行选材、安排活动场所、设计活动内容。

活动中不但能激发学生的学习兴趣,开发学生的创造潜能,同时也能充分发挥

导师在综合实践活动中的指导作用,使每个学生在活动中都得到生活体验,更重要的是增强了孩子的家庭责任感,使学生学会了反思,从而促进学生多角度、多层次、多方位获得发展。

从活动的整个过程也可以看出,教师在整个活动中起到的是"穿针引线"的作用,扮演的是"导师"的角色,而学生在整个活动中才是真正的"主角",才是让活动变得精彩的"导演"。

本活动中"目标指导法"的尝试,不但使学生学会了请教、学会了探索,也激发了学生的创新意识和自觉学习的意识。这种尝试在某种程度上也吻合了维果斯基的"最近发展区"理论。

【案例分析】

下面,我们对"走进家务劳动"这个劳动与技术活动案例进行评析,主要从目标确定、主题选择、内容确立、实施过程和评价这五个维度入手:

一、目标确定

在目标设定上,"走进家务劳动"的目标非常明确、具体、可观察、可考量,而且便于学生实现,家务活动是学生在日常生活中一项非常常见的活动,纵观学生的能力发展情况,我们发现学生的家务劳动观念薄弱,很多自己的事都不能自己做,而且常常把成人的帮忙当作是理所当然的事,对家庭缺乏一种责任感意识。从原有的劳动教育内容来看,学做家务劳动特别是学习制作一些烹饪方面的简单知识和技能也一直是深受学生喜欢、家长欢迎的内容。所以选择家务劳动这项劳动与技术综合实践活动课程可以培养学生的劳动的意识,形成勤劳的优良习惯。学生通过本次活动,在家务劳动能力、自我服务意识、家庭责任感、小组合作能力、社会交往能力、语言表达能力、创新能力及运用导师资源等方面能有进一步的发展和提高。

二、主题选择

在主题选择上,"走进家务劳动"是一个学生通过做劳动对家务活有一定了解和熟悉的过程,熟知家务劳动是学生学习的一个重要内容,接触家务活动不仅能培养学生勤劳踏实的行为习惯,并且也可以让学生体会家长不易,形成体贴父母和孝敬父母的良好思想品德。从教师角度思考,选择这个主题的综合实践活动课程,通过让学生动手练一练家务活,培养学生自我服务和家务劳动的良好意识以及动手的能力。学生在做家务活动的过程中,会请教父母长辈关于家务活的注意的事项,在进行家务劳动时与父母长辈在一起合作交往,从而在这个过程中,锻炼学生收集处理信息、语言表达、发现问题与解决问题的能力。学生在完成家务劳动时,体会和品尝成功的喜悦并且可以体会大人劳动的辛苦,激发学生的家庭责任感。

三、资源开发

在劳动与技术综合实践活动课程的资源开发上,教师选择家务活这种类型的活动课程,并布置相应的主题安排给学生,学生有目的地在家里进行这项活动课程,地点选择在家庭在一定程度上避免了学生外出活动所带来的安全隐患。家务劳动这项活动需要学生和家长两者之间相互配合和合作,通过劳动锻炼的个人的动手能力,并形成良好的行为习惯,学生在劳动的过程中可以加深学生对家务活的理解。家庭是学生生活的主要场所,父母应是劳动与技术教育最早的老师。在小学生的自我服务劳动、家务劳动、家政常识以及最初的职业了解等方面的学习中,家长具有重要的使命。家庭生活中的洗涤、整理、小物品采购等都是富有劳动与技术教育意义的活动。

四、实施阶段

在活动实施阶段,主要从活动准备、活动方法、教师指导等维度进行评价。

1. 活动准备

教师和学生在正式进行"走进家务劳动"这项综合实践活动课程前做了充分的准备,首先教师制订了一份调查统计表,便于劳动之后的统计与调查,并且教师向学生介绍一些最基本的相关的家务劳动工具,教师还要告诉学生哪些类型的劳动可以称之为家务劳动。布置学生家庭作业,写一篇关于"妈妈一天的家务劳动"的作文,并且细数在一周中"我"做了哪些家务活动。学生回家之后,根据教师布置的主题,和家长相互配合去菜市场准备相关的"农家菜"材料。主要学会用洗衣机洗衣服;学会拣菜、洗菜;学会做饭、做菜;学会整理房间;

2. 活动方法

在"走进家务活动"这项劳动与技术综合实践活动中,主要使用了"目标指导法"、实践法和观察法。利用"目标指导法"指导学生活动,这是在综合实践活动中的一种尝试,教师开始给学生的目标是框架式的,分几个不同层次,学生可根据自己的意愿和能力自主选择期望达到的程度,而教师尝试将整个活动的自主权交给学生。在本次综合实践活动的指导中,我们尝试用目标指导的方法引导学生通过亲自实践去探究、去求知,学会做一些力所能及的家务劳动,并激发学生的创新意识。"目标指导法"的尝试,不但使学生学会了请教、学会了探索,也激发了学生的创新意识和自觉学习的意识。这种尝试在某种程度上也吻合了维果斯基的"最近发展区"理论,真正实现综合实践活动的价值。追求实践法主要是在活动的过程中,教师让学生在家里尝试和实践家务活动,学生通过在家里"练一练"、"露一手"活动,培养学生自我服务和家务劳动的意识及能力。"观察法"即为在家里观察自己的父母及长辈的家务劳动,从而感受家务活的艰辛,但同时在活动中也会收获满足感和快乐。

3. 教师指导

从活动的整个过程也可以看出,教师在整个活动中起到的是"穿针引线"的作用,扮演的是"导师"的角色,而学生在整个活动中才是真正的"主角",才是让活动变得精彩的"导演"。本活动的设计不但能从综合实践活动实施后反映出的弱势面出发,而且能兼顾到学生成长的弱势面,结合学生自理能力的培养,从实际出发进行选材、安排活动场所、设计活动内容。

活动中不但能激发学生的学习兴趣,开发学生的创造潜能,同时也能充分发挥导师在综合实践活动中的指导作用,教师特地设计了本次以家务劳动为切入口的综合实践活动。我们期望:学生通过本次活动,在家务劳动能力、自我服务意识、家庭责任感、小组合作能力、社会交往能力、语言表达能力、创新能力及运用导师资源等方面能有进一步的发展和提高。

4. 活动评价

此次活动学生在活动的过程,学生对家庭的责任感在不断地滋生、不断地增强,从这次活动中也学到了很多东西,家长在这次活动中积极配合学校和老师帮助学生锻炼自己的能力,教师对学生的指导以及整次活动的计划和安排。

思考题

1. 劳动与技术教育的作用是什么?
2. 小学3~6年级劳动与技术教育的课程目标是什么?

第八章
信息技术教育及其案例评析

- 信息技术教育的任务
- 信息技术教育的目标与内容
- 信息技术教育实施的策略要点

第一节 小学信息技术教育概述

一、小学信息技术教育的任务

《国家九年义务教育课程综合实践活动指导纲要》指出,小学阶段的信息技术教育的目标为:培养学生积极主动参与信息技术学习的兴趣,良好的信息意识和必要的信息处理能力,健康负责的信息技术使用习惯,引导学生学会使用信息技术支持学习和解决问题。

小学信息技术强调学生在实践活动中,体验借助计算机和网络获取、处理、表达信息并用以解决实际问题、开展学科学习的过程;在活动中感知信息的重要性,初步形成良好的信息意识;通过动手操作,掌握利用计算机等常见信息处理工具搜集、处理信息的操作与方法;形成积极参加信息技术活动,主动探究信息技术工作原理和信息科技奥秘的求知欲;在参与实践活动的过程中,观察、思考和讨论与信息技术应用相关的社会现象,养成适当的信息技术使用习惯。

信息泛指被赋予一定含义的符号,科技的飞速发展使人类对信息有了更高的需求,"计算机是信息革命的标志,它的发明使人类的思维工具产生了质的飞跃。"[①]以计算机和网络为代表的信息技术,代表着人类社会发展的方向,掌握信息技术不仅是生产发展

---

① 成有信.现代教育引论[M].郑州:河南教育出版社,1992:247.

的需要,而且是人们生活的需要,也是提高生活质量的需要。在当前的背景下,综合实践活动课程需要紧跟时代步伐,培养能够准确获取、筛选、理解并灵活应用信息的创新人才,迎接信息化社会的挑战。同时,这一时代背景也决定了信息技术教育的主要任务不再是将其作为一门单一的课程在课堂上教授给学生,而是要培养学生利用信息技术的意识和能力,并使学生在开展其他领域综合实践活动课程的过程中能够灵活运用这种能力,因此,将信息技术教育内容与其他领域的综合实践活动课程内容相融合,将信息技术教育的资源开发领域扩展到学生生活中去,是目前信息技术教育开展的主要任务。

二、小学信息技术教育的目标

依据小学信息技术教育的任务,小学信息技术教育需要确立两方面的目标。

其一,增强学生信息意识,即培养学生的信息敏感度,使学生意识到信息对生活的重要性;培养学生的信息辨别力,网络的开放性使得学生可以随时随地接触到各种信息,其中不乏一些虚假、消极、不利于学生身心发展的信息。因此,要培养学生正确的信息观和明辨是非的判断力,使其在浩如烟海的信息中获取真实有用的信息。具体要求主要包括以下几个方面内容:

重视获取信息。面对世界上纷繁复杂、无处不在的信息,要保持对信息的敏感,学会获取信息,学习和掌握相应的认知工具同时进行必要的技能训练。

学会选择信息。信息不等于知识,有用的信息才是知识。在浩如烟海的信息海洋中获得有用的知识,就要对得到的信息进行加工和处理,进行选择和控制。

明辨信息真伪。多数情况下,信息无影无形,真实的信息才有价值,虚假信息只会贻害无穷。明辨信息真伪常常会成为利用信息的前提条件和关键所在。要树立正确的信息意识,需摒弃道听途说,将实践作为检验真理的唯一标准,重视调查研究和亲历实践。

其二,培养学生运用信息的能力。信息的运用能力包括信息获取能力、信息分析能力、信息加工创新能力、信息利用能力以及信息的交流与协作能力。

信息获取能力。能够根据学习要求,主动、有目的发现信息,并通过各种媒体,如互联网、书籍、报纸、杂志、电视等,或者自己亲自参观、调查、实验、研究等,收集到所需要的信息。

信息分析能力。能够对获取到的信息进行筛选,判断其有效性,并对真实有用的信息进行分类。

信息加工能力。能够将不同渠道获取的同一类信息进行综合,结合自己原有的知识,重新整理、组织、存储,并能够简单明了地传递给他人。

信息创新能力。通过分析、综合、抽象、联想、归纳、整理等思维活动,对信息进行加工,找出相关性、规律性的线索,或者能从表面现象寻找出事物的根源,得出具有创新性的结论。

信息利用的能力。利用所掌握的信息,使用信息技术或其他手段,分析、解决生活和学习中的各种实际问题。

信息交流与协作能力。能够通过互联网平台拓展自己的交流范围,面向世界,开阔视野,并能利用信息技术加强与他人的联系或为了一定的目的进行协作。

三、小学信息技术教育的主要内容

现代信息技术,内容广泛,发展迅速,为综合实践活动的开发和实施提供了丰富的内容,主要涉及信息技术基本工具及其使用要领,计算机文字处理基本操作和数据处理,计算机基本软件和绘图工具的使用,网络基础知识及其简单应用以及简单的多媒体作品制作等。"综合实践活动以实践性学习为特点,强调的是'做中学'的理念。基于这一理念的综合实践活动中的信息技术教育,虽然可以将信息技术的内容作为研究的对象,但更强调它的工具价值,在如此条件下实现信息技术教育,无疑应该需要将信息技术教育和综合实践活动其他领域的内容,有机的融合起来加以实施,这对于中小学生是一种理想的信息技术教育形式"[①]

信息技术教育在综合实践活动课程的四大领域中属于起到工具性作用的基础课程,其内容可以与其他领域相融合,一方面作为其他三个领域课程实施的工具,一方面可以从其他三个领域中获取内容进行信息技术教育课程的设计。例如:开展研究性学习,可以借助网络收集信息,以便确定研究选题,并围绕需要解决的问题通过网络收集适当的资料。研究性学习是一种过程性学习,它的重点在于实践活动过程中的研究,研究过程可以使用信息加工帮助记录、整理和分析处理各种数据,从而达到便捷高效的效果。在研究型学习的总结交流阶段,对信息技术的使用就更为常见。我们提倡学生在综合实践活动中要充分地利用信息技术的各项成果,开展劳动技术教育时,可以通过网络收集有关劳动技术的程序性知识,或利用信息技术改善劳动生产方式。一方面,可以开展学生进行计算机的组装、操作和各种工具软件的安装活动;另一方面,可以使用计算机软件提示学生进行制作类活动,指导学生在互联网平台上查找需要完成的劳动制作任务的教程,再根据教程的指导进行操作。信息技术既是劳动技术教育的内容,又是实施劳动技术教育的手段与工具,在实施和开展劳动技术教育的时候,一定要认真研究信息技术的特点,主动实现与信息技术的有机融合;在开展社区服务与社会实践活动时,首先,在可供选择的以社区为主要内容的主题活动中,充分发挥信息技术的工具价值,实现信息技术与这些主题的融合。即在以社区实际内容形成的研究性主题活动中,或以社区服务为目的的社会实践活动中,注意选择信息技术作为工具,推动各项主题活动完成。其次,可以组织学生直接参与以社区群众为对象的信息技术的宣传和普及活动。另外,还可以通过计算机进行数据的统计和处理,通过网络实现学生与社区的无障碍交流等。

---

① 陈树杰.综合实践活动课程引论[M].北京:首都师范大学出版社,2010:121.

四、小学信息技术教育实施的策略要点

在综合实践活动中应重视信息技术的两面性,过分依赖或盲目崇拜信息技术的做法都是不可取的。在开展综合实践活动的时候,信息技术作为手段、工具和教育资源,其地位和作用不容置疑。然而,任何绝对化或形式化的对待信息技术的态度或做法都可能不利于对学生的培养,甚至妨碍教育功能的发挥。考虑到综合实践活动课程的发展需求,还需要对综合实践活动课程中信息技术教育实施过程中的要点进行分析。

其一,恰当使用信息技术,以计算机和网络为核心的现代信息技术,在综合实践活动实施过程中发挥着重要作用,它们为活动提供了信息探索、信息加工的技术基础和支持环境,通过自主实践和知识建构,有利于学生创新精神和实践能力的培养。因此,要教育学生充分利用信息技术和网上的教育资源。然而,互联网的信息虽然丰富,但未经严格的筛选,难免含混着虚假、消极的有害信息,一些信息的背后也隐藏着某些团体的不正当目的。因此,在指导学生充分利用有用信息的同时,更要注重培养学生的社会责任心和谨慎理性的态度,在面对纷杂的网络信息时学会选择。在综合实践活动课程中,任何信息技术手段的设计和运用,都应符合综合实践活动课程的基本理念,有利于推动学生参与亲历亲为的活动实践,学习迅速收集和正确使用信息的方法,致力于为学生创造反思性的自主合作的探究学习情境和问题情境。

其二,合理利用信息技术手段。教师要明确自己在信息技术环境下活动中的地位和作用。为此,首先要了解综合实践活动课程的基本规律与特点,明确信息技术在各类实践活动中的不同作用;明确使用计算机软件和互联网的目的,是为学生营造情境和提供活动资源,如何使用它们,需要根据活动目标和学生的实际情况而定;要认真地推敲软件的内容和使用时机,牢记信息技术的使用在学生的教育教学过程中只是起到工具性的作用,不能因为计算机在某些方面的优势就一味盲目使用,须知技术手段代替不了师生之间或生生间的情感交流;不要片面追求形式上对信息技术的使用,要善于从计算机的特点出发,结合活动需要充分发挥多媒体计算机集声、光、影、像等动态效果优势对学生多种感官的刺激作用。

其三,充分开发信息技术资源。信息技术教育作为综合实践活动课程中的基础性课程,与其他三个领域的课程有着密切的联系,一方面,每一领域的主题中都蕴含着可供信息技术教育继续利用的主题资源;另一方面,信息技术在其他领域的应用过程中也能够不断的生成新的主题和研究成果,用到后续的综合实践活动中。教师应注重综合实践活动课程中信息技术教育资源的生成性和循环利用性,运用计算机和互联网,整理已有综合实践活动课程中的有益成果,搭建专门的信息技术平台,形成有序的综合实践活动课程生态圈,实现课程资源的循环利用。

综合以上策略要点,教师应在开展综合实践活动课程的各个阶段对信息技术的应用予以足够的重视,在课程开发的初始阶段不再局限于将信息技术中的程序性或技能型知识作为课程主题,而应使信息技术更加便捷地探索课程主题;在课程开发过程中,

运用信息技术整合资源,整理阶段性成果,在课程结束阶段,运用信息技术进行成果的总结、整理、交流与展示,并将成果录入专门的信息平台,实现课程成果的共享与再利用。

第二节 信息技术教育案例评析

案例 8-1

基于网络的国际理解教育①

国际理解教育(Education for International Understanding)是21世纪新的教育观念,是推进世界和平的重要教育内容。国际理解就是以宽容、尊重的态度与别国沟通协商,共同行动。它包括两个层面的含义:一个层面是理解他人,这是国际理解教育的基础,包括同学之间、师生之间、不同社区之间、国内不同民族之间、世界各国之间等在政治、经济、文化甚至意识形态方面的相互理解;另一个层面是能够被他人所理解,这是国际理解教育实施的重要途径,也是最终目的。这两个层面紧密关联、同等重要。

国际理解教育在本质上属于跨文化教育的范畴,它不是一种简单地对对方文化差异的理解和尊重,而是作为一种完整和可操作的教育过程。首先,必须了解本土文化与异国文化的异同,通过各种各样的学习和认知活动来了解、认识有关的知识信息和文化背景;其次,应学会以宽阔的心胸和求同存异的平等态度来对待不同地区、不同国别和不同民族的文化;再次,确立和谐的世界观,认同异国文化的价值观和尊重他人的人生观;最后,将这些知识、情感和价值观等付诸实践。

狭义上的国际理解教育是指通过学校向学生灌输各种知识,即通过学校教育课程,培养学生的国际知识、国际素养和各种综合能力;广义上的国际理解教育还包括教育的国际交流和基于信息技术的网络合作。

国际理解教育强调文化理解与文化对话的特性,决定了掌握外族语言是理解和对话的前提条件,因此与课程相关的跨文化网络协作活动,就成为信息技术教育环境下国际理解教育开展实施的一项重要活动。目前,在网络上已经有一批这样的教师活跃着,他们自发地在网上寻找合作教师共同发起与课程相关的跨文化网络协作

---

① 潘洪建等.小学综合实践活动指导[M].镇江:江苏大学出版社,2010:9.

学习活动,教室学习真正向世界开放,成为国际理解教育实施的一个典型示范。下面就以吴秉健老师的相关经历和南京大学几位研究生在美国的实习经历为例,改编设计一套国际理解教育活动方案。

一、国际理解教育活动方案的设计

（一）活动方案的实施背景

1994年的暑假,一次偶然的机会吴秉健老师认识了一位来华旅行的美国小学英语老师朗达·罗夫(Rhonda Rolf),由于职业相同,而且服务的对象都是10岁左右的小学生,他们初次交谈就有了共同语言,并彼此留下联系方式。一开始这种交流仅限于老师之间,朗达·罗夫每次寄信都会给吴老师送些小礼物,如英语故事书、画册、邮票、美国学生的活动照片、贺卡等。吴老师通常会将这些礼物带到班上去与学生分享。吴老师发现,自己的学生对美国老师寄来的东西非常感兴趣,于是他产生了一个想法:鼓励自己的学生和朗达·罗夫的学生通过这种互寄礼物的方式来提高自己的英语水平,加深学生对异国文化的理解,从而为国际理解教育活动的开展奠定良好的基础。

（二）活动目标

① 以国际理解教育活动为载体,提升学生的外语水平,提高学生的信息素养。
② 在全球化网络新时空的交往中,培养学生相互理解与合作的综合素质。
③ 在国际理解教育活动的学习合作中,提升学生的学习能力和国际视野。
④ 培养学生了解并尊重多元文化的能力。

（三）活动内容与活动过程

本活动方案试图通过相互交流合作达到国际青少年的相互理解,其实施形式主要是彼此交流、相互合作,交流合作的方式主要有三类:教师之间的书信交流和学生之间的书信交流,网络交流和面对面的交流,同步交流和异步交流。整个活动过程大致由网络交流、交流受限、面对面的交流三个阶段组成。

（四）活动准备

为了保证国际理解教育活动主题顺利成功地开展,吴老师在物质上、心理上、组织上以及时间空间上做好充分的准备。物质准备包括中英文图书材料,视音频设备、多媒体网络设备、场地等。心理准备包括激发学生对英语的学习兴趣、对国外文化的好奇心、对网络交流的热情,逐步培养学生对国际理解教育活动产生浓厚的兴趣与热切的向往。此外,心理准备还包括积极氛围的营造和消极情绪的处理等。组织准备包括学习小组的设立,组长的指定与要求,与对方师生的联系与沟通,争取学校、家长、社会支持等。时空准备包括计划活动开展的具体时间、地点。

整个方案的成功实施,需要教师注意以下两点:

(1) 在活动开展前制订详细的学习计划

在开展国际理解教育活动之前,首先,要确定活动内容和活动周期。其次,要了

解交流对象所在国与我国的时差。时差大的地区如美国、澳大利亚等国,不能实现同步交流,而多采用异步交流。最后,要了解各个国家的假期。每个国家的假期不一样,如美国12月过圣诞节,以色列9月过犹太新年,制订计划应尽量避免他国的假期。这些因素对计划的顺利进行是很重要的。

(2) E-mail和主题网站是主要的交流与协作工具

在跨文化的国际理解教育活动中,由于时差的存在,大多时候采用异步交流的方式,因此E-mail和主题网站是主要的交流与协作工具。另外,由于浏览器和网速的原因,中国的网页在国外很难打开。因此,为了顺利开展活动,应建立一个跨文化的信息交流平台。建立英文主题网站或共同的主题网站,是国际理解教育活动有效开展的主要途径。

二、国际理解教育活动的实施

国际理解教育综合实践活动过程大致分为网络交流的乐趣、交流受限、面对面的交流三个阶段,具体实施如下。

第一阶段:网络交流的乐趣

随着网络在国内的普及,两国师生开始通过E-Mail、QQ、Blog等网络媒体交流。信息技术交流取代传统的书信交流活动后,不仅大大降低了通信费用,而且大大提高了学习和文化交流的效率。两国师生的通信内容涉及社会生活的方方面面,从了解两国人的衣食住行等普通生活到饮食和节假日等文化传统,他们书信交流的主题包括:hobbies, vacations, families, schools, social life, festivals, friends等。

在与朗达·罗夫老师所在的学校——Lee Elementary School有了进一步的交流合作后,吴老师迅速建立了全面介绍学校和所带班级情况的英文网:http://www.sgzjxx.com/bridge,并链接了Out Look China(中国掠影), English Wonderland(英语奇境), Lee Elementary School和ISC(中国花园)。

两国师生将反映自身学习生活、本国家度生活和风俗人情的照片及说明,及时地挂在彼此的网站上,双方的学生通过网上互访、网上留言等方式,进一步了解彼此的学习生活和不同的地域文化。

同时,两国师生还定期开展一系列活动,如:将学校的经典文艺节目如合唱队的校歌、民乐齐奏《喜洋洋》、舞蹈《找朋友》、英语节目Cinderdlla和Barbie girl做成视频,挂在英文网上;双方学生在5月进行网上棋艺切磋,初步约定同进一个游戏室进行国际象棋对弈;通过英文网BBS让双方的学生和教师进行网上学习交流。

第二阶段:交流受限

一个星期一的早上,吴老师带着6年级的学生在网络教室与美国的小学生通过网络进行实时交流活动。美国时间星期天的晚上,由于中国和美国的小朋友都不知道时差的存在,在交流中,美国的小朋友说:"你们太辛苦了,星期天晚上都要上课!"中国的小朋友不明白他们为何这么说:明明是星期一早上呀,怎么会是星期天而且还是晚上呢？利用这个机会，教师向学生解释"时差"的道理。这时学生才理解为什么很多时候美国学生回复他们的问题都滞后。

春节与圣诞节分别是中国和西方最大的节日，是东西方文化的缩影。在2007年就要来临之际，吴老师希望以这两个节日为契机开展国际理解教育活动，将其作为孩子们沟通的一座桥梁。

学生在吴老师的帮助之下，用图片、视频以及文字等多种方式展示春节的来源、习俗等，并把成果制成网页发布。春节前夕，吴老师把这些资料整合起来放在ISC中国结点网站上，便于国外的学生阅览和评价。然而中国学生的寒假已经结束，美国学校关于圣诞节的展示却迟迟没有消息。学生们都十分着急，不明白这是怎么回事，活动面临网络技术和文化交流两大挑战。原来，在西方是忌讳讨论圣诞节的，西方民众认为，这是他们的宗教信仰，根本无须讨论；另外在美国浏览中国网站速度极慢，因此外国学生根本没有欣赏到中国学生的作品。学生们开始讨论：老师，看来网络交流还是比不上面对面的交流好啊！如果能见面，这些误会很容易就消除了。

第三阶段：面对面的交流

让其他国家或者地区的教师和我们的学生和我们的孩子们一起学习、交谈、玩耍，学习如何与来自其他国家和地区的客人相处，增进相互了解，并成为好朋友，这样一来，孩子们对跨文化交流的理解会比单纯的课堂学习更加直观、感性、立体。这是一直萦绕在吴老师心头的愿望。

2007年10月10日至2007年12月12日，受朗达·罗夫老师的邀请，吴老师带领4名英语学习、人际交往等方面都比较优秀的中国学生来到朗达·罗夫老师所在的学校。朗达·罗夫老师很珍惜这次和中国国情和文化交流的机会，在设计课程的时候，朗达·罗夫老师也充分考虑到这一资源，力求把中国文化的内容整合到课程学习当中。下面是一节课堂案例：朗达·罗夫老师将"美国公民的权利与义务"这堂课的大致设计思路事先与吴老师做了初步的沟通和讨论，并邀请吴老师和4名中国学生一起参加讨论课。

讨论课由朗达·罗夫老师主持。他首先重点介绍了美国宪法中规定的公民的基本权利和义务，如平等权、财产权、人身自由权、宗教信仰、游行结社自由、表达言论的自由等。然后谈到了与儿童切身相关的权利，如义务教育，并联系实际指出一些地方存在的侵害儿童权益的违法现象，如童工现象。他介绍了童工问题的渊源，讲述了17世纪美国弗吉尼亚一带童工盛行的情况，并对现在依旧存在的童工问题进行了介绍。他用大屏幕投影出一些照片，介绍童工艰苦的工作和生活条件。

吴老师也在一旁提示："同学们，请想象一下，如果你是一名童工，生活在那样的条件下，会是怎样的情形，你有什么感觉？"朗达·罗夫老师补充说："他们不能像我们一样，每天坐在明亮的教室里学习，放学了还可以和伙伴们一起玩耍。他们每天食不果腹，还要长时间地干体力活。"很大一部分同学皱眉、摇头，表示他们不愿受到那样的对待。

朗达·罗夫老师把目光转向吴老师，问道："在你们的国家，也有这样的童工现象吗？可不可以给同学们介绍一下？"

吴老师说："正如朗达·罗夫老师提到的在美国存在的童工问题，中国同样也存在。在一些工厂或者私人作坊里，由于需要大量廉价的劳动力，他们可能会雇佣童工。童工的薪水比熟练工低，但是工作时间长、任务繁重，这给儿童身心的健康发展带来了极不利的影响。特别是一些偏远山区，经济发展缓慢，教育和管理还不到位，部分适龄儿童迫于家庭生计不得不幼年辍学，打工贴补家用。部分童工还在条件危险的环境下工作，比如煤窑，生命安全受到威胁。当然，在政府的整治下，这种现象不断得到改善。《义务教育法》的出台，保证了未成年儿童上学受教育的权利；社会保障制度也不断得到完善，使贫困家庭的基本生活得到保证；随着教育的普及和舆论的宣传，人们越来越认识到教育对于提高劳动力素质的重要作用等。所以，雇佣童工的现象明显减少，但是不排除部分地区还存在廉价雇佣童工的现象。"

学生们静静地听着，教室里很安静，仿佛若有所思。忽然，一个学生举手发言："童工应该得到保护，让他们和我们一样每天可以开心地上学。"

朗达·罗夫老师说："是这样的。绝大多数国家的政府都在努力控制童工现象，他们出台了一系列的劳工法和儿童权利法，保障儿童的合法权益。"说完，朗达·罗夫老师用鼓励的眼神看着4名中国学生，问道："可以说说你们国家关于这方面的情况吗？"

中国学生R站起来回答说："在中国，宪法规定了个人的基本权利和义务，其他法律则进一步规定不同的年龄或者社会角色享有的权利和义务。除此之外，不同的组织内部也会制定规范对组织中的人员的权利和义务进行规定。比如公司或者企业有内部的规章制度，就连我们学校也有自己的校规。这些法律和规定保证了我们的合法权利不受侵害。"

朗达·罗夫老师听后说："今天这堂课我们学习的是美国公民的权利和义务，但是你们要明白，在不同的国家，根据国情的不同，公民享有的权利和义务也有区别。在中国，因为人口总量大，资源紧张。国家根据这一国情实行了计划生育人口政策，规定每一个家庭只能生一个小孩，是这样的吗？"

中国学生F回答："现在是这样的。为了控制人口的增长，缓解资源压力，我们国家的有关法律规定，每个家庭只能生一个孩子。这个政策从1980年开始执行，所以在现在的中国，有很多独生子女家庭。"

"那你是家里的独生子女吗？"朗达·罗夫老师问道。

"是的。"F微笑着点点头。

这时候，有一名美国学生迫不及待地举手提问："没有兄弟姐妹，孩子在家里和谁一起玩呢？"

中国学生J回答："和邻居家的小孩玩。记得小的时候，我们住的同一栋楼里就有很多年纪相仿的孩子。放了学,我们就一起在楼下的空地玩。我们都很珍惜童年时的玩伴,大家在一起就像兄弟姐妹一样。"

"要是一对夫妻的第一个孩子体质很虚弱或者总有很严重的疾病,他们会被允许再生一个吗?"朗达·罗夫老师问。"是的。计划生育的人口政策只适用于中国大多数人群,但是也有例外的情况。少数民族人口不在计划生育政策管辖的范围内。另外,就是朗达·罗夫老师提到的情况,如果一对夫真的第一个孩子有重大疾病,可获准生第二个小孩。"吴老师回答说。

"国情在变化,法律也不断在修订。其实目前的独生子女政策也在变化。比如说,当年的独生子女现在逐渐都进入婚龄阶段了,针对这些独生子女的政策也做了相应的调整。如果夫妻双方均为独生子女,他们可以生两个孩子。"

"那就是说针对不同的人群,政府采取的是灵活的政策?"朗达·罗夫老师继续问。

"是的。少数民族的人较少,他们可以根据自己种族繁衍的需要制定人口政策。再说少数民族也有自己独特的文化和风俗,应该得到尊重。"

一个美国女学生举手说:"我还是很难想象没有兄弟姐妹的生活,如果在家里只有我一个小孩的话,我会感觉失去很多乐趣的。"

中国学生v说:"还好吧,可能因为我们出生以来就这样,而且周围的孩子也一样,所以对于我们来说并没有这样的困扰。我们住在楼房里,邻居家也只是在隔壁或者楼上楼下,朋友们要一起玩很方便。我们还经常一群小孩子结伴上学、放学。"中国学生v用投影仪给美国小朋友展示了他拍摄的和小伙伴一起玩耍的照片。

看到一大群中国孩子玩耍、游戏的照片,美国学生的积极性也被调动起来了,他们纷纷围看中国学生开始提问,问题的主题也由公民的权利和义务逐渐扩大到做什么样的游戏、听什么样的歌曲、看什么样的动画片以及是否去北京观看奥运会等。在交流和谈论的过程中,4名中国学生还和美国学生相互交流了 E-mail、QQ、MSN 等联系方式,他们还约定将这种交流和讨论继续下去。

就在两国学生意犹未尽的时候,下课铃声响了,朗达·罗夫老师说:"很感谢吴老师和4名中国学生今天能够来到我们的课堂,从不同角度给我们讲述公民的权利和义务。希望这节课能给你们带来新的体验,学会为争取自己的权益在公共场合申明自己的观点。今天留给大家的家庭作业有两个:一个是结合今天公民权利和义务的讨论课,就"学校是否应该指派学生管理午餐就餐座位,写一下自己的看法;第二个作业是希望同学们回去搜集与公民权利和义务有关的法律文本、图片、照片、视频、网页等资料,数量不限。"朗达·罗夫老师最后说:"等把你们搜集到的资料整理汇总后,我们和中国来的朋友们一起把它们放到我们的网站上,让更多的人看到我们的成果,你们说好不好?"

"好!"两国师生异口同声道。

【案例评析】

一、目标确定

在此案例中,吴老师秉持着国际理解教育的理念,为活动制定了四个主要目标,即:

① 以国际理解教育活动为载体,提升学生的外语水平,提高学生的信息素养。

② 在全球化网络新时空的交往中,培养学生相互理解与合作的综合素质。

③ 在国际理解教育活动的学习合作中,提升学生的学习能力和国际视野。

④ 培养学生了解并尊重多元文化的能力。

这四条目标的确立包含了三个维度,符合《国家九年义务教育课程综合实践活动指导纲要》中通过信息技术教育培养学生生积极主动参与信息技术学习的兴趣,良好的信息意识和必要的信息处理能力,健康负责的信息技术使用习惯,引导学生学会使用信息技术支持学习和解决问题的要求。

二、主题选择

案例中提到,吴老师发现自己的学生对美国老师寄来的东西非常感兴趣,于是他产生了一个想法:鼓励自己的学生和朗达·罗夫的学生通过这种互寄礼物的方式来提高自己的英语水平,加深学生对异国文化的理解,从而为国际理解教育活动的开展奠定良好的基础。从此处可以看出,吴老师是根据现有优势资源(与朗达·罗夫老师的友好关系),结合学生的兴趣确定的基于网络的国际理解教育这一主题,主题的来源主要是学生兴趣,主题的产生方式属于半开放式类型。在主题的选择过程中,吴老师遵循了以下几项原则:

(1) 教育性、趣味性原则。"基于网络的国际理解教育"综合实践活动旨在使学生与他国学生交流学习的过程中提高语言能力、了解不同文化、制度,了解其他国家学生的学习和生活,学会与他人交流和相处;通过与他国学生的交流,更加全面和深入地了解自己的国家,学习中华民族的优秀传统文化,培养爱国主义精神。所涉及的内容广泛而丰富,所覆盖的学科也多种多样,具有非常深刻的教育意义。也正因为其内容丰富,又是学生平时接触不多的异国文化,对学生而言也就具有较强的趣味性。

(2) 创新性、实践性原则。这一案例中中国学生通过和不同国家学生进行多方面交流的形式进行综合实践活动课程具有较强的创新性,学生在不同国家文化的相遇中、不同思想的碰撞中获得新的灵感,开拓创新思维。在日常化的相处中,学生的主体地位得到了充分的体现,这就增强了学生们在此次综合实践活动课程中亲身体验,因此,这一主题的确立一定程度上符合创新性、实践性的原则。

(3) 导向性、自主性原则。这种建立在不同国家学生间自主交往的活动课程,是以学生的兴趣为主要内容不断推进的,因此,学生的主体地位得到了充分的体现,学生充分拥有活动的选择权、计划权、分工权、组织权,并且教师在必要的时候会加以指导和帮助,以确保综合实践活动课程的方向明确,因此,这一案例充分遵循了导向性、自主性的原则。

(4) 综合性、开放性原则。该案例以国际理解教育为理念,国际理解教育

(Education for International Understanding)是21世纪新的教育观念,是推进世界和平的重要教育内容。国际理解就是以宽容、尊重的态度与别国沟通协商,共同行动。从理论背景来看,这一综合实践活动课程的选题紧跟时代发展的步伐,有先进的理论作为支撑,内容丰富,具有较强的综合性。

(5)因地制宜、立足学校原则。这一课程在选题时充分利用了现有资源,因地制宜,考虑到了该校的实际情况和地方特色。

三、内容确立

根据《国家九年义务教育课程综合实践活动指导纲要》对信息技术教育内容设置的要求,此案例在内容确立方面基本具备以下两点标准:

(1)以兴趣为起点,以活动为主线:此案例的内容主要涉及不同国家的风俗民情和学生们的生活学习,是学生充满好奇和十分感兴趣的问题;内容的开展也始终以"国际理解教育理念"为主线。同时,案例也充分展示了学生通过网络与异国伙伴取得联系并查阅资料来了解本国和他国文化的过程,这一过程有效地强化了信息技术学习与学生生活经验和社会实践的联系,淡化了学科体系,避免了学习与实践的脱离。

(2)体现个别差异,鼓励技术创新:学习内容应丰富多样,要求要分水平,以适应学生的个别差异和特殊发展需求;鼓励学生自主选择活动主题、讨论确定合适的活动方式,活动空间要打破教室和书本的局限,鼓励更自主的技术实践与更开放的科技探究与技术创新。

除此之外,《国家九年义务教育课程综合实践活动指导纲要》对综合实践活动课程中信息技术教育的内容还有以下两点要求,此案例中没有很好的体现:

(1)鼓励跨学科的活动主题,实现技术学习与技术应用之间的整合。应注意从各学科学习任务中设计活动主题,引导学生以学科学习任务为载体探究和掌握信息技术;同时,加深学生对信息技术在学科学习中价值的理解,推动学生利用信息技术开展学科学习,解决研究性学习问题,实现信息技术作为学习对象与学习工具的双重价值。

(2)适应地区差异、体现地域特色。在达到基本要求的基础上,各地在内容选择及其难度设置上,应适应本地设备、师资及学生的现状;活动选题要体现各地经济社会发展的需要,体现地域特色,鼓励多样而合理的选题。

四、资源开发

国际理解教育综合实践活动课程的资源开发充分体现了资源的多元性。首先,在主题的确立阶段,利用了校内人力资源(教师资源:吴老师;学生资源:学生对国外物品的兴趣)、在课程实施阶段,又分别利用了网络资源、校外人力资源(两国师生通过E-Mail、QQ、Blog等网络媒体交流、吴老师建立了全面介绍学校和所带班级情况的英文网:http://www.sgzjxx.com/bridge,并链接了 Out Look China,English Wonderland,Lee Elementary School 和 ISC)。两国师生将反映自身学习生活、本国家的生活和风俗人情的照片及说明,及时地挂在彼此的网站上,双方的学生通过网上互访、网上留言等方式,进一步了解彼此的学习生活和不同的地域文化、两国师生定期开展一系列活动,

如:将学校的经典文艺节目如合唱队的校歌、民乐齐奏《喜洋洋》、舞蹈《找朋友》、英语节目Cinderdlla和Barbie girl做成视频,挂在英文网上;双方学生在5月进行网上棋艺切磋,初步约定同进一个游戏室进行国际象棋对弈;通过英文网BBS让双方的学生和教师进行网上学习交流。

五、实施

综观整个国际理解教育综合实践活动方案及实施,吴老师从学生的兴趣爱好入手,考虑学生的个体差异,从而使学生有共趣、有能力开展活动。学生在活动中,既提高了英语水平,又锻炼了与人交流与合作的能力、搜集与处理信息的能力等综合品质,这些符合综合实践活动课程的要求。活动实施过程中,中美双方教师分工合作,采取多种方式如课堂讨论、网上交流、家庭作业等多个环节激励学生参与,让每个学生都投入到英语学习和与国外小朋友交流的活动中去,活动方案整体实施效果较好,具有较强的示范性。整个活动经历了这样的过程:中国教师与美国教师偶然的邂逅——通过书信建立联系——互赠礼物——鼓励学生参与其中——与美国师生网上交流——出现交流的误会——面对面的交流,环环相扣,内容生动,形式活泼,吸引了众多学生的积极参与。当然,这样的活动并不是每个学校都可以开展的,但该案例较好地体现了综合实践活动的基本理念,信息技术真正地融入活动之中,成为综合实践活动的基本手段与活动平台,学生乐于其中,达到了多方面的教育目的。

案例8-2

智能手机对大众生活的影响

浙江省嘉兴市海盐县实验小学教育集团603班　刘畅等
指导老师:蒋云娟

有人戏称三个苹果改变世界。伊甸园的苹果让人类懂得爱;牛顿的苹果发现了万有引力;乔布斯的苹果改变了现代人的生活。自从苹果开创了智能手机的先河,忽然一夜间我们的生活发生了巨大变化,不管到餐厅、还是任何公共场所,人们做的第一件事就是找Wifi,找密码。出门可以没带钱包,但不能没带手机;餐馆菜可以难吃,但不能没Wifi。现代人没有手机似乎就如同鸟类没有翅膀;植物没有阳光;生活都失去了乐趣。何谓智能手机?我的简单理解就是可以上网的手机。我妈妈以前用的诺基亚手机只能用来打电话、收发信息,只是一个可以移动的电话。而现在我妈妈用的苹果手机,功能太强大了,似乎是哆啦A梦的口袋,什么功能都有:去哪里吃饭、吃完付账、还可以打折;买东西购物、付款;出去旅游导航、找酒店、找景点、拍照;很久不见的朋友在手机上聊天,恍如天天见面;还有我看故事书、玩游戏、听音乐都离不开智能手机。

一、智能手机的诞生

为什么智能手机能有这些功能?

首先让我们看看什么是智能手机,搜索百度定义智能手机就是指"像个人电脑一样,具有独立的操作系统,可以由用户自行安装软件、游戏等第三方服务商提供的程序,通过程序来不断对手机的功能进行扩充,并可以通过移动通信网络来实现无线网络接入的这样一类手机的总称。"智能手机的诞生,是掌上电脑(PocketPC)演变而来的。最早的掌上电脑是不具备手机的通话功能,但是随着用户对于掌上电脑的个人信息处理方面功能的依赖的提升,又不习惯于随时都携带手机和PPC两个设备,所以厂商将掌上电脑的系统移植到了手机中,于是才出现了智能手机这个概念。2007年1月,改变世界的第三个苹果推出的智能型手机iPhone,让智能手机真正变成可消费家用电子产品走进我们的生活。

二、智能手机的运行模式

智能手机通过何种方式来改变我们的生活?

智能手机的本身只是一个载体,或者类似于电脑终端,各种App应用才是真正影响人们生活的因素。概括起来说影响是方方面面的,从信息获取到购物、娱乐、生活,衣食住行游购娱无一不包,对传统方式是一种挑战与升级。各种琳琅满目的应用又是基于一些什么技术的发展呢?首先,手机硬件技术的提升,有了触屏技术、手机操作系统使得手机使用起来更能随心所欲;手机芯片相对于电脑芯片功能,作用不言而喻。其次,不得不谈3G、4G网络的发展(5G也将投入运营),网速的提升使得各种应用有了基础就好比有了更大的运输管道,这样各种数据流能够顺畅通行。

三、智能手机的普及

随着科技的发展和手机生产成本的降低,越来越多的人开始有能力使用智能手机,谷歌发布了一份名为"The Consumer Barometer"的报告,调查了全球46个国家地区的用户。报告显示,新加坡和韩国在全球拥有最高的智能手机普及率,分别是85%和80%,中国位列第三为66%,但是中国智能手机普及的绝对人数是全球第一,高达近6亿人。因此人们生活的方方面面也开始被智能手机所引导或占据,手机改变了人类生活方式,甚至推动了社会发展的变革。

四、智能手机带来的便捷

1. 智能手机在日常生活中的作用

科技发展到今天,不得不说智能手机给我们的生活的确带来了极大的便捷。前面已经提到,我们的生活越来越离不开手机,想购物,打开手机客户端,各类商品琳琅满目、一览无余,我们想要什么,选中加入购物车,然后支付宝付款就等着快递上门了;住酒店,上网一搜索,酒店位置、环境、价格、交通、服务一目了然,再加上网友的点评,轻松搞定住的问题。吃就更简单,无数个餐饮APP,大众点评、美团、糯米网等,随时随地解决定座、点餐、送餐问题。特别是到一个陌生的地方通过应用LBS

(Location Based Service)技术可以定位自己所在位置周边一定范围内的餐厅信息并直接轻松订餐，根据大众的点评找到适合自己的口味，轻松享受当地的特色美食，并且也不用担心"天价鱼、天价虾"的不良商家欺骗，而且同样能在享受美食的时候签到评价并随时分享心得等。想出门旅行，打开地图应用，出门的路线，以及各个景点的评分都呈现在眼前；提前订购景点门票，免去排队拥挤。如果外出看见美丽的风景，马上拍下来，经过图像编辑软件的优化，一张意境十足的纪念相片就生成了。

2. 智能手机在信息交流中的作用

智能手机不仅解决我们日常中的衣食住行，在人们经济交往中、社会信息和个人情感中也改变了传统方式。在经济生活中，传统转账汇款已被网银、微信转账、支付宝所取代，去超市购物不需要钱包，手机取而代之，人们通过手机购买各种金融产品，为家庭理财，也许有一天实物货币会消失，财富变成手机中的一个数字。在社会经济发展中传统的商业模式受到极大冲击，工厂通过手机可以直接联系终端消费者，中间商、渠道分销商在消亡，未来的商业谁能吸引更多的点击率谁就能胜出。

在信息交流生活中，人类从古代的烽火台到今天的智能手机，质和量都有了前所未有飞越，报纸、广播、电视、各种媒体渐渐离我们远去，通过智能手机使我们时刻了解世界上正在发生的事情，从而能够迅速、及时得满足我们的信息需求，因为手机信息载体比报纸、广播、电视信息载体在信息传递上更方便、直接、快速。

3. 智能手机在情感交流中的作用

在情感交流上，这是一个自媒体时代，各种自我炒作的"网红"诞生，就算我们普通人也是每天在手机参与各种活动，兴奋于"又有人关注我了"，"我的朋友圈又收到了1条点赞"，"这篇文章不错，我要转发下"……通过网络虚拟世界来获得自我满足寻找自己的"归属感"。在这个国庆节日，妈妈的微信朋友圈每天都在播放美食、风景大片。当然我们也不例外，在接收的同时，妈妈和我也忙着直播我们的行程，这在以前都不可想象，妈妈和三十年未见的小学同学每天在朋友圈聊得兴高采烈，似乎从未分开过；爸爸在德国出差，每天通过手机辅导我的奥数题，这就是西游记中的"千里眼"和"顺风耳"吧！今天人们通过网络和智能手机把神话变成了现实。在吃饭时，一旦有空闲时间，总能看到人们掏出手机，低头看着微信、QQ；放学时，在公交车上，我总能看到人们捧着手机在玩游戏。人们每天都在忙着应付各种工作，只有在各种社交网络中寻找自己的"归属感"，很明显，在移动互联网时代，这种需求被放大了。

五、智能手机对生活带来的坏处

虽然手机给我们的生活带来了极大的便捷，但它也有许多不可忽视的缺点。近年来，越来越多的人整天手机不离身，而因手机带来的健康困扰不得不再次回到人们的视线。随着手机技术的发展，手机屏幕从最初的单色到现在的彩屏，人们对手机的使用从"听"逐渐转变为"看"。

（一）手机对健康的影响

人们使用手机时，颈部长时间处于紧张状态，长此以往，很可能造成颈部劳损。现在的手机越做越小，内容却越来越丰富，人们长时间习惯性地低头去看，成为"低头族"。所以现在很多人都有很严重的颈椎病，而这种病以前都是年龄较大的人才会患有，现在因为年轻人长时间低头玩手机，所以原本属于老年人才患的肩颈病现在年轻患者更多，并且情况更严重，长期患颈椎病的人导致大脑供血不足，头痛、头晕已经成为现代人的常见病。而长时间使用手机会产生辐射，而使人的某些器官长时间暴露在辐射底下，也可能出现"疲劳感"，更严重的是辐射通过手机传入人们体内，很可能会使器官发热，对人的血液、脏器造成不同程度的损害。澳大利亚癌症兼神经外科专家通过研究得出惊人结论：使用手机比吸烟对人体的危害性更大，人们使用手机超过10年，患脑瘤的危险将增加1倍。这是迄今为止关于手机危害健康的最新、最严重的警告。

（二）手机对视力的影响

人们在利用智能手机阅读或游戏的时候，人眼需要不停地自我调节才能准确跟进屏幕上的图像变化。统计结果证实，有90%的使用者在长时间面对手机以后感到视物模糊、眼睛干涩、酸疼。专家认为，如果长时间躺着玩手机，会因为血液大量流向眼睛而诱发结膜血管轻度充血，甚至导致结膜组织出现慢性炎性病变。

（三）手机对安全的影响

央视播出一则"江苏泰州一女子骑车时玩手机撞上轿车"的新闻，让人心惊不已。据报道，该女子一边骑摩托车一边玩手机，一头撞上旁边驶来的轿车，被撞后重重摔在地上。近年来，因为玩手机酿成悲剧的并不在少数，9月15日，一男子开宝马车冲进杭州西湖，警方称其事发前玩手机，还好当事人无碍。我们在街上也经常会看到行人边走路边玩手机。更有甚者，有人因玩手机而失去生命，前不久网络有一个热播视频，一女子晚上回家边走边玩手机，不慎掉入村口池塘，因太晚无人发现施救，第二天家人在村口监控中才知道她的死亡真相，真是因手机引发的一场悲剧！

（四）手机安全性

随着智能手机的普及，越来越多的诈骗信息活跃在人们的正常生活中，我们每个人都收到过类似"汇款转账"、"房子转让"等等消息，这样一来，我们在一收到这类信息的时候就会下意识地认为它是诈骗短信，而当是真实情况的时候，也不敢相信，真是让人哭笑不得。不仅老年人对此类诈骗短信和电话的防范能力较差，很容易上当受骗，造成不必要的损失，而且很多有文化的年轻人也同样会遭受网络诈骗，今年因网络诈骗而失去学费的大学生心脏病突发死亡震惊社会，让人们对网络诈骗更为痛恨。

除了诈骗外就是个人信息泄露，由于当前不少人都将手机绑定了各大银行的客户端、微信、支付宝等财务软件应用，所以一旦手机遗失，造成的损失是无法想象的。

智能手机+云服务使得人人都拥有了各大互联网公司的云盘,经云平台漏洞报告,腾讯、360、金山等国内知名互联网公司都曾出现过信息泄漏问题。而且现在手机上的各个APP都可以读取你的手机通讯录、短信、通话记录等私密信息,一旦泄露,后果不堪设想。

(五)手机对人类交往和情感的伤害

世界上最遥远的距离莫过于我们坐在一起,你却在玩手机,这是网上流传很广的一句话,当这句话成为现实时,多少会有一些悲凉。国庆期间,市民张先生与弟弟妹妹相约去爷爷家吃晚饭,饭桌上老人多次想和孙子孙女说说话,但面前的孩子们却个个抱着手机玩,老人受冷落后,一怒之下摔了盘子离席而去。其实这种情况在我们生活中比比皆是:许久未见面的朋友们相约餐桌,不到几分钟大家不约而同地拿出手机拍照、微信各自忙碌,已经忘记相聚的目的。

孩子等着父母下班回来可以陪他玩,结果父母都坐在沙发上玩手机,美其名曰"工作";甚至有夫妻沉迷于手机,感情交流缺乏而导致婚姻破裂;更不用说学生因过分玩手机耽误学业;年轻人因晚上玩手机影响睡眠而造成工作失误。

人们在虚拟世界生活,以增进沟通为目的而发明的桥梁,却渐渐成了隔阂在彼此之间的一道砖墙,让我们不再愿意、甚至没有能力与身边的人交流,而是倾心于素未谋面、潜伏在网络另一端的"朋友",这不得不说是一种本末倒置。甚至有人惊呼:手机如同当年的鸦片会毁掉我们的国家。虽然这有夸张之处,但因玩手机而影响学习和工作的年轻人确实越来越多。

六、问卷调查

为了真正解决人们对智能手机实际使用和依赖情况,我决定在大润发超市寻找50名顾客进行问卷调查。

(一)调查过程

1. 设计问卷,通过在大润发超市随机邀请50名顾客填写问卷,了解大家使用智能手机的习惯以及手机对生活的影响。

2. 对收集来的问卷资料进行统计和分类,撰写调查报告。

(二)分析

对回收来的问卷进行了归纳与总结,得出了如下的结果:

1. 参与到这次的调查的群体中,拥有智能手机的比例为100%。

2. 参与调查的年龄中,19~45周岁占比为95%。

3. 多数人在智能手机上使用通讯软件,其次是玩游戏。

(三)调查群体中使用手机的时长状况

50%以上的人每天使用手机达5个小时以上,除极少数是工作需要,大部分时间都是浪费在社交媒体或网络购物上,许多人已经不能静心看一本书,习惯用手机看一些快餐式、碎片式文化。

(四)"是否可接受出门不带手机"的调查情况

随着手机在中国普及率的快速提高,越来越多的手机持有者发现自己已经无法离开这个"爱物儿",哪怕只是半天儿不见,也会魂不守舍,坐卧不宁。高科技在给人们带来沟通便捷的同时,也将一种"新鲜病"——手机依赖症,"捆绑销售"给了现代人。

七、如何正确对待智能手机

智能手机在很大程度上给人们带来很多便利;例如,手机银行——只要在动动手指头,就可对账户进行转账、交易、管理;新闻客户端——在小小的屏幕上就可了解天下事;即时通讯软件——随时谁地可与朋友分享快乐。智能手机至诞生之日起,就以其独特的优势改变了世界,改变了人们的生活方式。它使资讯传播更快了,人与人之间的距离更近了,效率更高了。但是过度地依赖智能手机会给我们的生活带来很多负面影响,比如:如果你在和家人、朋友交流时,不停地摆弄手机,会让对话产生"延迟",使对方觉得你缺乏诚意,也更容易引起冲突;智能手机的功能异常丰富,原本应该是睡觉的时间,但很多人可能玩兴正浓,还在不停地刷微博、微信聊天、QQ等,打乱了正常的生活规律,导致第二天精神萎靡;智能手机中社交媒体被一些别有用心的人利用,传达一些不经验证的信息,甚至会成为社会不安定因素;人们长期接受快餐式文化,思想浮躁,急功近利,很难建立正确的价值观。智能手机就犹如双刃剑一般,能不能用好它,这就在于我们了!如何化弊为利?我认为要做到以下4点:

1. 相关部门做好监管,屏蔽有害信息,并对发布者追究责任;对于诈骗信息发布者,加大法律惩罚。
2. 走出家门,多参加户外活动,严格控制手机使用时间,摆脱对手机的依赖性。
3. 在家庭聚会中,除非必要,尽可能少使用或不使用智能手机。抽出时间陪同孩子游戏、看书、听音乐、和老人聊天,建立一个良好家庭氛围。
4. 制订计划,每月读一本书,全家人交流读后感,培养静心读书的习惯,有利于孩子的成长。

最后,我们还是要积极地看待智能手机给人们带来的变化,不应将所有的不良影响归结为机器本身,即便智能手机不出现,也会有其他替代品。手机使用者应更自律,科学地利用好这个现代化工具。

【案例评析】

一、目标确定

这一案例中虽然没有明确列出目标,但是通过这篇案例中的七个子标题,我们不难判断出"智能手机对大众生活的影响"这一综合实践活动课程的实施可以培养学生以下几方面的能力:

(1) 结合生活和学习经验,体验信息在生活、学习、科研中的重要作用,逐步形成理性认识信息价值、敏锐捕捉有用信息、主动获取相关信息、甄别筛选正确信息、共享交流有益信息的良好信息意识;初步形成判断和使用健康信息、主动抵触不良信息的道德判断能力;能讨论每个个体在学习共同体和社会公共知识创新中的责任,初步形成积极参与有益信息创作和知识创新的意识。

(2) 通过身边的事例或观看案例,体验现代信息技术在获取、加工、存储、表达和交流信息方面的作用,理解信息技术是人的信息加工器官的延伸,讨论人类发明创造信息技术的基本历程,形成乐于学习、勤于操作、敢于创新的信息技术学习态度,树立不断提高自身信息素养和技术操作能力,主动参与科技创新的意愿。

(3) 观察和列举日常生活、学科学习和其他综合实践活动中信息技术的常见应用,能讨论这些技术应用带来的利弊。

(4) 能讨论应用信息、信息产品、信息技术设备和软件时涉及的法律、法规和道德问题,描述不恰当应用带来的后果;初步养成负责地使用技术设备和信息资料的习惯,初步形成尊重他人的信息成果和信息产品的知识产权意识;养成保护自己信息安全的意识,学会防查杀病毒、简单的文件加密(如设置使用口令)等信息保护方法。

二、内容确立

在内容的设置和选择方面,该案例最大的优点便是以兴趣为起点:智能手机是学生们感兴趣的事物,因此,对智能手机的研究是以学生的兴趣为起点的。但是单从最终形成的案例报告而言,此案例也存在一些不足,活动应强化信息技术学习与学生生活经验和社会实践的联系,避免脱离实践的命令罗列。

三、资源开发

"智能手机对人们生活的影响"这一主题属于学生生活领域的课程资源。信息时代,智能手机已经成为信息的一种主要载体,与人们的生活息息相关,并且,智能手机的用户群体年龄也从成年组普及到了青少年。对于这样一个可塑性较高的群体,受智能手机影响的程度将不亚于成年群体。因此,这一主题资源与学生生活高度相关,是一个富有现实意义和真切关怀的课程资源。

案例中涉及的智能手机的诞生、运行模式、普及等专业信息,都是建立在信息的检索查阅之上的,利用了网络资源。问卷调查的方式运用了校外资源。这表明,该活动的实施没有局限在课程内和校内,资源开发范围较广,种类较多。如果能够在调查过程中再加入对学生群体、学生所在社区人员、学生家长、教师群体、校内职工群体等的访问,会使调查内容更加丰富,增强调查结果的信度。

思考题

1. 试指出"基于网络的国际理解教育"案例中你认为最精彩的环节,并分析其特点。

2. 试着设计一次"信息技术教育"综合实践活动课程,并从目标确定、主题选择、内容确立、资源开发和实施方面进行评析。

主要参考文献

[1] 赵书超. 综合实践活动设计与实施[M]. 北京:清华大学出版社,2013.

[2] 余娟. 小学综合实践活动[M]. 北京:北京师范大学出版社,2013.

[3] 姚恺帆. 小学综合实践活动教程[M]. 北京:北京师范大学出版社,2010.

[4] 杨培禾. 小学综合实践活动课程与教学论[M]. 北京:人民教育出版社,2015.

[5] 管锡基. 中小学综合实践活动课程资源[M]. 北京:教育科学出版社,2010.

[6] 潘洪建. 小学综合实践活动指导[M]. 镇江:江苏大学出版社,2010.

[7] 刘道溶. 中小学综合实践活动教学活动设计案例精选[M]. 北京:北京大学出版社,2012.

[8] 田慧生. 综合实践活动课程的理论探索与实践反思[M]. 北京:教育科学出版社,2007.

[9] 田慧生. 综合实践活动课程实施中的问题与策略[M]. 北京:教育科学出版社,2007.

[10] 郭元祥. 综合实践活动课程的实施[M]. 北京:高等教育出版社,2003.

[11] 吴筱泉. 要素与内涵:中小学综合实践活动课程的有效实施[M]. 宁波:宁波出版社,2013.

[12] 姜平. 中小学综合实践活动[M]. 北京:教育科学出版社,2014.

[13] 杜素花. 探索与发现——包头市第一实验小学综合实践活动教学设计案例精选[M]. 南京:江苏凤凰教育出版社,2016.

[14] 中华人民共和国教育部. 中小学综合实践活动课程指导纲要[M]. 北京:北京师范大学出版社,2017.

[15] 北京教育科学研究院基础教育教学研究中心. 教学指南与案例评析:中小学综合实践活动[M]. 北京:北京师范大学出版社,2015.

[16] 杨九俊. 小学综合实践活动课堂诊断[M]. 北京:教育科学出版社,2010.

[17] 张俊峰. 综合实践活动课程导论[M]. 福州:福建教育出版社,2007.

[18] 郭元祥. 综合实践活动课程指导[M]. 北京:教育科学出版社,2007.

[19] 邹开煌. 综合实践活动研究性学习手册[M]. 福州:福建人民出版社,2009.

[20] 张贵联. 让世界成为学生的书本——综合实践活动课程的理念、探索和收获[M]. 上海:上海教育出版社,2006.

[21] 霍益萍. 研究性学习——实验与探索[M]. 南宁:广西教育出版社,2001.

[22]邹尚智.研究性学习理论与实践[M].北京:高等教育出版社,2003.

[23]仇忠海.研究性学习模式探索——开放性主题活动课程的理论与实践[M].北京:人民教育出版社,2004.

[24]王升.研究性学习的理论与实践[M].北京:教育科学出版社,2002.

[25]方青稚.教学的革命——语文研究性学习的探索与实践[M].杭州:浙江教育出版社,2004.

[26]张华,李雁冰.研究性学习的理想与现实——综合实践活动课程研究丛书[M].上海:上海科技教育出版社,2004.

[27]何绍纯,王旭飞.自主研究、自由创造——研究性学习案例集锦[M].哈尔滨:东北大学出版社,2011.

[28]尚俊杰,蒋宇,庄绍勇.游戏的力量——教育游戏与研究性学习[M].北京:北京大学出版社,2012.

[29]唐小为.从互动走向互动——为了科学探究的社会性课堂学习环境研究[M].重庆:西南师范大学出版社,2016.

[30]钟启泉.研究性学习国际视野[M].上海:上海教育出版社,2003.

[31]汪霞.研究性学习开发体制[M].上海:上海教育出版社,2003.

[32][美]约翰·宾.研究性学习[M].张仁铎译.南京:江苏教育出版社,2004.

[33][美]约翰·杜威.我的教育信条[M].彭正梅译.上海:上海人民出版社,2017.

[34]赵素文,黄家骅.基础教育发展研究[M].厦门:厦门大学出版社,2011.

[35]吴立保,汪明.中小学新课程改革的理论与实践[M].合肥:合肥工业大学出版社,2004.

[36]江芳,杜启明.小学教师专业标准知与行[M].合肥:安徽师范大学出版社,2013.

[37]克伯屈,孟宪承,俞庆棠.教育方法原论[M].上海:华东师范大学出版社,2010.

[38]殷世东.综合实践活动课程与素质教育[M].北京:中国科学技术大学出版社,2009.

[39]张晓瑜.综合实践活动课程的理论与实践:基于教师教育的视角[M].哈尔滨:黑龙江教育出版社,2011.

[40]廖柏灵.综合实践活动课程实施的探索与研究[M].上海:上海教育出版社,2014.

[41]刘道溶.中小学综合实践活动教学活动设计案例精选[M].北京:北京大学出版社,2012.

[42]王明建,江涛.学校课程体系建设的理论与实践研究[M].北京:中国社会科学出版社,2017.

[43]顾建军.小学综合实践活动设计[M].北京:高等教育出版社,2005.

[44]李宁.陪学生一起做研究:小学数学综合实践活动探索[M].北京:北京大学出版社,2012.

[45]郭元祥.综合实践活动课程:设计与实施[M].北京:首都师范大学出版社,2001.

[46] 李臣之.深圳市南山教育局编.综合实践活动课程实施指引[M].深圳:海天出版社,2002.

[47] 张华.综合实践活动课程研究[M].上海:上海科技教育出版社,2009.

[48] 张传燧.综合实践活动课程论[M].广州:广东教育出版社,2005.

[49] 廖先亮.综合实践活动课程案例[M].武汉:武汉大学出版社,2003.

[50] 李森.综合实践活动课程实施案例[M].重庆:西南师范大学出版社,2004.

[51] 郭元祥,伍香平.综合实践活动课程的理念[M].北京:高等教育出版社,2003.

[52] 王明忠.综合实践活动——学生和教师共同创建的课程[M].南京:河海大学出版社,2006.

[53] 郭元祥,姜平.综合实践活动课程的管理与评价[M].北京:高等教育出版社,2003.

[54] 翁建芳,胡立峰.小学综合实践活动课程开发与案例[M].上海:上海交通大学出版社,2003.

[55] 吴筱泉.模式与设计——中小学综合实践活动课程的有效实施[M].杭州:浙江教育出版社,2012.

[56] 连云港市教育局教研室编著.新课程伴你同行——小学综合实践活动课程实施方案与案例[M].南京:江苏人民出版社,2005.

[57] 欧益生,张建芳.综合实践活动课程常态化实施实践与研究[M].杭州:浙江教育出版社,2006.

[58] 崔相录,曾天山.新课改热点·难点专题研究 第4卷 综合实践活动课程开发与操作[M].济南:山东科学技术出版社,2007.

[59] 张晓瑜.综合实践活动课程的理论与实践——基于教师教育的视角[M].哈尔滨:黑龙江教育出版社,2011.

[60] 杜建群.综合实践活动课程理论与实践[M].北京:北京师范大学出版社,2014.

[61] 廖柏灵.综合实践活动课程实施的探索与研究[M].上海:上海教育出版社,2014.

[62] 北京教育科学研究院基础教育教学研究中心编.北京市中小学综合实践活动课程建设实践与探索[M].北京:北京科学技术出版社,2014.